现代秘书办公实务

主　编　张　东
副主编　余冬阳　陆　艳

北京理工大学出版社
BEIJING INSTITUTE OF TECHNOLOGY PRESS

版权专有　侵权必究

图书在版编目（CIP）数据

现代秘书办公实务 / 张东主编. --北京：北京理工大学出版社，2021.9（2021.10 重印）

ISBN 978-7-5763-0425-1

Ⅰ.①现… Ⅱ.①张… Ⅲ.①秘书学-教材 Ⅳ.①C931.46

中国版本图书馆 CIP 数据核字（2021）第 195122 号

出版发行 / 北京理工大学出版社有限责任公司
社　　址 / 北京市海淀区中关村南大街 5 号
邮　　编 / 100081
电　　话 / （010）68914775（总编室）
　　　　　（010）82562903（教材售后服务热线）
　　　　　（010）68944723（其他图书服务热线）
网　　址 / http：//www.bitpress.com.cn
经　　销 / 全国各地新华书店
印　　刷 / 北京广达印刷有限公司
开　　本 / 787 毫米×1092 毫米　1/16
印　　张 / 18　　　　　　　　　　　　　　　　　　责任编辑 / 李　薇
字　　数 / 400 千字　　　　　　　　　　　　　　　文案编辑 / 李　薇
版　　次 / 2021 年 9 月第 1 版　2021 年 10 月第 2 次印刷　责任校对 / 周瑞红
定　　价 / 55.00 元　　　　　　　　　　　　　　　责任印制 / 施胜娟

图书出现印装质量问题，请拨打售后服务热线，本社负责调换

前　言

20世纪80年代以来，我国的秘书职业教育和培训开始走向专业化道路，并逐渐向规范化发展。随着科技的进步和社会的发展，特别是新媒体时代的到来，秘书的工作环境、工作手段和工作方式都发生了很大变化，产生了网络秘书、云秘书等新兴岗位。秘书职业的现代性主要体现为秘书的文化重构、新的工作内容和新的办公模式。媒体融合重新给秘书职能赋值，对秘书人员的要求日益严格，也对文秘专业的高等职业教育提出了新的挑战，未来的秘书将更多参与管理，移动办公、智能服务、一对多服务将成为常态。为了顺应新形势、新任务的需要，培养出适应社会和市场需求的文秘专业人才，文秘专业高等职业教育需及时研究新情况，把握新规律，进行课程改革。

实践证明，理实一体化教学有利于培养高素质、高技能的专门技术人才。高职教育更应强调专业技能和实践能力的培养，课程改革应围绕"以就业为导向，以技能培养为中心"的高职教育理念展开。随着课程改革的深入，很多高职院校纷纷以实务课程替代理论课程，突出对学生技能的培养，而传统的教材编写模式已不能适应课程改革的需求。为此，我们编写了《现代秘书办公实务》一书，强化秘书办公能力的培养，试图在实务型教材的改革方面做出一些有益的尝试。

为了体现现代秘书的工作流程，符合学生的认知特点，本教材依据"项目+工作过程"的设计思路，以传统秘书工作的"办文""办会""办事"为专业主线，采用项目任务式的编写体例，围绕认知能力、沟通能力、操作能力、执行能力、策划能力和管理能力来构建教学内容。本教材由8个项目组成，内容包括秘书职业认知、秘书形象塑造、秘书沟通技巧、秘书礼仪接待、秘书会议管理、秘书事务管理、秘书参谋辅弼、秘书与新媒体。为了体现秘书工作与秘书教育未来发展的趋势和现代秘书的职业特点，本教材特别增加了比较前沿的网络秘书、网络会议和新媒体运营管理的内容。教材项目中分别设置了项目能力标准和项目知识结构，每项任务均设置了情景任务、理论知识、课堂活动和课堂练习等环节，其中重点章节和技能性强的部分还设置了技能训练环节，力图使秘书的隐性技能显性化，使教学成果固化。教材在内容选取、案例编排、作业练习等环节将课程思政的内容有机融入，将理论与实务有机结合起来，突出了教材的实践性、趣味性和可操作性，使教师和学生能够真正"用教材"而非"学教材"。此外，本书作者还为广大一线教师提供了服务于本书的教学资源库，读者可在本书相应知识点处扫描二维码学习。由于时间仓促和编者水平有限，书中难免有疏漏和不足之处，敬请广大读者批评指正。

本教材由重庆城市管理职业学院张东教授主编，撰写了全书大纲目录，完成了项目1、3、4、5、6（任务3除外）、7的教材编写任务及全书最后的统稿工作。其中项目2由重庆城市管理职业学院余冬阳编写，项目6任务3由重庆大学出版社编辑陆艳编写，余冬阳和陆艳任本书副主编,参与了全书的内容审定和最后统稿的工作。项目8由重庆笑缘文化传播公司徐海洋编写。重庆立鼎科技有限公司张小红为项目5、6提供案例资源。本书既可做各类职业院校秘书、中文、管理及其他相关专业秘书学课程的教材,也可作为秘书人员、机关职员、公司文员提高业务能力的参考读本。

本教材在编写过程中,参考、借鉴、改编了有关论著、教材和其他研究文献的内容,未能在文末一一注明,在此一并致谢!

张东于重庆大学城

目　　录

项目一　秘书职业认知 ……………………………………………………… 1
　　任务一　认识秘书职业 …………………………………………………… 3
　　任务二　认识秘书工作 …………………………………………………… 16
　　任务三　认识秘书机构 …………………………………………………… 22
　　任务四　认识网络秘书 …………………………………………………… 28

项目二　秘书形象塑造 ……………………………………………………… 33
　　任务一　秘书仪容修饰 …………………………………………………… 34
　　任务二　现代秘书着装规范 ……………………………………………… 42
　　任务三　现代秘书仪态规范 ……………………………………………… 49

项目三　秘书沟通技巧 ……………………………………………………… 62
　　任务一　有效沟通基础 …………………………………………………… 64
　　任务二　沟通模式选用 …………………………………………………… 68
　　任务三　沟通方式的选择 ………………………………………………… 74
　　任务四　沟通编码策略 …………………………………………………… 76
　　任务五　有效倾听 ………………………………………………………… 81
　　任务六　有效询问 ………………………………………………………… 88
　　任务七　态势语沟通 ……………………………………………………… 92
　　任务八　横向沟通与纵向沟通 …………………………………………… 99

项目四　秘书礼仪接待 ……………………………………………………… 109
　　任务一　致意礼仪 ………………………………………………………… 111
　　任务二　握手礼仪 ………………………………………………………… 113
　　任务三　介绍礼仪 ………………………………………………………… 116
　　任务四　名片礼仪 ………………………………………………………… 121
　　任务五　位次礼仪 ………………………………………………………… 125
　　任务六　接待工作 ………………………………………………………… 136

项目五　秘书会议管理 ……………………………………………………… 148
　　任务一　会前筹备 ………………………………………………………… 150

  任务二 会中服务 …… 171
  任务三 会后落实 …… 178
  任务四 网络会议管理 …… 185

项目六 秘书事务管理 …… 193
  任务一 办公环境管理 …… 195
  任务二 办公室电话接发 …… 208
  任务三 文稿编辑校对 …… 214
  任务四 印章管理与使用 …… 216
  任务五 介绍信管理与使用 …… 220
  任务六 值班工作 …… 222
  任务七 零用现金管理 …… 226
  任务八 邮件管理 …… 228

项目七 秘书参谋辅弼 …… 238
  任务一 秘书工作思维 …… 240
  任务二 科学决策认知 …… 248
  任务三 科学决策辅助 …… 254
  任务四 时间管理策略 …… 260

项目八 秘书与新媒体 …… 268
  任务一 认识新媒体 …… 269
  任务二 新媒体文案制作 …… 271
  任务三 新媒体运营 …… 273

项目一　秘书职业认知

项目能力标准

学习领域	能力目标	知识要求
认识秘书职业	1. 能够认识秘书的内涵与分类 2. 能够具备秘书的知识、能力素养 3. 能够根据秘书职业性格的特征调适自己的性格 4. 能够塑造阳光心态 5. 能够达到秘书职业道德的基本要求	1. 了解秘书的内涵与分类 2. 掌握秘书的知识、能力素养结构 3. 理解秘书职业性格的特征 4. 理解阳光心态的内涵、意义以及阳光心态塑造的方法 5. 掌握秘书职业道德的基本要求
认识秘书工作	1. 能够掌握现代秘书工作的内容 2. 能够了解现代秘书工作的分类 3. 能够理解现代秘书工作的原则 4. 能够理解现代秘书工作的特点	1. 掌握现代秘书工作的内容 2. 了解现代秘书工作的分类 3. 理解现代秘书工作的原则 4. 理解现代秘书工作的特点
认识秘书机构	1. 能够正确判定一个单位的秘书机构 2. 能够分析秘书机构的设置	1. 理解秘书工作机构的名称和组织形式 2. 了解秘书工作机构的层次 3. 掌握公司企业秘书部门的设置
认识网络秘书	1. 能够熟悉新媒体时代秘书实务工作模式的改变 2. 能够从事网络秘书实务的工作 3. 能够培养自己具备网络秘书工作的能力	1. 了解网络秘书的含义 2. 理解新媒体时代秘书实务工作模式的改变 3. 理解网络秘书的工作内容和能力要求

现代秘书办公实务

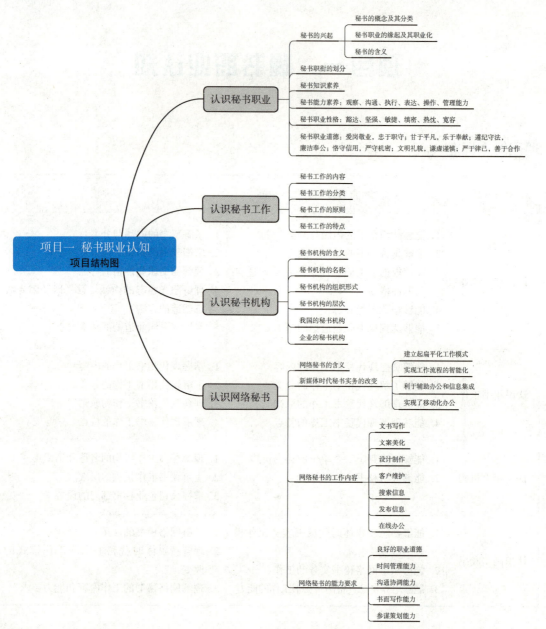

项目一 秘书职业认知

任务一 认识秘书职业

 情景任务

重庆中钢投资（集团）有限公司是一家集投资、能源、矿产、金融、房地产、建筑装饰等产业的开发投资与经营管理为一体的大型综合性现代化联合企业。集团总部位于重庆市高新区，下设的多个生产、经营机构，遍布全国各大省、市以及包括中东地区在内的境外城市。中钢投资集团拥有西南地区最大的能源、矿产、冶金炉料、金属加工基地。集团自成立以来，坚持"以人为本、诚信立业"的经营宗旨，秉承"敬业、务实"的企业精神，"严格要求自己，真诚回馈社会"。通过不断的改革和创新，公司已成为西部地区乃至全国最具发展潜力的联合化集团企业。中钢投资集团重视人才的培养与团队建设，机制灵活、管理高效，拥有一支团结实干、锐意进取的高素质人才队伍。重庆中钢投资（集团）有限公司要招聘总经理助理1名，办公室文员3名。

职位要求：
（1）具有良好的职业道德，具有亲和力，做事认真，沟通能力强；
（2）能熟练使用办公软件；
（3）写作能力强，有一定的文字功底；
（4）形象气质佳，身高 160 cm 以上。

工作任务：
分组模拟招聘与面试。

秘书面试参考题目：
（1）××，感谢你来我公司面试，可以谈谈你的成长经历或是家庭背景吗？
（2）××，你想应聘秘书工作，请你简要说明一下你在秘书工作方面具备的专业技术，好吗？
（3）××，能否告诉我你为什么要到我们公司应聘秘书？
（4）××，这次我公司是招聘××秘书，这方面你有什么专业知识？
（5）××，你认为一个合格的秘书应有哪些特质？
（6）你认为秘书应如何与上司处理好关系？
（7）你如何看待你以前的工作？
（8）你认为你在工作中有哪些方面的缺点？
（9）请说一说你对薪金有何看法？
（10）请问你对加班有何看法？

通过分组面试，请讨论并分组汇报：秘书职业主要是做什么的？秘书应该具备哪些知识和能力？

一、秘书的内涵

我国古代,最早从事类似秘书工作的人不叫秘书,而是被称为"巫",其职责是在部落首领身边从事占卜与祭祀工作。在我国,"秘书"一词最早出现在汉代,其含义是指宫中秘藏之书,具体是指藏于皇宫中的经籍和谶纬之书。如《说文》:"秘书曰:日月为易。"段玉裁注:"秘书,谓纬书。"《汉书·叙传》的记载:"(班)游(班固之祖父)博学有俊才……与刘向校秘书。"郑玄的《诫子书》:"遂博稽六艺,粗览传记,时睹秘书纬术之奥。"东汉桓帝时,朝廷始设"秘书监",掌管朝廷的图书典籍,相当于现在国家图书馆或档案馆馆长,这时"秘书"的含义已经由指物转向成为指代官职的名称。东汉末年曹操始设"秘书令",负责草拟奏章、发布政令及"图书秘记之事","秘书令"具有了当今秘书工作的一些职能。后来历朝历代从事秘书工作的官员分别冠以"中书令""中书舍人""记室史""掌书记""主簿""翰林学士"等称谓。直到孙中山领导的中华民国临时政府时期,总统下设秘书处和秘书长,各局、部及各省都督府也设置了相应的秘书部门和官职,就此形成了现代意义上的秘书和秘书工作。

我国是在20世纪80年代以后,秘书的内涵由传统的行政职务扩大到具有职业特点的一种广泛的从业人员,秘书的含义越来越接近西方工商社会中的秘书。1998年5月,国家劳动部(现劳动和社会保障部)在其新颁布的《秘书职业技能标准》一书上将"秘书"定义为:"专门从事办公室程序性工作,协助领导处理政务及日常事务,并为领导决策及实施提供服务的人员。"1998年8月,"国际职业秘书协会"更名为"国际专业行政协会",其对秘书的定义为:"所谓专业秘书,乃是一位办公室内特定主管的助手。其任务是在认可的职权范围内,不必经过直接的督管,就能运用办公室的工具设备,从事该主管指定之行政性任务。"国际秘书联合会对秘书的定义为:"秘书应是主管人员的一位特殊助手,他们掌握办公室工作技巧,能在没有上司过问的情况下表现出自己的责任感,以实际行动显示其主动性和正确的判断力,并在所给予的权力范围内做出决定。"

我国资深秘书训练专家谭一平先生认为,秘书是为上司创造最佳决策环境的人。秘书训练专家廖金泽教授认为,高级秘书是处于企业决策者和执行者之间进行沟通或参与运作的特殊服务职业,它主要从事搜集、记录、整理、复制、储存、检索、传递有关信息,为上司提供事务性服务。高级秘书不仅是上司多元化和专业化的助手,决策的参与者,也是企业日常事务的直接处理者[①]。

综合以上定义,本书认为,秘书是以辅助决策、综合协调、沟通信息为主要职能,以办文、办会、办事等为主要工作内容,直接为领导(上司)提供辅助管理、综合服务的职业人员,是领导(上司)的参谋和助手。简言之,秘书是运用现代信息技术为上司提供辅助决策、智慧管理和智能服务的专业人员。

二、秘书的分类

以秘书的业务水平为标准可以对秘书职业进行纵向分类。2003年,劳动和社会保障部启用了新的国家职业标准,根据秘书的学历、资历和经验、知识水平和技能水平由低至高将秘书分为五级、四级、三级、二级(技师)。

---

① 廖金泽. 怎样做高级秘书 [M]. 广州:广东旅游出版社,2000.

项目一 秘书职业认知

以秘书的工作内容或其从事行业的特征为标准可以对秘书职业进行横向分类。一是根据秘书工作的内容或业务分工的不同来进行划分，分为行政秘书、机要秘书、文字秘书、事务秘书、公关秘书、翻译秘书等，这种分类在高层机关中比较典型；二是根据秘书工作的行业特征分为政务秘书、商务秘书、教学秘书、司法秘书等。

三、秘书职衔的划分

所谓职衔，一定是一种特定的职业等级称呼，并具有相应的权限。至于现阶段秘书职业资格鉴定中所采用的初级秘书、中级秘书、高级秘书的分类，并非是职衔，而只是能力等级。

传统秘书工作的职衔，大体可以分为以下几种名称：

1. 行政助理（Administrative Assistant）。

①助理秘书（Assistance Secretary）；

②秘书（Secretary）；

③资深秘书（Senior Secretary）。

2. 执行秘书（Executive Secretary）。

3. 主任秘书（Secretary General）。

此外，外商公司或分工较精细的单位，按照需要设有：

①打字员（Typist）。

②接待员（Receptionist）。

③速记员（Stenographer）。

④操作员（Operator）。

⑤电脑操作员（Key Puncher）。

21世纪的秘书，因为工作内容的改变，已经将"秘书"两个字逐渐隐藏，而以"行政"替代。依照美国行政专业协会的调查，最普遍的头衔依次是：

1. 行政助理（Administrative Assistant）。

①协调员（Coordinator）；

②行政专员（Specialist）；

③资讯专员（Information Officer）。

2. 行政处长（Administrative Director）。

3. 行政经理（Administrative Manager）。

4. 行政总监（Chief Administrative Officer）[①]

四、秘书职业化

在当今世界范围内，秘书已成为最广泛的社会职业之一。秘书职业是指秘书人员服务社会所从事的相对稳定的并以此作为主要谋生手段的工作。

秘书是一种社会职业。一个职业实现职业化必须有较为稳定的市场需求，有清晰的工作内容和职责范围，有自己特定的工作规律和方法，有人才培训的体系和措施等。

秘书职业化是现代社会职业分工的必然结果。秘书工作已经形成了自己独特的职业特征和工作规律，有了明显的专业化范畴。秘书学科体系已初步形成，秘书群体已规模化并日益扩大。

---

① 楼淑君. 新编秘书理论与实务［M］. 北京：机械工业出版社，2010.

在西方国家，具有现代意义的职业化秘书工作，是伴随着资本主义生产方式的出现而产生的。1942年，美国成立了国家秘书协会，规范了秘书职业的行业标准，这标志着美国的秘书工作开始走上了职业化的轨道。1981年4月，"美国国家秘书协会"更名为"国际职业秘书协会"，共有30多个国家的秘书组织加入。协会将每年4月的最后一周定为"秘书周"，并将该周的星期三定为"秘书节"，此举大大推进了国际秘书职业化的进程。

我国秘书的职业化大体可以分为两个阶段。第一个阶段是1980年至1997年，这个阶段主要是秘书职业化的形成阶段。20世纪80年代初期，我国在一些高校开设了秘书专业，开始了对秘书工作的专门研究，为社会培养现代秘书人才。20世纪80年代后期至90年代初，随着我国市场经济的建立和完善，秘书工作开始渗透到各行各业，这时秘书不仅是一种行政职位或行政职务，而且真正成为一种社会职业。第二个阶段是1997年以后，这个阶段主要是秘书工作职业化的确立时期。1997年11月，《秘书职业技能标准》和《秘书职业技能鉴定规范》颁布试行。1998年6月，国家劳动和社会保障部发布了《秘书职业资格培训工作方案》，并在北京、上海等10省市进行秘书职业资格培训和鉴定的试点工作。这些举措标志着我国秘书职业开始走上规范化道路。

秘书职业是现代社会中前景广阔的现代服务业。秘书这一职业不是直接生产或加工物质财富的第一、第二产业，而是以为领导提供智能服务为主要工作内容的职业，其职业完全依赖于领导工作而存在。所以，秘书职业是现代社会中前景广阔的现代服务业。它是以处理文书、事务、信息咨询的知识与能力以及管理能力为社会服务的。随着社会分工的细化和信息的高度发展，为了提高工作效率，人们必须做自己最擅长做的也是最核心的事情，而把不擅长的、非核心的业务委托他人来做。秘书服务正是这种专业化分工的结果。现代社会是一个以速度求胜的时代，面对复杂工作，人们只能是最大限度地利用社会资源，把社会中有效的资源在最短的时间内以最快的速度进行有机整合。生产者只是起组织社会资源的作用，最多也只是做所谓的核心业务，而其他业务只能是外包给专业化公司或专业技术人员来做，这里面自然包括秘书工作。所以现在上海、深圳等地已经出现专业化的秘书服务公司。

现代科技的发展和通信以及互联网络的广泛应用，为秘书服务行业的发展奠定了基础。中国自古就有替人抄写文书的职业，这是很原始的秘书服务。新世纪科技的进步使现代通信设备越来越专业化，并在商业服务领域广泛应用，互联网的迅猛发展使秘书服务工作日趋现代化、专业化、规模化、虚拟化，并逐步实现了传统和现代的有机结合。

专业化的寻求也是推动秘书服务发展的重要因素。秘书工作的很多方面专业性较强，比如文书拟写和处理、会议组织和服务、档案整理与加工以及企业公共关系处理等，其专业素质和水准将直接影响上述工作的成败。因此许多单位十分重视秘书工作，因为这些细节性的工作往往影响整个单位的形象和主体工作的推进。

五、现代秘书的素养

 案例分析

阅读下面的案例，思考职业秘书应具备怎样的知识能力和素质结构。

假如我招聘秘书——本刊记者专访谭一平

（一）现代秘书的知识结构

1. 基础知识

基础知识是所有秘书工作人员工作、学习的基础，是吸收其他专业知识、相关知识和发展各种能力的前提条件。基础知识是我们做好秘书工作的根基，基础知识越丰富扎实，秘书工作人员的发展潜力就越大。大凡有成就的秘书往往也是了不起的博学者。秘书所需要具备的基础知识主要以人文社会科学知识为主，包括文学、历史、政治、哲学、法律、美学等，另外还应该具备一定的自然科学常识，如数学基础、经济学基础等。

2. 专业知识

专业知识是秘书工作人员知识结构的核心部分，反映和决定一个秘书工作人员的素质水平与工作能力。专业知识主要包括以下几个方面。

①秘书学理论。主要包括秘书学、文书学、写作学、档案管理学、公共关系学、礼仪学、秘书心理学等理论知识。

②相关行业知识。秘书在企业中工作，必须懂得商务专业知识和本企业的相关业务知识，这样才能在工作中得心应手。以商务秘书为例，商务秘书应具备企业管理学、市场营销学、会计基础、商务谈判、经济学基础、商务贸易基础等行业知识。现代秘书应熟悉所在单位的行业背景和单位历史、组织结构和管理特征，如果是生产性企业，还应了解所生产产品的内容、类型和特点，主要产品的工艺流程，产品的销售状况和市场潜力等。

③秘书实务知识。主要包括商务文书处理、会议管理、事务处理、时间管理、办公自动化和商务活动策划与组织等操作性知识。

3. 相关知识

任何学科的知识都不是绝对孤立的，都是相互交叉、相互渗透、相互影响、相互促进的。秘书应尽可能多掌握一些既独立于专业知识之外，又与专业知识密切关联的知识，如社会学、管理学、传播学、领导科学、运筹学等。这些知识有助于秘书人员在更广阔的领域中从事秘书工作。

（二）现代秘书的能力

《秘书国家职业标准（2006）》中认为，秘书职业的核心能力主要是会议管理、事务管理、文书拟写与处理能力等，其职业能力特征体现为文字与语言沟通能力、综合协调与合作能力、逻辑思维与分析能力等。我们认为现代秘书的专业能力主要体现在以下方面。

1. 沟通能力

沟通能力是指秘书通过语言和非语言交流来传递信息、协调资源、化解危机的能力。职业秘书应是经过专业训练的沟通高手。他们能够对信息资源进行甄别分类，根据不同信息的特点和受众的心理需求，科学选择传播媒介和沟通手段，利用最佳方式把信息传递给受众，并根据受众的反馈来检验传递效果。

在市场经济条件下，企业生存和发展的前提之一就是要树立自己的品牌，建构良好的知名度和美誉度。这就需要秘书协调处理好内外关系，通过各种手段解决和消除影响机构整体运作效率的各种矛盾或障碍，以保持机构运作顺畅。秘书工作的综合性和事务性很强，做好任何一项工作都需要组织内外各方的配合，秘书作为企业的形象代表，必须具备良好的心态，随时注意平衡各方的利益，发现问题和矛盾应采取正确的方法来妥善解决，学会以理服人、以情动人、以人为本。秘书沟通的专业性体现在良好的礼仪和语言素养，沟通的规范性、程序性与应变性。

比如在接待工作中，A公司的王总拜访B公司的赵总。秘书的引见语分两种情况。如果事前有约，秘书应说："您好王总，我是秘书小李，赵总与您约定的时间，现正在会客室等您，请您安排。"如果事前无约，秘书应说："您好，王总，对不起，请问您与赵总有预约吗?"或者说："您好，赵总，我是秘书小李，现在A公司的王总来访，请问您是否有时间并且愿意接待?"如果赵总愿意接待，则与王总说："你好王总，赵总很高兴知道您的来访，并已在会客室等您，请您安排。"如果赵总不愿意接待，则说："您好，王总，赵总正在开会，短期内不会结束，您看您能否留言由我转告，或者另约时间安排?"这样的沟通技巧和规范性恐怕是非专业人士很难做到的。

与其他职业所不同的是，沟通是秘书工作的基础和前提。由于秘书在沟通过程中有着非职责限定性、非权力支配性和认同疏导性的特点，秘书无论对内沟通还是对外沟通、横向沟通还是纵向沟通，其基本点都是态度友善、心态平和、宽容得体、应对从容。秘书应着眼长远，顾全大局，凡事以公司利益为先，平衡多方利益，发现问题和矛盾采取正确的方法来解决，以理服人，以情动人，以人为本，注意维护企业形象，给企业发展提供更多的机会。所以现代秘书应该具备良好的书面表达能力和口头表达能力。秘书应熟悉各种公文及商务文书的写作，能够在写作中做到逻辑清晰、格式规范、语言准确、内容丰富。秘书应该不断地提高自己的语言修养和表达水平，在说话时做到分清场合、清楚准确、富有感情色彩。在书面沟通中秘书要做到熟悉文种的选择、行文、结构和语言规范，注意文书的送达技巧；在口语沟通中秘书要注意沟通工具的选择使用，注意称谓和礼貌用语的使用，用语端庄得体；秘书要熟悉服饰、态势、空间语等各类非语言的使用技巧，注意非语言与有声语言的配合使用，注意非语言使用的场合，在交往中体现出职业素养。

2. 专业技术能力

秘书工作是一种务实的工作。一个现代秘书要拥有很多专业技术，包括对各类现代化办公设备的操作和通信工具的使用，准确地按照规范流程和要求完成各项业务内容。现代科学技术的发展，为秘书工作减负、提高工作效率的同时，也对秘书的设备操作能力提出了更高的要求。它要求秘书人员要能掌握现代计算机操作技术、复印技术、打字技术、录音技术、摄影摄像技术、缩微技术、通信技术等现代化办公手段。此外，秘书还要了解相关设备的简单构造知识和维修保养方法，以进一步提高工作效率，满足现代化办公的需要。

秘书工作思维的特征

秘书的专业技术能力主要体现在如下方面。

①文书拟写与处理能力。该项能力是秘书重要基础业务能力之一，也是秘书专业能力中不可替代性的最重要体现。秘书应熟练掌握各种应用文书的写作，特别是公文写作规范和技巧，熟悉写作中的文种规范、语言规范、行文规范、格式规范和处理规范；对于现代职业秘书而言，应特别熟悉经济文书和法律文书的拟写，强调对商业信息的搜集、分析与处理的能力。另外，秘书应能够正确按照专业规范处理单位收文与发文，对文件进行科学归档。

秘书专业能力的不可替代性

②档案整理与利用能力。该项能力也是秘书重要的基础业务能力之一，专业性很强。秘书应具备科学的档案管理思想，能够根据档案整理的原则对各类档案进行整理利用，熟悉档案的收集、整理、加工、保管、编研和利用等各环节的操作程序和方法，熟悉其中的档案保护技术、档案数字化加工、检索工具编制和档案编研等关键技术。

③现代办公设备与软件应用能力。秘书应能够利用计算机进行信息的收集、筛选与处理，熟练操作各种办公软件和计算机网络系统，对传真机、打印机、复印机、投影仪等常用办公设备能够进行使用和维护。

④新媒体运营与管理能力。该能力是秘书要具备的最新最重要的能力之一。新媒体已经是任何公司、任何产品、任何人离不开的新平台，在现在的4G时代和未来的5G时代都将是秘书

的重要工作手段和内容。一名合格的秘书，应该具备新媒体思维，提升新媒体平台应用能力，新媒体文案能力，新媒体策划运营能力，包括短视频制作和发布能力。把新媒体的高效直观优势应用到自己各个工作环节当中，以适应更多岗位要求，提升更高的岗位价值。

⑤速记能力。秘书还应熟练掌握手写速记与电脑速录技术，能够基本实现中英文同声速记。

⑥形象设计能力。能够对个人形象和企业形象进行塑造。熟悉个人形象设计的原理，熟练掌握化妆和服饰搭配的技巧；熟练运用企业 CIS 形象设计原理，随时注意企业形象包装和形象塑造。

3. 策划能力

秘书的会议、接待、安排活动等多项业务工作都涉及策划能力。秘书的专业策划能力和水平主要体现在能够对活动进行全局性、战略性思考，对活动规范流程的熟悉程度、策划文案的规范性和可行性、活动创新性思考等方面。以会议策划为例，秘书要根据会议的规模和性质，确定会议的类型、制订规范的议程和日程、安排座位布局形式、准备会议文件、准备会议设备、拟订会议经费预算和制作会议应急预案等，这些最后都体现在会议策划文件（会议预案）上，其专业性体现在语言的专门性和规范性、议程日程安排的管理性、座位安排的文化性、文件准备的规范性和美观性、细节考虑的周全性等方面。

4. 管理能力

现代秘书应具备辅助管理的能力，这包含参谋建言和辅助决策的能力。由于现代企业讲求人力资源成本节约和高效，因此秘书在很多时候都要辅助领导进行管理和组织各类活动。秘书应当具有驾驭、组织、协调、执行和控制全过程的能力，在秘书的很多业务工作中本身就体现了管理职能，比如公文处理、会议组织实施、时间管理、商务活动策划组织等。秘书更重要的是要为领导提供辅助决策和管理参谋服务，这就要求其必须熟悉管理学的一般原理和方法，了解目标管理、项目管理、人力资源管理和绩效管理等。

秘书应具备幕后工作的良好心态，学习系统论和信息工作的理论知识，学好用好管理谋略。秘书应提升以下几个方面的管理能力。

①事务管理能力。日常事务管理工作琐碎，涉及面广，秘书应成为领导的帮手，帮助上司周密细致地处理日常事务，为上司抓重点工作提供环境保障。在事务管理中加强对事务的认知分析，注重对事务处理规律的把握，增强在事务处理过程中的判断力与执行力；同时，注意在办事过程中体现出良好心态和人格魅力。

②信息管理能力。秘书应能够为上司决策提供最佳信息。谭一平先生认为，"秘书是为上司提供最佳决策环境的人"。上司需要做决策的时候，秘书应成为上司的外脑，及时全面提供有效信息供上司分析判断、纠偏扶正、减少失误。例如三国时期，诸葛亮初出茅庐便为刘备定下了三分天下的政治路线，厘清了刘备恢复汉室江山的思路，最终建立了蜀国，有效提高了刘备决策的有效性。在打江山和建江山的过程中，诸葛亮多次参谋和谏诤，使刘备在政治上不断获胜。由此可见，辅助管理能力在秘书工作中是多么重要。

③公共关系能力。协调各方关系，塑造组织形象。秘书应熟悉组织外部内部、对上对下各种复杂关系，提醒并帮助上司正确处理好各种关系，使组织始终处于有利的关系环境之中，不断增强组织的知名度和美誉度。

④会议管理能力。能够进行各类会议管理和活动管理。在会议管理中，秘书应特别加强会议策划与组织能力，关注会议成本的核算控制与会议效率的提高。熟悉会议筹备的各个环节，保障各类会议的顺利召开并能妥善进行会中和会后服务。

⑤商务活动管理能力。秘书应掌握各类活动的策划和组织程序，熟悉各种礼节和商务仪式，使各类活动的组织更加规范高效、有条不紊。现代社会的秘书不只是服务角色，更是管理角色。秘书需要具备高效的沟通能力，全面的协调能力，以及执行的组织能力。对于优秀的秘书人才来

说，还要增强商业活动的策划能力，有创意、有设计、懂用户、懂市场，让秘书工作深入结合公司的各个方面，从而达到有效处理、有效助理和有效管理的多层次工作效果。

5. 执行能力

买土豆的故事

秘书职业与其他职业还有一个重要的区别就是其跨学科性很强，秘书应学会把财务、管理、心理学、计算机等知识和能力综合运用于工作之中。这与秘书工作本身工作的综合性是密不可分的。比如工作中要遇到财务管理和员工管理，这就要求秘书应具备财务知识和绩效管理知识，所以应该具备会计上岗证和人力资源管理员（师）职业资格证书；但是他们又与专业的会计和人力资源管理专员不同，他们不需要精深的相关专业知识，只需要了解相关专业基础知识，能正确规范地处理工作问题即可。现代社会需要复合型的秘书，秘书的跨专业性和跨行业性要求秘书要有很强的执行能力，能够及时果断地跟进和处理事务。秘书主要就是提供事务服务和智能服务的，执行力强也是服务高效性的重要方面，某种程度上也是秘书职业的价值所在。所以秘书要能很好地理解领会领导的意图，具备哲学思维，学会辩证地看问题，遇到困难时要沉着勇敢，能够决断；还应随时变通，使领导的意图取得最佳执行效果。

6. 应变能力

秘书在领导身边工作，政策性强，遇事要讲原则，这是对的。同时，秘书也要认识到客观情况是不断变化的，原有的工作计划、方案面对具体情况可能需要加以修正甚至推倒重来，如果死守条条框框，往往行不通。因此，秘书人员必须把原则性和灵活性相结合，在不违反原则的前提下变通处理，学会针对不同的情况采用不同的应对措施。

首先，秘书应具备观察能力。观察，是一种有目的、有选择的知觉活动。人通过感官对事物及其特征进行全面、细致、深入的认识和把握的过程就是观察的过程。敏锐的观察能力是现代秘书的基本能力之一。秘书只有具备敏锐的观察能力，才能更好地捕捉信息、发现问题，才能分析事物现象和本质之间的联系，才能更好地解决问题。建立在观察基础上的分析，可以使秘书对事物的认识从感性上升到理性。同时，较强的观察、分析能力有助于培养秘书主动思维的习惯，有助于养成秘书主动、自觉地去发现和解决工作中难题的习惯，也有助于现代秘书摆脱平庸，成为出类拔萃的人才。

其次，秘书应具备较强的分析判断能力。秘书人员的判断能力是指秘书人员面对各种复杂的事物能运用辩证唯物主义的方法，从现象到本质，由此及彼，由表及里，进行分析研究，并做出正确判断与推论的能力。较强的分析判断能力是我们处理事务的基础，这种能力越强，秘书人员在处理问题、辅助决策时就越得心应手。分析判断能力不是天生的，而是在调查研究的基础上长期训练的结果，它要求秘书人员要做有心人，时时深入工作实际，掌握第一手材料，并运用科学的方法加以归纳、整理和分析。我们要从现在开始养成多观察、多分析思考、多验证的好习惯。

（三）现代秘书的性格素养

性格是表现在人的态度和行为方面的比较稳定的心理特征的总和。秘书工作的特殊性，对秘书人员的性格要求也与其他行业人员不同，秘书人员必须具备以下特征。

1. 豁达

秘书人员应具备豁达的性格特征，这就要求秘书要乐观开朗、客观平和；凡事要"想得开"，要"拿得起，放得下"；不抱怨秘书工作没有地位，奉献多、收获少，事务繁杂琐碎，学会享受工作的过程。虽然秘书工作具有一定的依附性和被动性，但其所从事的辅助决策工作事关全局，意义深远，秘书人员应该为自己的这份工作感到骄傲和自豪。秘书人员的思维和智慧有机会融入领导的思想和决策方案，并通过方针和政策、制度、办法等体现出来；要保持和领导思维的高度一致，弥补领导思虑的不周；要协调日常繁杂的事务，通过反馈并及时解决下级的困难和问题替领导分忧。正是这些平凡琐碎的工作使本单位事业得到了有利的推进，使工作更加系统化和卓有成效，秘书人员应该感到幸福和欣慰。

2. 坚强

秘书工作是一项十分繁重而复杂的劳动，秘书必须具有坚韧不拔、百折不回的精神，克服各种困难，实现自己的职能。要有较强的心理承受能力，对来自领导、基层和外界的种种压力能够从容应对、任劳任怨。

3. 敏捷

秘书不仅要具有坚韧不拔、百折不回的精神，还要机敏灵活。秘书工作涉及面广、变化性强，秘书要有敏锐的观察力和判断力，善于沟通，长于协调，既不丧失原则，又不激化矛盾。特别是在遇到突发事件和复杂情境时，能够机警灵活、随机应变，使问题得到及时而恰当的解决。

4. 缜密

"秘书工作无小事"，秘书在工作中必须细致认真、一丝不苟，注重工作细节，思维周密长远。对于常规工作能够按部就班，对于紧急工作能够从容应对。

5. 热忱

秘书在工作中应主动热情，在为领导服务中，凡事要想上司之所想，急上司之所急，善始善终，甘于奉献；在为部门和同事服务中要做好沟通协调工作，做到有问必答、百问不厌、有求必应；在为客户服务的过程中要做到以对方为中心，热情周到地服务。

6. 宽容

由于秘书人员的特殊位置，常常会在工作中遇到内部或外部的一些干扰。如在工作中，秘书会处于复杂的人际关系之中，难免与领导者、同事及群众发生性格矛盾、利害冲突；在处理事务中，秘书常会引起员工的误解和不满。秘书应该宽以待人，严于律己，心胸宽广，放眼长远，大事讲原则，小事讲风格。对于所服务的领导者要多加体谅，主动热情，细致周到。对于秘书部门的其他工作人员，要开诚布公，谦逊虚心，严格要求自己，维护集体的团结。

案例分析

微软的女秘书——露宝

露宝把微软公司看成一个大家庭，她对公司的每个员工，对公司里的工作都有一份很深的感情。很自然，她成了微软公司的后勤总管，负责发放工资、记账、接订单、采购、打印文件等。

每天早上9点左右，清洁工就进入微软公司的办公室进行清理工作。有一天，一位软件工程师突然从办公室里叫嚷着冲出来，板起脸孔看着露宝，问她有没有把他的程序扔掉。露宝莫名其妙地问："没看见什么程序呀！"

经过露宝仔细询问，方知是清洁工误把这位软件工程师放在电脑旁、写在废纸上的一叠程序当作垃圾给扔了。这位工程师唏嘘不已，因为那是他的灵感之作。这件事发生后，露宝制订了制度，在微软公司的办公室里，清洁工只能清除垃圾桶里的东西，其他地方的东西一律不准移动。

可是问题又来了，程序设计师把喝完饮料的空罐随手扔在电脑旁边或桌子的一角，清洁工也不敢去碰，过了没多久，办公室里空罐堆积如山。露宝又得向清洁工解释，哪些东西是有用的，不可以碰，哪些东西是垃圾，应该清除。

思考：结合上面的案例，分析秘书露宝具有怎样的职业性格特征？

课堂活动

活动项目：完成本节开始设置的情景任务。
活动目的：熟悉秘书职业的内容、特点和要求。
活动步骤：第一步，仔细阅读情景材料；
　　　　　第二步，做好模拟招聘的现场环境、资料和物品准备；
　　　　　第三步，学生分组练习，分别模拟招聘方和应聘方进行应聘现场问答。

（四）现代秘书的职业道德

职业道德是指从事一定职业的人们在履行职责范围内所遵守的道德原则和行为规范的总和。它是社会道德在职业活动中的具体表现，是人们在从事职业活动的过程中形成的一种内在的、非强制性的约束机制。职业道德在不同的行业有不同的表现形式，如教师的"为人师表""诲人不倦"，医护人员的"救死扶伤"，商人的"买卖公平"等。

1. 秘书职业道德的含义和内容

秘书职业道德是秘书人员职业活动过程中的行为规范和行动指南，主要包括职业责任、职业纪律、职业情感和职业能力素养几个方面。由劳动和社会保障部制定的《国家职业标准——秘书》中将其内容确定为：忠于职守，自觉履行各项职责；办事公道，热情服务；兢兢业业，甘当无名英雄；服从领导，当好参谋；实事求是，讲究实效；奉公守法，不假借领导名义以权谋私；遵守纪律，保守国家机密；谦虚谨慎，文明礼貌；刻苦学习，努力提高思想、科学文化素质；钻研业务，掌握文秘工作各项技能。

2. 秘书职业道德的基本要求

不同类型的秘书由于其具体的岗位特征和岗位要求不同，有不同的职业道德规范。秘书相对于其他职业而言，职业道德尤其重要，其原因主要在于这个职业最接近决策层、领导层，甚至直接参与其中，知密多、知密早、知密深，一旦道德沦丧，造成的损失将无法估量。秘书应当遵守一些基本的职业道德规范。

①爱岗敬业，忠于职守

《韦氏秘书手册》曾记录着这样一句话："对上级和公司的忠诚在你的事务生涯中是十分重要的。"忠于职守就是要忠于秘书这个特定的工作岗位。秘书人员必须忠诚于秘书事业，兢兢业业地当好领导的参谋和助手，认真履行秘书的各项职责，要处理好以办文、办会、办事为核心的日常工作，更要加强学习，在角色范围内为领导出谋划策、排忧解难。秘书人员要恪守本分，甘当助手、配角，甘当无名英雄，不越权越位，不掺杂私心杂念，不渎职。

②甘于平凡，乐于奉献

秘书工作是一项平凡中见伟大的工作，秘书工作的服务性、幕后性决定了秘书人员将远离鲜花、掌声和闪光灯。秘书人员工作烦琐，起草文件，处理信访、会务工作，处理事务，其工作多是幕后工作，很少抛头露面，而工作成果往往属于领导、上司或集体。如果秘书过多考虑个人名利，有很强的个人表现欲望，是无法干好秘书工作的。所以秘书人员必须脚踏实地，埋头苦干，甘当无名英雄，发扬兢兢业业、无私奉献的优良传统。

> **小贴士**
> 协助上司处理事务，
> 协助上司正确思考，
> 协助上司打理企业。
> 像上司那样思考，
> 比他们考虑得更全面更深刻！
> 像上司那样行事，比他们做得更周到更出色！

项目一 秘书职业认知

> 将微不足道的事做到完美无瑕，
> 将举足轻重的事做得无懈可击！
> 我们无法改变上司，
> 但是我们可以影响上司！
>
> ——廖金泽

③遵纪守法，廉洁奉公

遵纪守法是秘书职业素质的基本要求。廉洁奉公是秘书的立身之本，是高尚职业道德在职业活动中的重要体现，是秘书人员应有的思想道德品质和行为准则。秘书人员在职业活动中要坚持原则，不能利用职务之便，假借领导的名义以权谋取私利。秘书人员要以国家、人民和集体的利益为重，不为名利所动，以自己的实际行动抵制和反对不正之风。秘书人员应当严于律己，坚持原则，秉公办事。

④恪守信用，严守机密

孔子说："人而无信，不知其可也。"恪守信用是秘书与人交往的重要准则，也是秘书的道德情操和文化素养的综合体现。秘书人员恪守信用，就是要遵守信用、遵守时间、遵守诺言，做到言必信、行必果。一个具有良好职业素养的秘书，应该有较强的时间观念，赴会准时、办事守时、办文合时、不拖拉、不延误。秘书人员要严格遵守诺言，一经允诺的事情就要尽力办到，遇到曲折变化，要事先说明原因，使人信服。严守机密是秘书具有良好职业习惯的具体表现。秘书人员必须具备严守机密的职业道德，牢固树立保密观念，严格执行有关保密法律、法规和规章制度，养成保密习惯。秘书人员接触机密文件多，参加重要会议多，在领导身边机会多，因此秘书人员必须做到：不该说的机密绝对不说，不该问的机密绝对不问，不该看的机密绝对不看，不在私人通信、电话中涉及机密，不在不利于保密的场合谈论机密，不随身携带机密文件出入公共场合。

⑤文明礼貌，谦虚谨慎

秘书人员在工作中待人接物一定要语言文明，礼貌待人，举止大方，谈吐文雅，常带微笑，仪表服饰整洁大方。在领导者面前谦虚谨慎，凡事不可自作主张，不能因为自己在某些专业知识方面比领导者懂得多一些，或者因为自己对情况了解得比较具体而领导者经常向自己询问，就故意自我炫耀。在同事和群众面前要稳重谦和，平易近人，虚心听取他人的意见。

⑥严于律己，善于合作

秘书人员要严格要求自己，模范遵守党和国家的各级各类法律规章。在会面安排、收发文件、组织活动、处理事务等事件中要准时，不拖拉。要注意自己的角色，控制自己的言行举止，符合相应的职业要求，绝不能利用职务之便瞎指挥、办私事、自作主张、越权越位处理问题。秘书的职能特色决定了办公室成员之间只能是弹性分工，同事之间是既分工又合作的工作伙伴关系。因为秘书工作任务重，涉及面广，有些工作往往分解成若干道工序，需要一批人用"流水作业"的形式来完成，工作环环衔接，这就需要秘书具有良好的合作精神和团队协作意识，注意把团队目标与个人目标相结合，学会配合他人工作，形成"在竞争中合作，在合作中竞争"的良好氛围，积极与他人沟通，高效地完成自己职责内的事情。

课堂活动

活动项目：案例分析与讨论。
活动目的：理解秘书职业道德的内容及要求。
活动步骤：第一步，仔细阅读活动材料；
　　　　　第二步，分组讨论并记录；
　　　　　第三步，每组派代表发言，教师评析与总结。
活动材料：唐朝的"四善"和"二十七最"。

> **唐朝的"四善"和"二十七最"**
>
> 唐太宗贞观年间，要求秘书官吏"德行"两兼备。"德"包括秘书官吏的道德品行、对君主的忠顺；"行"包括其才能、守职的勤懒和实绩。"德"的基本标准称"四善"，即德义有闻、清慎明著、公平可称、恪勤非懈，简称德、慎、公、勤。"行"的标准依据业务不同，分成27类，称"二十七最"，其中专对秘书官吏的标准有："献可替否，拾遗补阙，为近侍之最"，即要求皇帝身边的亲信秘书官要能献计献策，参议朝政得失，防止失误，起参谋、咨询作用，做到者即为最好的参谋式秘书官员；"承昌敷奏，吐纳明敏，为宣纳之最"，即能及时、准确地收发、传递奏章、诏书，不出差错，这是最好的从事公文收发事务的秘书官员；"详录典正，词理并举，为文史之最"，即记注朝廷大事详细、正确，起草公文说理深刻，文辞优美者，是最好的文字秘书官员。
>
> 根据"四善"和"二十七最"的标准，视各人所得"善""最"的多少进行考核，分为九等。即：上上、上中、上下、中上、中中、中下、下上、下中、下下，而最后几等，如"下上——爱憎任情，处断乖理；下中——背后向私，职务废缺；下下——居官陷诈，贪浊有状"，都是职业道德较差的表现。
>
> 唐德宗朝翰林学士陆贽是一位著名的古代秘书，他廉洁奉公，陆贽刚出道时，曾与寿州刺史张镒结为忘年之交，陆贽回家探亲拜访张镒，临别时，张镒"遗贽钱百余万"，陆贽坚决婉谢，"唯受新茶一串而已"。陆贽东归洛阳，寓居嵩山半乐寺，因是皇帝的大红人，不少人在陆母丧事时趁机对他大献殷勤，然而"藩镇赙赠及别陈饷遗"，陆贽"一无所取"①。
>
> **问题**：活动材料给秘书工作者加强职业道德修养怎样的启示？

六、现代秘书阳光心态塑造

英国作家萨克雷说："生活是一面镜子，你笑，它也笑；你哭，它也哭。"这充分说明心态具有强大的影响力。阳光心态是一种与环境相适应的积极心态，温和、温暖、有力、向上，能够让人知足、感恩、达观。有人说秘书工作是"任务来了找秘书，出了问题怨秘书，福利待遇压秘书，功劳簿上没秘书"，这充分说明秘书工作由于其综合辅助性和事务性的特征，工作头绪多，任务重。因此，职业秘书具备阳光心态，能够使其在满意和进取之间取得平衡，在争与不争之间取得协调，在低潮时增加承受力、高潮时学会谦和、平淡时奋起向上。阳光心态对于干好秘书工作有着十分重要的意义。

（一）阳光心态的内涵及意义

阳光心态是积极、知足、感恩、达观的一种心智模式和健康心理，表现为崇尚个性自由、生活幸福、乐观向上、生机勃勃、内敛稳重，是一种精神优势和无形力量。对于秘书人员来说，阳光心态主要包括积极乐观、宽容平和、善于处下、感恩知足等方面，要求处事要顺其自然，看到有利面；学会换位思考、善待别人；谦虚内敛、甘于奉献；感恩社会、淡泊名利、享受工作的过程。

阳光心态是人生智慧。阳光心态能够获得个人快乐，而且能够影响他人、影响家庭、影响团队、影响组织，最后影响社会。阳光心态能够增强秘书的沟通协调能力，提高秘书的情商，创造

---

① 董险峰.我国历代秘书的职业道德标准探析［J］.河南机电高等专科学校学报.2014，22（05）：50-50.

和谐的人际关系。阳光心态能够使秘书减轻工作压力,适度发泄和控制情绪,正确评价自己的能力,制订符合实际的生活理想和工作目标,在符合集体要求的前提下发挥个性,在社会规范的范围内满足个人的基本需求,从而保持心理健康。

(二)秘书阳光心态塑造的途径

1. 保持积极乐观的态度

秘书在工作中应改变看待事物的态度。任何事情都是中性的,无所谓好坏,要一分为二地来看待,尽量往好的方面去看。人的生理试验告诉人们,无论遇到多么不愉快的事情,只要采取积极乐观的态度,脑内就会分泌出对身体有益的荷尔蒙;无论所处的环境多么优越,只要心情烦闷,忧愁苦恼,脑内就会分泌出对身体有害的物质。秘书要乐于为他人服务,因为整个社会都是服务型的社会,只有我为人人服务,人人才能为我服务。秘书人员不要总是认为秘书工作是被动的,是依附于领导工作的,就觉得秘书工作没有地位,秘书人员应想到正因这种服务关系使自己有了存在的价值,即秘书存在的价值在于这种智能服务工作的被需要。服务无所谓高低贵贱,只存在服务内容和范围的差异。虽然我们做了大量的幕后工作,但我们的工作是必要的。我们要想到秘书工作本身就是平凡中见伟大的工作,我们的工作很有意义,这样我们在工作中就会信心倍增、干劲十足。

秘书在生活和工作中应顺其自然,少作比较。中国人民大学金正昆教授说过,"痛苦来自比较之中""痛苦来自欲望不能满足"。"顺其自然"是对待结果和人生的一种态度,它追求的是积极向上的过程,一切讲究合理和顺心。作为秘书,眼睛不能老是"朝上看",要努力做好本职工作,要尽力做好当前的工作。

我们要热爱自己的工作,满腔热情地投入工作。因为凡是不喜欢自己工作的人,在工作时就会产生一种刻板、重复的不愉快情绪;情绪引发的疾病可能接踵而至。只有当喜欢自己所干的工作,或者领略到做好一件工作所带来的愉快,才会因自己对社会有所贡献而高兴。在工作时候产生的愉快情绪,能避免琐碎工作带来的职业倦怠感。

2. 拥有宽容平和的襟怀

秘书在工作中要尊重交往对象,善待别人。金正昆教授讲过,"尊重上级是一种天职,尊重同事是一种本分,尊重下级是一种美德,尊重客户是一种常识,尊重所有人是一种教养",要真正实现尊重就要学会宽以待人、严于律己。在安徽省桐城市,有一条名扬天下的六尺巷。据《桐城县志》记载,清代文华殿大学士兼礼部尚书张英的老家在桐城,其家人与邻居吴家在宅基地问题上发生争执,家人飞书京城,让张英打招呼"摆平"吴家。而张英给家人的回信却是一首打油诗:"千里家书只为墙,让他三尺又何妨。"家人见书,主动退让三尺,而邻居也深受感动,退让三尺,"六尺巷"由此而来。多少年来,六尺巷一直是民间传诵的佳话。包容忍让、平等待人,是中华民族的传统美德。秘书在工作中应该大事讲原则,小事讲风格,要容人之长、容人之短,谦恭礼让,才能建立更为融洽的人际关系。

秘书要做到宽容平和还要学会换位思考。有这样一个案例,员工对秘书说:"你能否向领导反映一下我们这里的困难?"秘书回答:"你们连这点困难都无法解决,还想不想要饭碗?"这种回答当然会激起员工的不满,无法实现良性沟通。因为秘书没有注意到自己的角色身份,也没有摆正自己的位置,更没有设身处地为员工着想。秘书如果抱着客观平和的心态,应这样回答:"你们的困难我看在眼里,记在心里,我一定及时向有关领导反映,尽快帮你们解决眼前的困难。"如果这样回答,沟通效果要好得多。

秘书应学会豁达,心胸宽广、放眼长远。二战不久后,名扬四海的政治家丘吉尔先生在一次大选中落选了,当秘书告诉他这个消息时,他却坦然一笑,说:"我们追求的就是民主,民主胜利了,难道不值得庆贺吗?"从这个故事里我们可以看出宽容是一种力量,一种智慧。

3. 造就善于处下的风格

老子的《道德经》中说:"上善若水。水善利万物而不争,处众人之所恶,故几于道。"意思是说最高的善像水那样:水善于帮助万物而不与万物相争,它停留在众人所不喜欢的地方,所以接近于道。因此"处下"是一种境界、一种风格,居于下位也有其合理性和重要意义,这就是老子说的"贵以贱为本,高以下为基"。"善于处下"适度竞争产生活力,过度竞争身心疲惫。学会放下,才会真正获得快乐。

秘书应具备"处下居后"的良好心态,在工作和生活中随时注意调整自己的角色身份和位置,不要越位。秘书应正确对待舍与得之间的关系,要理解有舍才有得。秘书工作的性质决定了秘书工作更多的是幕后工作,没有荣誉和风光。秘书要学会甘居人后、甘于奉献、享受平凡。

4. 养成感恩知足的心境

著名哲学家尼采说过:"感恩即是灵魂上的健康。"学会感恩,才会懂得珍惜,才会充分利用现有资源发挥出最大的工作绩效。我们不要总是抱怨秘书工作没有地位,奉献多、收获少,事务繁杂琐碎,而应学会享受工作的过程。虽然秘书工作具有一定的依附性和被动性,但秘书所从事的辅助决策工作事关全局,意义深远,我们应该为这份工作感到骄傲和自豪;秘书的思维和智慧能够有机会融入领导的思想和决策方案,通过方针和政策、制度、办法等体现出来,所以秘书要保持和领导思维的高度一致,弥补领导思虑的不周,协调日常繁杂的事务,替领导分忧,通过反馈并及时解决下级的困难和问题,我们又深感荣幸。正是这些平凡琐碎的工作使本单位事业得到了有利的推进,使工作更加系统化和卓有成效,我们应该感到幸福和欣慰。平平淡淡才是真,我们应该享受这个过程,我们很忙、很累,同时我们也是充实的、快乐的。

秘书应该淡泊名利、学会知足。物质资源是有限的,而人的欲望是无限的,有限的资源不能满足无限的欲望,因此就产生了郁闷和不安。不满足可以使人进步,但知足可以常乐,可以使人获得幸福。秘书由于工作的特殊性和领导走得很近,在其他人眼里看来好像拥有某种"隐形"权力,如果欲壑难填,很容易走上歧途。所以秘书应懂得知足,注意调整心态,摆正自己的位置。秘书要时刻牢记"献策不决策,用权不越权"的基本准则,脚踏实地干好本职工作,干分内的事,说妥当的话,不要逾规越矩。

拿破仑·希尔写的《成功学》中有这样一段话,"人与人之间只有很小的差异,但这种很小的差异却往往造成了巨大的差异!很小的差异就是所具备的心态是积极的还是消极的,巨大的差异就是成功与失败"。即"心态决定成败"。秘书应着重从以上四个方面培养自己良好的心态,方能使自己深刻而不浮躁,谦和而不张扬,自信而又亲和,使人际关系更加和谐,使工作更加舒心和卓越,从而获得幸福和健康。

课堂练习

任务二　认识秘书工作

情景任务

重庆江韵文化传播有限公司办公室,赵总和秘书小王。

项目一　秘书职业认知

赵总："小王，我公司下周要来一位新秘书，刚从大学毕业，请你就秘书工作的相关内容和要求准备一份培训材料，过两天给我看。"

你知道秘书实务有哪些内容吗？做好相关工作有什么要求？

理论知识

一、现代秘书工作的业务内容

（一）文书拟写

根据领导的意图和公司业务的需要起草各类文书，包括：公文，如请示、报告、通知等；各种事务文书，如简报、计划、总结等；专业商务文书，如商务信函、意向书、经济合同、招标书、投标书、市场调查报告等。

（二）文档管理

文书是企业组织行使职权、进行指挥管理、联系和商洽工作的重要工具，所以文档管理是秘书部门重要的经常性工作。科学规范的文档管理是企业进行有效管理、提高工作效率的重要保障。秘书应熟练掌握常用文书的拟写和收发文处理的程序与规范。秘书还应该熟悉档案工作的基本原则和规律，能够熟练地根据《归档文件整理规则》做好归档文件的收集、整理、鉴定、保护、检索、利用等工作，同时还应熟练地利用办公软件系统对电子文件进行处理和归档。

（三）会议管理

会务工作通常由秘书部门承办，大型会议则可设专门的会议机构，原来的秘书部门参与其中。秘书的会务工作主要是围绕领导和组织所举行、举办的会议、会谈、会面以及相关活动展开的。在程序上，会务工作包括会前的筹划和准备，会中的组织和服务，会后的善后和落实。在内容上，会务工作既有讨论研究工作、商洽谈判合作的工作会议、会谈事务，也有联谊性的、礼节性的、沟通感情、展开公关的会见和会议事务或文娱活动事务。在形式上，会务工作既包括领导层召开的小型的常规性工作例会会务，也包括几个单位联合召开的会期较长的大型会议会务；既包括准备会议预案、议程、文字材料、促成会议结果、督办落实的工作，也包括准备节目、聘请主持人、选定奖品，甚至包括明确礼仪程序、鲜花的摆放等事务。

（四）事务管理

事务管理是秘书的重要工作内容，主要有办公室环境设计与布置、电话接打、信件和报刊的收发、车辆调度、值班工作、安排差旅、零用现金管理、后勤服务等。秘书办事，最讲究分清楚轻重缓急，知道"事"的轻重，才好确定"办"的缓急。现代社会组织中的行政事务工作，不仅有新的内容，还有新的意义。例如，机关办公环境的设计、布置、装饰与维护，依法落实职工的社会保险保障和生活福利安排，办公设备、车辆的统一采购、管理、使用与调度，对保安公司、保洁公司承包事务的管理等，这些行政事务工作，明显地带有现代组织管理形式的特色，有些内容突破了传统秘书工作的范围，给秘书提出了如何进一步提高辅助管理、综合服务职能的新课题。

（五）流程管理

现代企业追求高效率、高质量的工作，许多工作都是程序化的，甚至连专业的秘书工作本身也带有程序化的特点,如秘书的时间管理、档案管理、接待工作等,许多企业已制订出了相应的工作流程和应急预案。秘书应该具备系统管理的基础知识,熟悉工作流程管理。

(六) 辅助决策

决策是领导的责任,秘书部门不是决策机构,不能代替领导决策。在领导决策过程中,秘书部门要发挥辅助作用,诸如调查研究、搞清情况、出谋献策、提供决策依据、参考方案、草拟决策文稿,组织和监督决策的施行等。秘书部门在决策过程中作用的大小,首先取决于秘书部门是否主动工作,其次是领导是否重视发挥秘书的作用。

(七) 沟通协调

协调的内容主要包括工作关系的协调(上下协调:上下级之间的矛盾;左右协调:各职能部门之间的矛盾;内外协调:本单位与外单位之间的矛盾)和人际关系的协调(与上级领导的协调,与下级领导的协调,与下属员工的协调,与各职能部门员工的协调),以及横向和纵向沟通、冲突处理、个别沟通和团体沟通、团队精神的培养等。

(八) 组织活动

秘书应辅助上司做好商务谈判、商务会展、商务庆典、开放参观、商务仪式组织等各类活动的策划与组织实施工作。

(九) 信息管理

信息工作是秘书部门的重要工作之一,包含各种政务信息的编写、报送和整理,为领导提供各种决策辅助信息,单位的各种宣传信息的编写和发布等。另外,现代企事业单位的档案资料数字化工作也属于信息管理的工作范畴。

> **小贴士**
>
> 遵循以秘书学科为立足点,对秘书狭义工作分类的原则,可以将秘书工作分为以下三类。第一类是辅助决策类工作。工作内容包括:调查研究、信息工作、方案建议、参谋咨询等。第二类是辅助管理类工作。工作内容包括:文书工作、会议组织、协调工作、档案管理等。第三类是事务管理类工作。工作内容包括:日程安排、接打电话、接待工作、印章管理等。[①]

课堂活动

活动项目:秘书工作情景录像分析。
活动目的:熟悉秘书工作的内容和要求。
活动步骤:第一步,播放录像;
　　　　　第二步,学生观察记录;
　　　　　第三步,学生分组讨论;
　　　　　第四步,教师讲评。
活动建议:采用小组讨论形式。
活动材料:
材料一:办公室日常工作情景录像。
材料二:学生观察记录表(见表1-1)。

视频:办公室内接待

---

① 王林. 秘书工作分类新说 [J]. 秘书之友. 2011.

表 1-1　学生观察记录表

序号	秘书工作内容	秘书工作类型	是否正确规范

二、现代秘书工作的分类

秘书工作的整体功能，大体以三个层次的形式分别表现出来。

（一）直接辅助层

这个层次的秘书群体，一般称为商务助理，如董事长助理、总经理助理、经理助理等。他们主要行使商战谋略和行政代理职能，有的直接进入领导核心。在实际秘书工作中，他们与领导层最为接近，又大多具有秘书工作的丰富经验。他们手下一般都有大小不同或密集型或松散型的工作班子，并对其负有组织领导责任。在这个班子的支持下，该层次的秘书群体充分发挥"领导智囊"或"领导左右手"的作用。秘书工作的辅助决策和综合管理功能主要依靠这一层次的秘书群体来实现。

（二）行政执行层

这个层次的秘书群体，一般称为经理秘书，具有较强的办事能力。在管理系统中，他们处于直接辅助层的外层，一般从事属于秘书工作范畴的事务工作，他们主要接受秘书部门主管的工作指令，办理各项具体事宜；他们也当参谋，但这种辅助决策大多是间接的，往往是寓参谋于办事之中。秘书工作的办文、办会、办事功能主要依靠这个层次的秘书人员来实现。

（三）技术操作层

这个层次的秘书人员，一般称为企业文员，他们的工作较为单纯，具有明显的专业性和技术性，如办公室内务、文书收发管理、档案管理、各种办公机器的操作等。积极提供专项服务，保障领导工作、管理工作的正常运行，是这一层次秘书人员最主要的功能。而熟练的专业技术技能，则是这一层次秘书人员最显著的特征。

三、秘书工作的原则

（一）准确规范

准确规范，是对秘书工作的质量要求。

秘书要准确地理解和执行党和国家的现行方针政策，做到有令则行、令止则止；要准确地收集和提供领导工作所需要的信息资料，做到有喜报喜、有忧报忧；要准确地判断和贯彻领导意图，做到不误解；要准确地处理各种秘书事务和领导者交办的事项，做到事前有请示、事后有报告；要准确地进行文字表达和口头表达，做到语言规范、合乎逻辑。

秘书的工作和行为过程直接代表单位和组织的形象，具有很强的规范性。秘书只有严格遵守操作流程和规范，才能彰显有条不紊、训练有素的职业形象。

（二）及时高效

及时高效，是对秘书工作的效率要求。

秘书要确立正确的时间观念，以适时为本，该快则快，该慢则慢，快慢适中，只要符合领导工作的需要即可；要讲究工作效率，以较少的人力、物力和时间去获取较好的工作效果；要分辨轻重缓急，重要的、紧急的工作，要首先去做，下功夫去做，直到取得满意的成果为止；要变被动为主动，对于常规性秘书工作，应积极主动，尽可能做到快捷、迅速、及时着手。

（三）细致周全

细致周全，是对秘书工作的作风要求。

秘书要严密思考。秘书工作不论巨细，均有"牵一发而动全身"之势，这就需要秘书人员在处理每一件事情之前，多想几种可能，多想几种方案，多想几种后果，尽量做到没有疏漏。在事务处理的过程中，由于内外部条件的变化，即使事前已经做了严密的思考和准备，也会有始料不及的事情发生，这就需要秘书人员进行周详地安排、组织与协调，尽量做到万无一失。秘书要谨慎行事。秘书工作的特殊意义和秘书机构的特殊地位，要求秘书人员要格外地谨慎行事，严于律己。不论是待人接物，还是为人处世，特别是与同事相处，都要谦和包容，平易近人，尽量做到谦虚而谨慎。

（四）注意保密

注意保密，是对秘书工作的纪律要求。

保守秘密，特别是保守国家秘密，是秘书工作的原则，也是秘书工作的纪律。任何一位从事秘书工作的人员，都必须严守党和国家的秘密，不得有失密、泄密的行为发生。

秘书要强化保密意识，对于保密的意义和泄密的危害，以及当今社会保密与窃密、间谍与反间谍的斗争情况，应有清醒的认识和深刻的理解，以保持高度的警惕；要具备法律知识，熟知国家颁发的一系列保密法规，明确国家秘密的定义、范围和等级，以及保密工作的方针、制度和法律责任；要严格遵守保密纪律，注意保守机密，并敢于同一切泄密和窃密行为进行斗争。

四、秘书工作的特点

（一）辅弼性

辅弼性是秘书活动最根本的属性。秘书人员

试论大数据时代背景下
秘书的参谋辅助工作

当好参谋拼什么

和秘书部门处于组织和领导的辅助、从属地位，秘书人员的一切工作和活动均以辅助领导工作为中心内容，其目的都是为领导机构和领导人员提供信息和方便的条件以使决策更加科学并提高工作效率。秘书工作的辅弼性主要体现在，在思维上提供参谋咨询服务、在工作流程上提供工作安排和沟通协调、在资源上提供各种信息服务等方面。简言之，秘书提供的是一种高级形式的智能服务，这是一种主动性的服务，是其他部门和岗位无法取代的服务，是能够有效推进领导决策和其他工作的一项业务工作。

秘书应立足本单位的全局，在强烈的战略意识指导下，不仅要想领导之所

杨修的教训

想、急领导之所急,而且要想领导所未想、急领导所未急,提供全方位、全过程的辅助。

秘书活动依存于领导活动,秘书的智能服务工作应该是为领导决策提供各方面的信息并加以综合比较,形成多套方案供领导选择和定夺,秘书只有建议权、发言权,而无决策权;即使所提供信息已用于重大决策,甚至在重大决策中发挥了重要作用,其工作性质也是辅助性的,而不是参与性的。

秘书所提供的辅助应是主动服务的结果,而不是消极被动的行为。比如在辅助管理的过程中主动收集与提供信息,进行调查研究;根据工作的特定规律按步骤处理事务;预见到事物的发展方向,提前做好准备;发现危机的征兆后,预先采取防范措施;考虑到领导处理某些事情不够周到,设法补救等。但秘书完整的行为过程必须深思熟虑,秘书要注意自己的身份和进行换位思考。

怎样成功向领导建言献策

> **案例阅读**
>
> 美国辛辛那提大学秘书系教授乔治·华格纳曾提出过一个经典案例:某董事长收到一封有长年生意往来的代理商寄来的无理信函,于是,董事长把秘书叫来,要他速记下回信的大意:"真没想到会收到这么不讲理的信,虽然我们有过长久的生意往来,也只能到此为止了,对此事我还打算公开。"他要秘书依据以上内容,迅速复函给对方。那么秘书应采取何种态度呢?这里有四个答案:A. "是的,遵命。"说着立刻走出办公室去打字投邮。B. 把这封信压下来。C. 向董事长建议道:"董事长,何必为了一时之气,得罪往来已久的代理商呢?请您三思啊!" D. 当天傍晚或经过一段时间,等董事长息怒后,将打好的信件送他过目,并说:"您觉得这样可以寄出去吗?"

(二)综合性

秘书是企事业单位中综合机构的工作人员,不同于生产、技术、经营、销售等职能机构的业务人员,其工作内容是协助领导层处理全面工作,工作业务往往涉及多个部门,工作范围广泛,事务交叉,事关全局。秘书部门是企业的枢纽和窗口,属于综合性机构,工作对象多样,需要协调企业上下左右内外各方面的关系。这就需要秘书站在全局的立场上,时时处处用综合的眼光观察和思考问题,具备较强的综合能力。秘书在提供智能服务和处理相关事务时,应对各方面情况进行综合,为领导提供全面的信息服务。

秘书工作的综合性随着现代化管理进程的加快而愈显突出。现代化管理要求条理化、信息化和最优化。条理化是指协调单位内部的各个机构,使它们目标一致,步调整齐,同步运转;信息化是指逐步建立完备的信息收集、反馈和处理系统,包括采用先进工具和先进技术,实现信息管理系统化;最优化是指调查论证,设想方案,供领导者参考,并协助领导者选择最优方案,求得最佳效果。这些综合性工作,都需要秘书去完成。

(三)事务性

处理事务是秘书的基础职能,这决定了秘书的工作带有明显的事务性。秘书必须做好大量程序性与非程序性、经常性与临时性的工作,且事无巨细都要精心办理。所谓"秘书无小事",这在商务秘书工作中体现得尤为突出。商务秘书事务工作的量很大,而且各项工作内容都非常具体。收发登记、起草文书、打印校对、接听电话、迎来送往、派车买票、安排食宿,都得一件一件去办,而且每件事情都要考虑周全,一点儿也马虎不得。商务秘书工作辛苦,与其工作的事务性特点分不开。只有搞好事务性工作,单位内部秩序井然,与外单位渠道畅通,才能使单位职能正常发挥;只有搞好事务性工作,才能使单位领导人从事务工作中摆脱出来,集中时间和精力想大事、干实事,更高效地进行领导。因此,秘书人员要充分认识事务性工作的意义,不畏繁杂,不嫌琐碎,踏踏实实地做好每件不显眼的工作。

(四)文案性

文案性是现代秘书工作的基础和前提,秘书工作的很多方面都是建立在文案工作的基础之上的,比如公文本身就是企事业单位的一种管理工具;要办好一个会议,秘书部门首先要做好会议预案;要搞好接待工作,秘书部门首先要做好接待方案、接待工作手册等。从某种意义上讲,秘书的很多业务工作和业务活动的执行是建立在文案基础上的。

 课堂活动

活动项目:完成本节开始设置的情景任务。
活动目的:熟悉商务秘书实务工作的内容和要求。
活动步骤:第一步,分组讨论,书面记录;
第二步,各组分别用教学白板展示,派代表交流发言。
活动建议:采用小组讨论形式。

 技能训练

实训任务:以"秘书工作的内容及特点"为主题,写一篇论文。
实训目的:通过资料收集和文献阅读,熟悉秘书工作的内容及特点。

课堂练习

任务三 认识秘书机构

 情景任务

重庆江韵文化传播有限公司赵总让秘书小王对国内同类型公司秘书机构的设置进行调查,形成调查报告并为该公司秘书机构的设置与调整提出建设性意见。
你知道什么是秘书机构吗?你知道我国秘书机构的类型和层次吗?企业秘书机构是如何设置的?

理论知识

一、秘书机构的含义

秘书机构指各级各类机关、单位中为领导机构及领导者处理综合事务的辅助性机构。它主要指办公厅（室）或秘书厅、处、科、股等，有些在名称上虽不叫秘书机构但实际从事秘书工作的部门或有时为了某个专项或特别主题而成立的专门的临时性秘书部门也属于秘书机构。我国的秘书工作机构有广义与狭义两种。广义的秘书机构是指党政机关、社会团体、企事业单位所设的综合办事机构，承担政策研究、办文办事、信息调研、综合协调、督促检查和事务管理等项工作，即秘书长或办公厅（室）主任领导下的办公厅或办公室，其名称由机关、单位或首长名称加秘书机构名称两部分组成，如国务院办公厅、重庆市人民政府办公厅、江北区人民政府办公室、重庆银行总经理办公室等。我国中央和省部级领导机关的秘书部门统称办公厅，地市级以下的领导机关和企事业单位的秘书部门统称办公室。我国有的地市级以上党政领导机关所设的独立于办公厅（室）的政策研究室（或调研室），承担的主要工作是调查研究、信息分析和文件起草等，因此，它们也属于秘书部门。狭义的秘书机构主要是指统辖于机关、单位或办公厅（室）之下，以办文、办会、办事为主的秘书业务部门。如各级办公厅（室）下设的秘书局、秘书处、秘书科等。只有县级以上的党政机关和较大型的企事业单位才设有专门的秘书业务部门，基层机关和较小的企事业单位办公室下不再设二级机构，因而也就不存在这种狭义的秘书部门。

二、秘书机构的名称

秘书机构的名称由机关、单位或首长名称加秘书部门名称两部分组成。其中，机关部门的名称一般由三部分组成：管理范围或者隶属关系；工作任务、性质；机构形式、规格。由于工作任务、范围不同，现行秘书部门的名称有五种表达方式：××办公室（包括秘书部门全部职能、任务）；××秘书室（规模较小、任务较少的单位的秘书机构）；××综合科（以情况、信息综合反映为主要任务）；××秘书科（主要负责秘书工作）；××文书科（只负责公文收发传递）。根据机构形式、规格不同，秘书机构可分为××秘书厅、局，××秘书室、处，××秘书科，××秘书股、组等。

三、秘书机构的层次及组织形式

（一）秘书机构的层次

秘书机构是一个统称，它泛指所有正式行政建制的秘书工作岗位，既包括单个性的工作岗位，也包括部门、机关这种集体单元和系统机构的工作岗位。在我国正式行政序列中，有三种正式的秘书机构设置方式：秘书岗位、秘书部门、秘书机关。此外，还有非正式的临时性秘书机构。

秘书岗位是指由个体工作主体操持的秘书工作岗位，这种岗位是秘书部门、机关中的基本组成单位。在我国众多的基层单位中，常不设秘书工作部门而只设个体操持的秘书岗位。许多小型的民营企业一般就采取这种方式，只配置一名或两名专职或兼职秘书，他们往往与上司同在一间办公室，或在上司办公室外占一席之地办公。

秘书部门是集合若干成员进行集体性工作的组织单元，在这种组织形式中，若干秘书人员既分工又合作，形成工作集体，为领导部门提供一系列配套的行政辅助服务。我国大的中层单位中，普遍设置这种集体性的秘书机构形式。

秘书机关是我国高级秘书机构，它因工作需要，对各种工作职能从组织上予以专门建设，在内部设置职能性办公部门，又把这些办公部门组合成为提供高度综合、系统的行政辅助服务的机关。由于秘书部门和秘书机关在机构设置上有相似特点，其内部都既分工又组合，是一种集体性工作机构，有的秘书学理论工作者把这两者统称为秘书机构或者秘书部门。

（二）秘书机构的组织形式

秘书机构按组织形式可分为分理制和综理制两种。分理制是指秘书工作机构内部下设分理机构，承办分工的具体事宜。管理任务紧、时效高、责任重的管理机关大部分采用这种类型的秘书部门设置。如××部和××省政府办公厅机构设置图（如图1所示）。中央的秘书工作机构称"办公厅"，是部级机构，采用分理制，其下再设部门，以处理各种不同的秘书工作。省部级的秘书工作机构也称"办公厅"，是厅局级机构，采用分理制，下设秘书处、机要处、信息处等。省辖市、厅、局、区、县、乡镇和企事业单位的秘书工作机构都称为"办公室"，但级别不同。地、市、厅、局办公室是处级，采用分理制，下设"科"；县办公室为科级，下可设"股"；乡镇办公室为股级，下不再分设。大中型企事业单位办公室也有采用分理制的，下面可再分设科室秘书部门。

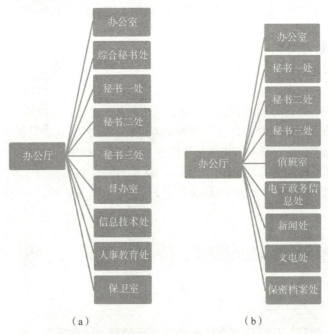

图1 ××省政府办公厅和××部机构设置图
（a）××省政府办公厅机构设置图 （b）××部办公厅机构设置图

综理制是指所有秘书工作由办公厅或办公室统一或分派人员办理，下面不再分设部门。这种组织形式适合秘书工作量不太大的机关或单位，如大多数企事业单位都采用综理制。如××省人大办公厅和××市政协办公厅机构设置图（如图2所示）。社会团体的秘书工作机构，通常直接命名为"秘书处"，采用综理制，如"中国高教秘书学会秘书处"。

有一种临时性的秘书工作机构，也叫"秘书处"，视其规模大小、工作多少，采用综理制或分理制，如大会秘书处之下的联络组、宣传组、后勤组等。

有些部门以所属机关和专业性质同时命名的办公室，则不属秘书工作机构，而是直属部门。

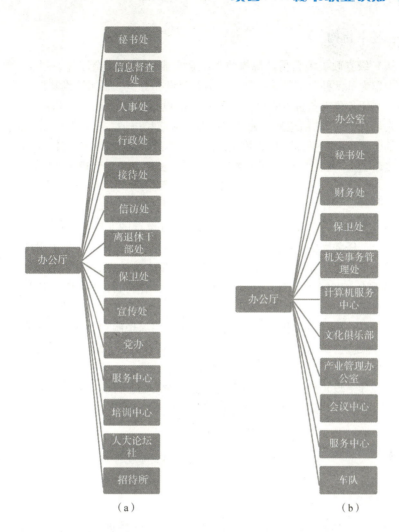

图 2 ××省人大办公厅和××市政协办公厅机构设置图
(a) ××省人大办公厅机构设置图 　(b) ××市政协办公厅机构设置图

四、我国秘书机构的类型

(一) 高级领导机关的秘书机构

指省（部）级及以上机关设立的办公厅。这类机关由于管辖的范围大，所以有较多的人员配备和较细的工作分工。一般设有办公室、秘书处、人事处、综合处、信息处、机要处、交通处、行政处、督查处等。"处"下面根据职责需要还设有科级部门，如秘书科、档案科、文印科等。

(二) 中级领导机关的秘书机构

指地（市）级党委和政府机关设立的办公室或秘书处。如地（市）级的厅、局、委、办等。大中型国有企业事业单位，如大型工厂、高校等，这些机构一般设有办公室或秘书处。

(三) 县（处）级领导机关的秘书机构

指县（处）级党政领导机关和与县（处）级同一档次的企事业单位设立的办公室或秘书科。

(四) 基层秘书机构

一般乡（镇）级党政机关和稍具规模的基层企事业单位及社会团体，根据工作需要，也大都设立秘书机构作为日常办公部门。基层单位通常只设办公室，不再下设其他秘书机构，由办公室工作人员按工作任务分工负责。农村乡（镇）一般设办公室（也有一些很小的乡镇只设专职或兼职的文秘人员）。城市的街道办事处，多设办公室或秘书股，有的只设专职的或兼职的秘书或文书人员。基层单位的秘书往往身兼数职，分工不可能很细致。社会团体的秘书机构，通常采用综理制，直接命名为"秘书处"。社团秘书处在秘书长的主持下为理事会和社团成员服务。

(五) 临时性秘书机构

临时性秘书机构指各级各类组织在实际工作需要时设置的非常设性的秘书机构，是为完成短期任务而设置的，任务完成后即解体，没有固定编制和人员。临时性秘书机构的设立主要有两种情况。一种是在某些重大活动或工作中，成立跨单位、跨地区、跨行业的临时秘书机构。如2008年奥运会筹委会、2006畅游珠江活动组委会、抗洪抢险指挥部。其在组织形式、人员安排上比较灵活，完全根据实际需要而定。另一种是为重要会议服务而设置的秘书机构。机构的规模和人员配备也随会议规模、性质和需要而定，可分别采用综理制和分理制设置秘书机构。如各级党代会、人代会、政协会议以及企业职工代表大会的秘书机构。临时性秘书机构一般设秘书处，由秘书长主持会务工作，秘书处人员从各组织临时选拔抽调，会议结束即告解散。如全国人大会议在大会主席团领导下设正副秘书长，负责秘书处、联络处、行政处、文书处、保卫处等秘书机构，承担会议筹备、会议期间的联络以及会议善后工作等任务①。

五、企业的秘书机构

(一) 企业秘书部门的形式

企业中的秘书部门是企业内部的行政管理机构，也是在经理、厂长领导集体之下设置的履行辅助管理、综合服务职责的综合机构。由于企业不同，秘书部门的设置也多种多样。归纳起来，秘书部门大体有四种形式。

1. 机关式的秘书部门

主要是指在国有大中型企业、商业性公司中对领导层集体负责，采取综理制的组织形式，全面掌管单位内部行政管理事务，同时负责对外宣传联络、公共关系、综合协调以及辅助业务指导的秘书机构，有时也被称为综合性的秘书部门。一般称为"行政办公室""总部办公室""公司办公室""集团办公室"等。如大中型企业设厂长办公室、总经理办公室、综合办公室或行政部。

2. 职能性的秘书部门

主要是指在企业中分设各个业务管理部门，秘书部门是该企业中分设的工作部门之一，如与市场部、技术部办公室、生产部等平行设置的独立的行政办公室。这类秘书部门的工作比较集中，主要是担负包括单位内部行政事务和其他事务性、临时性工作任务，包括协调各个职能部门之间关系的工作；更重要的是对各职能部门办公室进行业务指导以及与其他部门合作展开工作，如对各职能部门办公室的文件归档提出相关要求、进行技术指导等。这类秘书部门也称为"经

---

① 杨锋. 秘书学概论 [M]. 北京：高等教育出版社，2011.

理办公室"或"厂长办公室"。有些小企业甚至将人事、保卫、文书、工会、宣传、生活、医疗卫生等工作合为一体,设"党政工办公室"或"综合办公室"。

3. 专业性的秘书部门

主要指人员设置比较少的秘书部门。这类秘书部门一般设置在人员规模比较小的企业中,被称为"文秘室"或"值班室",处理秘书事务时一般专业水准较高,从而使工作更加规范和高效。该部门主要负责单位文书拟写、文件信函的收发处理、组织安排会议、档案整理、电话接打、日常接待以及车辆调度等事务性工作。如小型企业只在厂长或总经理办公室设若干秘书岗位。

4. 由一两名秘书承担的秘书办公室

多存在于不设秘书部门的单位内。这类企业规模更小,一般在公司接待处或经理办公室外设置一个值班秘书的办公席位,有的称为"前台",有的定位为"总经理秘书"。这对专职秘书要求较高。秘书除了要熟练地进行事务性工作以外,往往还要为上司提供决策咨询和参谋服务。

企业中的秘书部门与行政机关的秘书部门工作范围相近,但又有所不同。第一,企业中的秘书部门的一切工作必须以生产经营为中心,服务并服从于生产和经营管理。第二,企业中的秘书部门工作人员属非生产人员,带有后勤服务性质,不直接创造产值。因此,除必需的数量外,一般不多设。第三,企业中秘书部门的工作人员除了具备秘书专业知识以外,还必须具备该企业的生产或经营对象相关的专业和行业知识,应熟悉市场经济、商务法律、商务沟通等知识。第四,企业中秘书部门的非权力支配性比行政机关的秘书部门更加明显。企业的秘书部门一般是从第四种形式起步,随着企业的逐步发展而扩大的。

(二)股份制企业集团中秘书部门的设置

我国股份制企业实行的是董事会领导下的经理负责制,是独立经营实体,要求企业产权明晰、权责明确、政企分开、管理科学。所以,股份制企业秘书部门的设置遵循分级分类管理,精简合理高效原则,以及整体效益的原则,在工作中仍然具备辅助管理、综合服务的基本职能。

在股份制企业中,最高权力机构应当是股东大会,股东大会和董事会是决策层。在这一层次,一般不设置秘书部门。在董事会机构中设置的董事会秘书(简称"董秘"),是公司的高级管理人员。董事会秘书是对外负责公司信息披露事宜,对内负责筹备董事会会议和股东大会,并负责会议的记录和会议文件、记录的保管等事宜的公司高级管理人员,董事会秘书对董事会负责。

总经理是董事会任命的公司最高管理者,也称首席执行官(Chief Executive Official,CEO)。董事长、总经理是管理层。总经理办公室负责公司的秘书事务,是股份制企业中的最高常设秘书部门,一般直接对总经理以及各位副总经理负责。股份制企业的总经理、副总经理一般会配备助理,总经理助理是主要对领导者负责的秘书,一般不隶属于总经理办公室。有的公司总经理助理由办公室主任兼任。

股份制企业的组织机构是在总经理之下由各个职能总监负责的各事业部,其中不可或缺的是财务部和人力资源部,其他部门因公司的业务不同而设置不同。比如有的设置生产部、技术部、销售部等,有的设置项目策划部、开发部,有的设置公共关系部。在这些事业部中,部门经理的助理也称秘书,有专设的,也有由部门内职员兼任的。

由此分析,股份制企业的秘书部门主要是指总经理办公室。各事业部不另设秘书部门,但可能设专职秘书人员。

课堂练习

现代秘书办公实务

> **课堂活动**
>
> 活动项目：完成本节开始设置的情景任务。
> 活动目的：认识企业秘书机构设置。
> 活动步骤：第一步，设置调查问卷，做好调查准备；
> 　　　　　第二步，学生分组调查企业秘书机构设置情况，做好记录。
> 活动建议：在活动前先安排分组调查，在课内组织讨论。
> 活动拓展：其他类型秘书机构的设置。

任务四　认识网络秘书

情景任务

阅读下面的案例，谈谈在信息化和新媒体时代秘书工作发生的变化。

秘书小黄在广州某外资企业任职，他每天起来的第一件事就是打开手机，查看自己的微信、短信及电话记录，看一下今天是否有新的工作安排。接着在智能手机上查看自己的电子邮件，并浏览公司公告板上一天的工作安排，然后根据安排好的工作日程与领导指示，在本公司公告板的联系群发布当天重要的工作事项的相关通知，或者使用电子邮件将需要提醒领导的信息发送到领导的邮箱或者手机中。

理论知识

网络影响正在将触角伸往新媒体办公环境下的秘书工作，秘书实务也正在悄然发生革命性的变化，这不仅是办公自动化的设备和技术更新，更是在根本上改变了秘书的办公流程和方式。

一、网络秘书的含义

网络秘书（Virtual Assistalit）又被称为虚拟助理，起源于美国，是基于互联网及其网络技术提供服务的新兴职业。主要指在自有工作地点（一般是家中），使用自有办公设备，通过网络所提供的电子邮件，进行筛选预约、整理档案、制订商业计划以及联系客户等服务①。通过网上完成秘书职能，从办公事务、办文事务，到办会事务、沟通协调、公关策划、接待谈判、辅助决策等。美国国际虚拟助理协会（Assist U）成立于2000年，它提供虚拟助理证书并帮助寻找客户，并可实现24小时全天候服务。

---

① 李莹. 办公室秘书实务研究 [M]. 长春：吉林大学出版社，2017.

项目一 秘书职业认知

网络秘书的出现可谓带来了"双赢"的局面。客户通常只在某一段时间内需要某个方面的专家，有了网络秘书，他们不需要出钱购置一些硬件设施，也不存在分红以及税收。对于网络秘书而言，他们从此可不需每天早九晚五，办公十分自由。网络秘书不受时间和空间的限制，成本低廉、速度快、效率高，越来越受到广大青年秘书们的欢迎。甚至有些年轻人辞职在家从事网络秘书，一方面可以照顾家庭，有大量的支配时间；另一方面，又不会把自己的专业丢弃，并能给家庭增添一些经济收入。网络秘书往往根据自己的个人时间来协调工作时间。网络秘书的工作通常开始于早上8时至9时，一个非常普遍的上班时间。网络秘书通常会先检查一下自己的电子邮箱、传真以及电话留言，然后再开始一天的工作。因为网络秘书经常同时为多个客户服务，所以他们必须牢记多个工作的最后期限。网络秘书的服务通过互联网很快就传遍世界，近几年以来国内外互联网上提供秘书服务的网站越来越多。如果用Google搜索网络秘书，我们可以找到数千个相关网站和数万个相关联的网页①。因而我们认为在新媒体时代，掌握其应用操作的能力对现代秘书而言十分必要②。

总之，网络秘书是基于互联网及其网络技术提供秘书服务的职业。随着互联网的高速扩张和广泛应用，网络秘书将有一个大发展。因为网络秘书的优势非常显著，秘书服务不受时间和空间的限制，成本低廉，速度快，效率高，所以会被越来越多的公司和个人接受。我们看到目前的一个重要事实：那就是互联网和网络技术已经成为现代办公室工作的基础，现代信息社会已经具备了使用网络来办公的条件。尤其是经济发达地区，信息化管理的现代企业，网络成为正常运作最重要的一部分。网上政府、网上商务、网上办公、网上会议，还有电子邮件、电子邮箱、电子公告板、电子货币等，这些都是互联网和网络技术得到广泛应用的结果。毫无疑问，随着经济全球化的发展和互联网的迅速扩张，互联网和网络技术将成为我们提高工作效率的最主要的方式之一③。

二、新媒体时代秘书实务的改变

（一）建立起扁平化工作模式

利于建立内部的通信平台，建立组织内部的邮件系统，使组织内部的通信和信息交流快捷通畅。可以帮助秘书在内部建立一个有效的信息发布和交流的平台，如电子公告、电子论坛、电子刊物，使内部的规章制度、新闻简报、技术交流、公告事项等能够在企业内部员工之间得到广泛的传播，使员工能即时了解单位的发展动态。

（二）实现工作流程的智能化

能够很好地解决多岗位、多部门之间的协同工作问题，实现高效率的协作。使办公文档管理变得智能化，使各类文档能够按照权限进行保存、共享和使用，并有一个方便的查找手段。

（三）利于辅助办公和信息集成

像会议管理、车辆管理、物品管理、沟通协调等与日常事务性办公工作相结合的各种辅助办公，都能够实现智能化管理。每个单位都存在大量的业务系统，如生产、销售、市场等各种业务系统，企业的信息源往往都在这个业务系统里，办公智能化系统可以跟这些业务系统实现很好的集成，使相关的人员能够有效地获取整体的信息，提升整体的反应速度，提高决策能力。

---

① 蔡超. 网络秘书 [M]. 北京：中国轻工业出版社，2007.
② 何坦野. 秘书新媒体实务 [M]. 北京：光明日报出版社，2019.
③ 蔡超. 网络秘书 [M]. 北京：中国轻工业出版社，2007.

（四）实现了移动化办公

新媒体技术的发展，使得移动办公成为未来趋势，秘书可以改变传统的同定模式、固定地点的办公，通过秘书新媒体实务可在不同的地方随时随地办公。"SOHU 中国"董事长潘石屹旗下的"共享办公产品——SOHU 3Q"，2018 年 4 月在杭州首家开业，位于钱塘新城的财富金融中心，内有工位 1 651 个。SOHU 3Q 就是将写字楼办公室以短租的形式对外租赁，预订、选位、支付等所有环节都在线上完成，是"移动办公"的一个新选择。传统写字楼的租赁，通常是整租、长租的形式，而在 SOHU 3Q，秘书或企业可以租一个星期、一个月，甚至可以租一个办公桌、一个办公室、一个会议室，还可以随时随地手机上预约、付款，可以享受餐点、咖啡、复印打印等服务。秘书或企业只需带着手机和电脑，就可以直接开张。SOHU 3Q 自成立迄今，目前已成立北京、上海最大的共享办公空间，拥有 19 个中心，超过 17 000 个座位，建立了一套成熟的管理运营体系①。

三、网络秘书的工作内容

5G 时代秘书要善用融媒体

（一）文书写作

在了解客户的需求后，通过调研，为客户进行各类文案写作，包括计划、总结、宣传文案、讲话稿等常用文书，还包括商业技术书、策划方案、招投标书、邀请函、会议通知等商务文书。

（二）文案美化

主要是对专用文书的规范排版，比如课题立项与结题材料的排版、美化与组装；根据客户需求制作商业化 PPT；对其他素材进行美化加工等。

（三）设计制作

主要是指名片设计、广告设计、产品外观设计等创意设计，也包括各类活动设计和仪式设计。

（四）客户维护

与客户建立联系，与客户沟通，为客户建立档案和客户资源库，不断更新客户信息。

（五）搜索信息

网络已成为最大的信息来源，秘书必须善于充分利用网络及时搜集与组织有关的各种信息。可以说通过网络获取信息资料的方法已经是目前乃至今后长期运用的日常工作方法了。运用网络进行社会调查和信息传播也成为企业成功策划与竞争制胜的法宝。秘书工作中所需要的很多内容都可以从互联网上找到。

（六）发布信息

秘书也可以利用 BBS 论坛、网站、新闻回帖等来发布信息。如通过 BBS 发布信息。BBS 即电子公告牌系统，它是一种小型的联机服务系统，通常由一台功能较强的计算机来运行公告牌系统程序，为网络提供各种电子信息服务。BBS 是一个信息交流和沟通的平台，世界上任何地方

---

① 何坦野. 秘书新媒体实务［M］. 北京：光明日报出版社，2019.

的人们都可以通过此平台进行信息交流和沟通，这里包含大量的有用信息。办好组织网站已成为获取组织信息和相关信息最直接、最集中，也是最便利的途径。秘书要做好信息的编辑和及时更新，建立相关的信息链接，拓展信息空间，及时更新网站的信息，注意与公众的沟通和互动。公众信息需求水平的提高，要求传播活动及所传播的信息、采用的媒体等必须具有很强的创新性，更有创意和吸引力；在体现信息的价值和实用性的同时，秘书要讲究传播沟通的技巧，注意公众的心理，使信息保持一定的趣味性、娱乐性。

（七）在线办公

作为在现代办公环境下的秘书工作，网络影响下的秘书行业正在悄悄地发生革命性的变化，这不仅是办公自动化的设备更新，而且是从根本上改变传统的办公方式和过程。人们上网在线协同办公，通过网络进行交流沟通，利用网络资源处理各种事务，但大大地提高了办公、办会和办事的工作效率，而且基于网络的办公事务处理不受时间和空间的限制。如本节开篇情景任务中秘书小黄的办公方式，就是网络化办公方式最典型的一幕。

秘书工作在线办公是指秘书应用互联网络技术和资源并基于互联网络处理各种办公事务。网络不仅具备在线办公的技术基础，而且为在线办公提供了大量资源。首先是互联网的信息资源，不仅信息量极其浩大，而且在利用信息上有无可比拟的优越性。虽然信息丰富给人类社会带来莫大的益处，但"信息爆炸"也会造成令人头痛的信息垃圾和信息污染。怎样在纷繁复杂的信息海洋中寻找相关主题的情报信息变得十分困难，而网络较好地解决了这个问题。应用搜索引擎，尤其是高级搜索功能可以比较准确、快速、高效地找到所需的信息。其次，互联网的办公、办会、办事等资源也极为丰富。撰写任何种类文章都可以找到相应的模板，不必为不同文体的各种格式而大伤脑筋。组织会议可以使用视频会议系统，同在一栋写字楼的不同办公室或远隔大洋彼岸的同事都能随时召开在线办公会。

目前，人们也越来越多地了解了利用网络办公的优越性，更多的行业和领域利用网络处理办公事务。在线办公越来越多地被人们所使用，不仅公司本部的办公用户可以方便地协同办公，而且和远在外地分公司的同事商议工作也同样方便。网络在线办公系统为在线办公提供了越来越多的便利条件，也为秘书工作提供了越来越多的资源。网络在线办公系统应用应该根据各企业实际情况来定制，不同企业的管理目标和内容不同，其应用层功能定制也不相同。秘书要根据所在单位的不同情况，掌握相关技能，完成在线办公的各项任务[①]。

网络秘书

项目能力测试题

案例题

1. 这天上午老总在开会，秘书小敏没什么事，像往常一样在网上浏览新闻，消磨时间。11点多，老总开完会出来，对小敏说自己下星期一去上海出差，让她把上海两个客户的合同找出来。

"您坐飞机去吗？"小敏问。

"是的，打算乘星期一下午3点多的飞机。"老总说。

"那我帮您去订机票吧？"小敏主动说。

"不用了，我这里有订票处的电话，回头你帮我下楼去取一下就行。"老总说。于是，小敏只好怏怏地回到自己的办公室帮老总找出那两份合同。

老总在单位她总感到无所事事，老总出差之后她会更无聊。很多朋友羡慕她工作轻松，但她

---

① 李莹. 办公室秘书实务研究 [M]. 长春：吉林大学出版社，2017.

于心不甘，大学毕业的高才生，毕业三年多了，虽然有"总经理秘书"的头衔，但一天到晚也只是在"打杂"，找不到机会，看不见希望，想到这里，她暗叹一口气，又只好上网打发时间。

问题：（1）小敏的问题出在哪里？

（2）小敏应该怎么做才比较适当？

2. 这是一家通信辅助设备制造公司，这天老板终于得到了与本地移动通信公司老总见面的机会，并约好晚上一起吃饭。下午，老板就晚上见面的事与秘书商量工作。

"听朋友说，移动公司大老板的酒量很大，我原准备让研发部的刘奇今晚一起去，但他太书生气，不会喝酒。除销售部的王涛，你看今晚还派谁去比较合适？"老板兴致盎然地征求秘书小玲的意见。

"对不起，我不太清楚，你是老板你定吧！"小玲诚恳地回答。

听小玲这么一说，老板兴致陡降，只好转移话题。他指着移动通信公司的宣传样本说："这个上面的两个英文字母'SP'，它到底是什么意思？"

"不好意思，我是学中文的，我也不知道这'SP'是什么意思。"小玲实事求是地回答。

"好吧，你出去忙吧！"老板明显不高兴。

问题：（1）小玲的问题出在哪里？

（2）小玲应该怎么做才比较适当？

3. 某地委办公室信息科黄科长采写到了一篇较有价值的信息稿，他费了不少功夫修改、润色，然后兴冲冲地呈到地委秘书长的办公桌上。凭经验，他估计这一炮定能打响，并可获得当年全省党委系统的优秀信息奖。不料，秘书长看后批示："此稿目前不宜发。"看到自己的工作成果作废，辛辛苦苦采写的稿子被"枪毙"，黄科长心里有股说不出的滋味，"这么好的题材，可惜了！不行，得想个办法。"

黄科长拿定了主意，回到自己的办公室，又经过一番剪裁，将原稿换了个标题，内容的文字也略做改动，然后拿给地委办公室袁副主任签发，居然顺利通过了。当然，他没有把真相告诉袁副主任。第二天，黄科长正在为稿件已发而高兴时，被通知到秘书长办公室，在那里他受到了严厉的批评。

问题：黄科长在工作中有何不当之处？应怎样加以改进？

4. 刘英大学毕业后到某机关做财务工作，一干就是三年。她敬业守职，专心干本职工作，按时上下班，独立工作能力较强，两次被评为工作绩效显著的先进工作者，已被领导作为业务尖子培养。她性格内向，不善交际，工作时十分专注，很少顾及其他问题，生活中受到父母无微不至的关爱，业余时间除了看看书，写点小文章，其他事情全由母亲包办。单位领导在报刊上经常读到刘英的文章，认为她文字功夫好又积极肯干，将她调到办公室当秘书。但干秘书工作半年多，刘英感到很不适应，处处不顺手，领导和同事也不满意。

问题：（1）刘英不适应秘书工作的主要原因是什么？

（2）结合秘书工作的基本特征和原则，分析刘英应做哪些方面的调适。

5. 蒋琬原是一个专事抄录文书的书佐，诸葛亮发现他很有才干，就在率军北伐动身前将他推荐给后主。蒋琬一下子被委以留守成都的重任，而且他成功地组织了足够的兵源粮饷，供给北伐的蜀军。诸葛亮临终之时，又推荐他为自己的继承人，使他成为蜀国后期的重臣。杨洪原是个功曹小吏，有一次，诸葛亮就一次军事行动征求杨洪的意见，杨洪坦率直言，讲得很有道理，是一良策。诸葛亮就破格提拔他为蜀郡太守，不久又提升他为益州治中从事。何祗原是杨洪手下的一名书佐，诸葛亮发现他很有才干，就任命他为广汉太守。

问题：结合上面案例，分析秘书人才要获得职业发展需要具备什么样的素质。[1]

---

[1] 楼淑君. 新编秘书理论与实务 [M]. 北京：机械工业出版社，2010.

项目二 秘书形象塑造

项目能力标准

学习领域	能力目标	知识要求
仪容规范	1. 能够进行仪容日常护理和修饰 2. 能够了解化妆的基本原则，做到淡妆上岗 3. 能够正确佩戴饰品	1. 掌握商务秘书仪容要求、发部和面容修饰要求 2. 了解商务秘书化妆原则 3. 了解饰品佩戴的基本要求及具体规范
着装规范	1. 能够根据不同场合选择款式、颜色适当的西服和职业套裙 2. 能够正确搭配西服和职业套裙配件	1. 了解商务秘书着装规范的基本原则 2. 掌握男士商务着装规范 3. 掌握女士商务着装规范
仪态规范	1. 能够在服务中正确运用眼神 2. 能够在服务中正确运用微笑 3. 能够在服务中正确运用站姿 4. 能够在服务中正确运用坐姿 5. 能够在服务中正确运用行姿 6. 能够在服务中正确运用蹲姿	1. 掌握眼神仪态规范的内容和要求 2. 掌握微笑仪态规范的内容和要求 3. 掌握站姿仪态规范的内容和要求 4. 掌握坐姿仪态规范的内容和要求 5. 掌握行姿仪态规范的内容和要求 6. 掌握蹲姿仪态规范的内容和要求

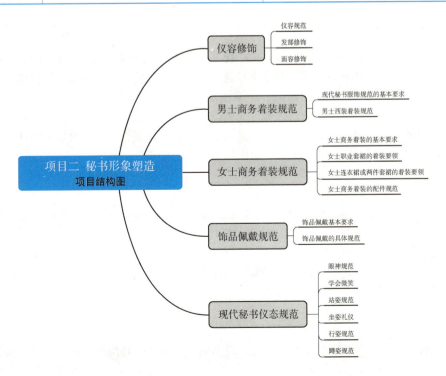

任务一 秘书仪容修饰

情景任务

小王是赵总的秘书，明天要去 M 会议中心参加一个重要的商务合作洽谈会，这是本公司与 A 公司第一次进行商务洽谈，作为一名女性秘书，应做好仪容方面的哪些准备呢？

秘书仪容修饰的基本要求是什么？秘书应该怎样进行仪容修饰？

理论知识

仪容是一个人的自然的外观容貌，是形成良好礼仪形象的基本要素。从礼仪的角度来看，除了脸庞以外，还包括头发、颈部、手部，这是交际活动中最引人注目的地方。在人际交往中首先映入对方眼帘的就是一个人的面部和头部，懂得仪容礼仪规范并对其进行恰当的修饰是秘书职业形象设计的重要一环。良好的仪容修饰不但可以体现秘书人员的文化修养和审美品位，还可以反映出企业的文化。

一、现代秘书仪容要求

（一）整洁干净

干净、卫生、整洁，是仪容的首要要求。秘书应注意讲究个人卫生，坚持洗澡、经常洗头、洗脸，除去身上的体味和污垢，确保头发不粘连、无头屑和气味，保证面部的清洁靓丽，特别是参加重要的商务活动之前更应注意清洗。还要注意经常洗手、剪指甲，早晚刷牙，保持口腔卫生，保持耳、鼻和眼角、嘴角的清洁。男士应坚持定时剃须，修剪鼻毛、耳毛，女士应注意修饰或剃去腋毛以及其他多余的毛发。秘书不论是头发、肌肤还是服饰，都应该给人整洁、清新的印象，因为这可以体现其良好的职业素养，给人训练有素的印象。

（二）简约庄重

秘书总是以得体的发型、保守的服饰、优雅的举止在商务场合展现其庄重、稳健的形象。所谓简约，就是仪容要做到简洁、明快、朴素、实用，修饰打扮到位即可，注意分寸，不浓妆艳抹，不过分修饰。例如，男性不留长发，不梳小辫子，不搞夸张的发型，也不剃光头；女性一般不提倡穿吊带裙或露脐装，不戴过多的首饰等。仪容简约庄重，能够显出秘书的敬业精神和朴实的作风，另外也是职场安全和健康的需要。

（三）自然大方

秘书的仪容修饰要自然得法，化妆适度，时尚大方，不能追赶潮流、标新立异。因为要出入各种场合,大方而不拘谨的造型容易进行良好的人际沟通。现代秘书的仪容修饰只要能适应职业特点、彰显个人气质、符合工作需要即可。

二、现代秘书发部修饰

头发应勤洗勤理,一般以两天洗一次头、一个月理一次发为宜。对于男士来说,头发要干净整洁、无汗味、无头屑,发型款式大方、不怪异、长短适中、不抹过多的发胶把头发弄得像刺一样硬。对于女士来说,头发要保持干净整洁,有自然光泽,不过多使用发胶,发型大方、高雅、得体、干练,前发不要遮住眼睛和脸。理发最重要的是修剪出发型的轮廓样式和合适的长度。职业对头发的长度有很大影响。

商界对头发的长度大都有明确的限制:一般要求男士不宜留鬓角、发帘,头发长度最好不要长于7 cm,即大致不触及衬衫领口。简单地说,就是要做到前发不覆额,侧发不掩耳,后发不及领。对女士发部修饰的基本要求是头发不宜长过肩部,必要时应以盘发、束发作为变通;刘海不挡眼,不披头散发,不剃光头发。

头发可以适当进行美化,但要注意不能将黑发染成白色或彩色。烫发不能过于前卫。秘书不宜在工作时佩戴具有装饰功能的帽子,最好也不戴发饰。

不同的脸型,应配以不同的发型,如表2-1所示。

表2-1 脸型与发式的搭配

脸型	脸型特点	适合发型
标准脸	颧骨比较不明显,脸型长短宽窄配合最适宜	适合任何发型
长形脸	脸颊窄、瘦,面部不够丰满,腮部与额部不够圆润,三庭过长。缺乏生气,带有忧郁感	发顶应平服,留直发刘海,两颊头发打出层次,增加蓬松度。头发侧分,忌中分
圆形脸	下颌骨转折缓慢,呈弧面形。面部丰满且脂肪层较厚,长宽的比例基本相似	把圆脸的外轮廓打破,在脸部最宽处创造一个不对称的视觉形象,掩盖圆脸的结构
方形脸	脸的长度与宽度差不多,但上额角与下颌角较宽,转折明显,面部呈方形,缺少柔美感	尽量造出一些发量来遮盖住脸的两侧,以求产生一种窄的视觉效果
梨形脸	额头过窄,下颌骨宽大,角度转折明显,上颌与下颌平行,脸下部宽而平	在头顶部位尽量造出一些发量并使之蓬松,下颌部位的头发打薄,使视觉效果上下均衡
心形脸	脸的最宽处在额头,下颌骨往里收缩,宽度最窄且尖长,转折明显	加工下巴处的头发以使其视觉上变宽,同时加一个发量遮盖前额两边,以缩小其宽度
菱形脸	额骨两侧过窄,颧骨过宽,下颌骨凹陷,下颌尖长	尽量在脸部周围塑造一个卵形效果,以求得一个卵形的视觉形象,同时脖子处的头发留有一个足够的长度,以减弱其颚骨线。如果需染发,只需比自己天生的发色浅一点即可

现代秘书办公实务

小贴士

中国人标准的脸形是椭圆形脸或瓜子脸。椭圆脸型的基本比例为"三庭五眼"。所谓"三庭"是面部纵向的比例,即从额头到下巴,平均分为三部分,每部分即为一庭。从发际线到眉毛为一庭,从眉毛到鼻尖为一庭,从鼻尖到下巴为一庭。"五眼"即指横向的面部比例。脸部最宽的地方在眼部,两眼之间的距离为一眼宽,两眼的外眼角到脸侧的发际线各为一眼宽,加上两只眼睛,共五只眼睛的宽度,如图2-1所示。

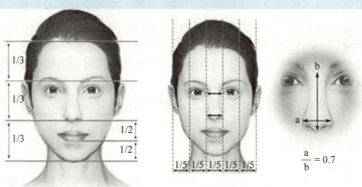

图2-1 椭圆脸型的基本比例

从某种程度上说,化妆就是把不标准的脸型往标准的脸型上靠。上挑的、弧度大的眉型能使脸型拉长,平眉能使人脸型变宽,弯眉可减弱脸部的棱角,颜色深浅不一的粉底霜也可以改变脸型等。

(资料来源:广东水利电利职业学院《秘书实务》精品课程网站)

三、现代秘书面容修饰

必须勤洗脸。最好选择适合个人肤质的洗面奶,这样有利于除去面部的油腻,防止疮疹等。

注意眼部卫生。要及时去除自己眼角不断产生的分泌物;戴眼镜的人要保持自己所佩戴眼镜的清洁。

应防止口腔异味。一个人若是口腔不够洁净,便会产生口臭。现代秘书应搞好口腔卫生,防止嘴中产生异味。保持口腔卫生最好的办法就是每天早晚要认真刷牙,一日三餐以后应坚持用清水漱口,暂时避免食用诸如葱、蒜、姜、韭菜、腐乳、虾酱、烈酒等一些气味过于浓烈的食物。

应注意面部的卫生。要注意剃除胡须、鼻毛、耳毛等。男士每天刮脸、刮胡子,这样可以使人显得容光焕发、充满活力。现代秘书面部患病、负伤或是治疗之后,特别是当其面部进行包扎、涂药之后,一般不宜直接与服务对象正面接触,而是要暂时休息,或者暂做其他工作。

四、现代秘书化妆的基本原则

(一)扬长避短

化妆要有所选择,适当强调或渲染漂亮的部分,使之更加突出;对瑕疵部分则适当掩盖或淡化。现代秘书的化妆必须符合大众审美的一般标准,不能追求特异另类、新潮前沿。

(二)自然协调

现代秘书无论是化淡妆、彩妆,还是浓妆,都应尊重自然美。"清水出芙蓉,天然去雕饰",化妆只是通过某些工艺技巧来弥补个人容貌的部分缺陷,在某种程度上只是靠转移人的注意力来达到一种视觉错觉而产生的美。这种美只能建立在充分利用个人自身条件的基础上加以修饰完善而成，必须注意与身份、服饰、环境和时间的协调统一，不能过度渲染和装饰。

（三）简约适度

一般情况下，现代秘书的妆容应当是相对简单、淡雅的，以保守庄重为宜。这就要求秘书适度化妆，淡妆上岗，不过分引人注目，也不过分招摇。

这一原则具体体现在以下几个方面。

①在工作岗位上，应当化以淡妆为主的工作妆。淡妆的主要特征是简约、清丽、素雅，具有鲜明的立体感。

②在工作岗位上，应当避免过量地使用芳香型化妆品。正确使用香水的位置有两个：一是离脉搏跳动比较近的地方，如手腕、耳根、颈侧、膝部、踝部等处；二是既不会污损衣物，又容易扩散出香味的服装上的某些部位，如衣领、口袋、裙摆的内侧，以及西装上所用的插袋巾的下端。

③在工作岗位上，应当避免当众化妆或补妆。

④在工作岗位上，应当力戒与他人探讨化妆问题。

⑤在工作岗位上，应当力戒自己的妆面出现残缺。

五、化妆一般程序

（一）沐浴

应用洗发液洗头，再在头发上抹上适量的护发素，用手指肚顺着头发生长的方向轻轻搓，适当按压，让护发素在头发上停留一段时间后再用水洗干净。用沐浴露或香皂洗澡，清洁全身，然后再用润肤露保养全身肌肤。

（二）做发型

将洗净的头发吹干后，根据将要出席的场合和个人条件修饰出适当的发型。现代秘书的工作发型应当庄重保守，女性秘书的头发长度齐肩即可，如果过长应该盘起来并梳上发髻；如果是出席重要的商务活动，应该到专业的美发厅去修饰头发。

（三）面部的化妆

面部的化妆包括以下几个步骤。

第一步，洁面。选用适合自己肤质的洁面乳或洗面奶在面部轻轻地按摩，除去污垢与汗渍，用温水清洁面部。如果是男士，在洁面前应先用剃须刀刮脸，去除面部的胡须和多余的毛发。

第二步，用化妆水。洗完脸后，可以在面部皮肤上拍打上收缩水、柔肤水、爽肤水等锁水收缩毛孔的化妆水，给皮肤补充水分，软化角质，使细小皱纹收敛，使皮肤看起来比较细腻并防止妆容脱落。一般来讲，中油性皮肤建议使用收缩水，可以收缩毛孔使皮肤看起来比较细腻，中干性皮肤建议使用柔肤水对皮肤进行第一道保湿补水。在鼻头区域使用具有收缩和掩饰毛孔的膏体，能够防止花妆。在眼睛周围和鼻子两侧涂抹上具有亚光和遮盖瑕疵效果的膏体，能有效地掩饰粗大的毛孔。

第三步，润肤。取适量护肤霜均匀点抹在面颊上，以打圈的方式轻轻按摩促进吸收。取适量眼霜用无名指由外侧至内侧轻抹在眼睛周围并适当按摩，再给肌肤上一道滋润保湿的营养霜，最好是奶液，它的作用除了补充肌肤营养之外，还有一个重要作用就是成为皮肤和彩妆之间的一道保护屏障，这样既成就了漂亮的妆容，又避免了彩妆、美白霜对皮肤的伤害。

第四步，打底。用海绵蘸取粉底，在额头、面颊、鼻部、唇周和下颏等部位，采用印按的手法，由上至下，依次将底色涂抹均匀；也可以用手指蘸粉底液于脸上点五点，再用两手的中指及无名指，将脸上的粉底推匀。涂粉底的目的是使彩妆更持久，同时修饰肌肤的缺点，更易显现化妆的效果。涂完粉底后再用粉扑将蜜粉扑在面部定妆，这样可以固定粉底，使彩妆不易脱落。最后用掸粉刷将多余的定妆粉掸掉，动作要轻，以免破坏妆面。定妆要牢固，扑粉要均匀，在易脱妆的部位可进行多次定妆。

第五步，化眼妆。首先是画眼影，即在上眼睑处，用两种或两种以上的眼影色彩由内眼角向外眼角横向排列搭配晕染。眼影可充分发挥眼睛的动感，使眼睛生动有神而具立体感。其次再闭上眼睛，用一只手在上眼睑处轻推，使上睫毛根充分暴露出来，用眼线笔描画眼线，应从内眼角到外眼角描画，由细逐渐变粗；画下眼线时，向上看，由外眼角向内眼角进行描画，由粗逐渐变细直到没有。再次是夹睫毛和使用睫毛膏。夹睫毛时，眼睛向下看，将睫毛夹夹到睫毛根部，使睫毛夹与眼睑的弧线相吻合，夹紧睫毛使弧度固定后再在睫毛的中部，顺着睫毛上翘的趋势，夹5秒左右后松开，最后用睫毛夹在睫毛的前端再夹一次，时间2~3秒，使睫毛形成自然的弧度。然后用睫毛膏沿着睫毛生长的方向刷动即可。最后是画眉。要顺着眉毛生长的方向画，并应与眼睛、前额相吻合。不可粗浓而失温柔，不可细疏而不入时，大眼睛不可将眉修得过细，小眼睛则要将眉毛画得略粗浓些。

第六步，画唇。先画唇线外轮廓，再用选定颜色向内涂匀，唇线笔与口红的颜色以相差一号为佳，这样可以展现唇部美感。男士一般只用肤色的润唇膏即可。

第七步，打腮红。腮红是用来鲜明或强调颧骨以及修饰脸色的，正确的画法可让脸色红润健康。腮红的画法，以粉状腮红来说，是从颧骨靠耳朵上围处往内约45°角刷下，范围大约是眼珠外围直线及鼻子下围直线交接处。如果是膏状及液状腮红，可用手指点在脸上，再用手或海绵推匀即可。

第八步，定妆。轻扑定妆粉于脸上进行定妆。

至此，化妆完毕。

六、眉毛的美化与修饰

（一）不同脸型的眉型设计

椭圆脸：以标准眉型为首选，眉峰不宜过高，眉头可稍加强调，但不宜过浓，这样可使脸庞显得略宽而不失秀丽。

长脸：应选择水平眉，以造成截断长脸的效果，从而达到增加脸的宽度的效果。眉毛的圆弧弯度不要太明显，过弯会拉长眉与下颌线的距离，从而使脸显得更长。

圆脸：适合上升眉，眉腰至眉峰逐渐上挑，接近眉尾处慢慢细窄，并略向下弯，眉尾应稍高于眉头的水平线。这种眉型有拉长脸颊的效果，使人看起来比较瘦削。

瓜子脸：亦称心形脸，特点是上宽下窄，显得秀气，但有些单薄。眉型应为自然的弧线形，眉峰宜略偏向内侧，特别注意粗细适中。因为过粗会使下颏显得更尖，过细会破坏面部整体的平衡。眉峰不可过高，眉尾不可过长，一切以适度为好。

三角脸：也称梨形脸，特点是上窄下宽，给人以尖头尖脑的印象。眉型可选有角度的弧形，两眉头间适当拉开，眉峰的位置向外移，眉尾向鬓角延长。眉毛可画得稍粗一些，以加强面孔上半部的分量。这样的眉型可适当改善额部窄小，五官过于集中的观感。

枣核脸：面颊瘦削，颧骨宽大突出，特点是两头尖，中间宽。此种脸型的眉型宜画成有特点的平圆形，宜加重眉头的分量，画眉头时在颜色和宽度上都应做适当的强调，将人们的视线吸引过来，而眉体应舒展柔和，这样有助于改善颧骨过于突出的印象。

（二）怎样画眉

1. 画眉的方法和原则

画眉应按照设计好的眉型，顺着眉毛的自然长势，从眉头画向眉尾。也可以从眉峰画向眉梢，然后再画眉头和眉腰，但要注意结合部要自然融合不露痕迹。一条眉毛，眉头应模糊浅淡，眉毛的上缘和眉尾的着色要轻；眉体的中间，眉毛的下缘和眉峰的着色应稍重。

2. 怎样追求眉毛的自然和谐

最好是用削尖的硬芯眉笔一根根地描画，先是从眉毛的上缘向下画，然后再从眉毛的下缘向上画，在眉体中间交汇。还可以刷上适量的睫毛膏。

3. 也可以这样画眉

如果眉型很好，但眉毛过于稀疏或浅淡，可以用软眉笔顺着本来的弧形在眉毛中间画一条线，然后用眉刷或手指上下抹开。

4. 怎样使用眉粉

先用眉笔勾出淡淡的眉型，然后用眉刷蘸眉粉着色，要少蘸轻涂，这样就显得柔美自然了。

5. 怎样修剪眉毛

修剪眉毛有一定的难度，如果不小心剪得过分，形成缺眉或秃眉，再弥补就困难了。剪眉的方法有两种，一种方法是将眉梳贴在眉毛上，隔着梳齿剪去过长的眉毛，宜从眉尾向眉头修剪，眉尾留得短些，眉腰和眉头留得长一些。另一种方法比较简单，用眉刷将眉毛向下刷，把超过眉下缘的部分剪去，再将眉毛向上梳，同样剪去伸出上缘的部分。

七、眼睛的美化和修饰

工作妆及淡妆，只需涂眼影、画眼线、上睫毛膏这三项内容即可。

（一）怎样涂好眼影

我们东方人的眼睛特点是眉弓平坦、睑裂短小、眼睑厚重，与西方人比较，虽然显得庄重、文雅，但不够活泼、传神。涂眼影的目的，就是将各种眼影色巧妙、和谐地涂于眼睛周围，以增添眼睛的颜色和深度，使眼睛呈现出生动的立体效果。

1. 眼影色的种类及其作用

眼影在使用及其功能上，分为影色、亮色、强调色三种。

影色：是一种收敛色，用在表现下陷、窄、小的部位以及应该属于阴影的部位，如暗灰、深棕、深褐、蓝灰、紫灰等。

亮色：是一种突出色，用在表现突出隆高的部位，给人以宽阔、丰满感。亮色与影色配合使用，可造成有起伏的立体感。

强调色：是指能突出表现眼睛地位的色彩，影色、亮色及其他任何颜色都可以成为强调色。使用强调色的目的是突出某个部位，使之成为引人注目的焦点。

2. 眼部着色的程序和部位

眼睑沟内的着色方法：具有双眼皮的人，可先在眼皮皱褶内涂深色眼影，如深蓝、深灰、深褐等色，可使眼睛显得大而深，从而产生深邃明亮的效果。

上下眼睑的涂法：涂敷的方法是沿着眼皮沟的边缘，逐渐使所涂颜色由深到浅，也就是愈接近眉毛的下缘，颜色愈淡，甚至逐渐消失，这样就突出了眉毛部位的上下结构，使眼睛显得更为饱满。如果在眉尾的下缘和上眼睑的中央巧施亮色，可以加强眼睛的立体感。为了扩大眼形，可在外眼角沿下睫毛根部，染上一条细而淡的深色眼影，然后用手指匀开，造成含蓄朦胧的印象。

眼端和眼尾的着色：如果两眼间距较宽，可在内眼角涂深色眼影；如果间距较窄，可在外眼角涂深色眼影。内眼角涂深色眼影，不但能使五官显得紧凑，而且能与鼻侧影自然融合，使鼻梁挺拔，眼角下陷；外眼角涂深色眼影，眼窝处及眼端涂浅色眼影，可使眼睛的结构清晰，眼型更加美丽可爱。

（二）画眼线的技巧

①握笔要稳，下笔要准。
②画上眼线时，镜子放低，视线向下，从内眼角画向外眼角，到2/3长度时可逐渐加粗，接近眼尾时，可略离开睫毛根部，向上形成一个小小的斜角。
③画下眼线时，将镜子抬高，眼睛向上看，也可用左手将上眼睑固定，以免眨眼时影响操作。
④下眼线要画得细些、淡些，有时从外眼角画向内眼角，似乎更为顺手。
⑤眼线画得适当得体，能够加强睫毛的表现力，使之看起来更加浓密。
⑥用眼线调整眼睛的位置和形态。

（三）睫毛的美化

美化睫毛的目的，是使之显得浓黑而突出。长长的、黑黑的、向上翘的睫毛，与眼睛虹膜的浅亮形成对比，无疑会突出眼睛的"瞬间美"，具有动人心魄的魅力。①

八、面颊的美化与修饰

面颊的美化，主要是指使用胭脂的技巧，通常称为涂颊红、打腮红、上面红等。面颊化妆的目的，是利用各色胭脂的不同的明暗、深浅程度，在面部制造出起伏变化的阴影区和明亮区，以体现女性不同的魅力。

胭脂是由颜料、粉料、胶合剂和香料混合后压制而成的，有各种形态，如胭脂块、胭脂油膏、胭脂乳液等。颜色有自然色系、粉红色系、玫瑰色系、橙色系、棕色系、明色系（淡黄色、白色、浅肉色）等。干性皮肤应选用面霜式胭脂或胭脂油膏；油性皮肤应用粉饼状胭脂；中性皮肤两者兼用。

①涂扫胭脂的部位及方法：涂扫胭脂的中心位置，一般以颧骨为中心，也就是一笑就隆起来的部位，并以此为起点向太阳穴及面颊的外侧涂扫。
②涂敷胭脂的面积：胭脂一般涂在面颊的外侧，不应靠近鼻子，向下不可低于鼻尖。
③涂敷胭脂的方法：原则是淡抹轻染，要有重点、有虚度，不显露出颊红的轮廓。中心位置要浓一些，四周围要淡一些，越向外侧越淡，直到面红自然地融入底色之中。

九、口唇的美化与修饰

口唇的准备：清洗唇部的秽物，使口唇处于清洁干燥状态，然后涂上无色防裂唇膏或油性护

---

① 第四点至第七点来源：湄洲湾职业技术学院精品课程——商务礼仪——精品课程
http://jpkc.fjmzw.com/Jpkc/Html/swly/index.html。

肤品。

设计唇型、画好唇线：画唇线的目的，是重新塑造唇型，并使口唇的轮廓更加清晰，还可以有效地防止口红出界。唇线的选色应略深于唇体上的口红的颜色。

充填唇体：方向以水平横向涂抹为宜，但对有光泽的唇膏要按垂直方向涂抹，以便把唇上的纵纹填满。涂好后用纸巾按压，或将纸巾放在上下唇之间抿一抿，以吸去多余的口红。涂口红时应将嘴巴微微张开，以便填充嘴角和唇的内侧部位，最好使用唇扫。

使唇膏牢固不易脱妆：第一次涂完口红后，用纸巾按一按，扑上一层定妆粉，然后第二次涂口红，如果影响了唇膏的光泽，可用棉花蘸点水，轻轻按压唇部，即可恢复光泽，也可涂上一层有光泽的口红。

十、淡妆技巧

职业女性上班时应当化淡妆，这不仅体现了女性美，还体现了职业女性的敬业、爱业精神。工作时化淡妆已经成为一种礼节。

化淡妆的步骤如下。

①清洁面部及进行简单的基础护理。

②打粉底。气色好时或天热时可以不用粉底。天热时可直接用干湿两用粉饼，把海绵粉扑用水浸湿，再挤干，包上面巾纸再挤一次，除去多余水分，然后蘸少许干粉，轻轻按在脸上。重点是额头、鼻子、下巴，再用大粉刷把浮粉扫掉。

③上定妆粉。在鼻部、唇部及眼部周围等关键部位要小心定妆。

④上睫毛膏。用定型效果好的睫毛膏轻轻涂在睫毛处。

⑤涂唇膏。选用接近唇色的唇膏看上去会比较自然。

⑥可喷点淡香型香水。

更简单的方法还有：搽底油、描眼线、涂唇膏，三步就完成了。

十一、化妆礼仪

①正式场合要适当化妆；
②不要因化妆而妨碍他人；
③不要当众化妆（化妆要避人）或补妆；
④不要在异性面前化妆；
⑤不要借用别人的化妆品；
⑥不要评论、非议他人妆容。

课堂练习

> **课堂活动**
>
> 活动项目：完成本节开始设置的情景任务。
> 活动目的：了解现代秘书仪容修饰的基本要求；熟悉仪容修饰的程序和方法。
> 活动步骤：第一步，在教师的指导下阅读相关教材；
> 　　　　　第二步，交流并发言。
> 活动建议：采用小组讨论形式。

现代秘书办公实务

任务二 现代秘书着装规范

情景任务

当你选择了端庄的发型，修饰了面容，化了淡妆后，下一步就该选择赴会的服饰了。上司和秘书作为企业的形象代表，其着装应慎重选择。男性上司可以穿着体面的名牌西服，女性秘书可以穿着职业套裙。那么着装具体有哪些规范呢？

一、现代秘书着装规范的基本原则

（一）TPO 原则

T（Time）表示时间，即穿着要应时；O（Object）表示着装者的着装目的，即穿着要应己；P（Place）表示场合，即穿着要应地。具体来讲，着装必须考虑季节的变换和时间段的转换。夏季应以凉爽、舒适为基本原则，服装的色彩应以冷色调、浅色为宜，款式宜宽松简单；冬季服饰应以保暖、轻便为基本原则，服装的色彩应以暖色调为主，款式宜舒适方便；春秋两季则比较灵活随意，一般只要舒适大方、轻巧时尚即可。服饰穿着还应考虑适应环境与场合，不同的场合对着装有不同的要求。一般在工作场合，着装应注意庄重保守，适合穿着制服、职业装、套装等；在社交场合，着装应讲究时尚个性，适合穿着休闲服、民族服装、时装等；在休闲场合，着装应讲究方便舒适，比如登山适合穿运动服，散步适合穿便装等。另外，在某些特定场合应注意服装与环境的协调，比如参加婚礼就不能穿得比新郎新娘还要艳丽。由于着装能间接地反映一个人的修养、文化和品位，因此服饰打扮还应考虑着装的目的。比如现代秘书要体现自己的内敛和矜持，她的着装就应该以职业装或套装为主；女性朋友要表现自己的另类和个性，就可以穿露脐装、吊带装等。

（二）合礼原则

服饰穿着必须考虑惯例、民族特点和宗教信仰，必须适合自己的身材特点，注意扬长避短。比如脖子比较短就不要穿高领装，腿比较粗就不要穿超短裙，身体比较胖就应少穿白色和横条的衣服，身体比较瘦就应少穿黑色和竖条的衣服。还应注意服饰要符合自己的年龄特点、肤色、身份和习俗。

（三）个性原则

服饰整体上要注意干净整洁、彰显个性。应选择能匹配或衬托自己修养与气质的服饰，同时要考虑交往对象的审美需求,不能让对方感到与时代和环境格格不入。

现代秘书应依据自身的条件,如身材、肤色、气质、年龄、身份等特点选择服装。择装时还要考虑服装本身的格调,考虑发型和化妆,从而表现出和谐的美。着装对个人来说是素质修养的问题:有的人注意了着装美,却认识不到美来自得体与和谐;有的人过分追求服饰的华丽、繁复,反而让人感到粗俗;有的人把适合甲场合穿着的服装穿到乙场合去,让人感到别扭;有的人着装不配套,显得不伦不类,这就造成了着装的"盲区"。

(四) 符合职业原则

现代秘书的服饰有职业服饰的要求,它应该整洁、实用、美观、整体感强,穿着后能产生一种责任和义务。现代秘书的服饰、装扮应体现自己的个性和特有的风度。应该根据自己的气质、风格、体形、肤色等特点,追求或端庄文雅,或活泼开朗,或洒脱大方的不同着装风格,在秘书工作中给对方留下美好的印象,使自己仪表出众、情趣超然。

二、男士西装着装规范

男士商务着装中最重要的部分是西装,即商务西服套装(Business Suit),一般为上衣和裤子两件套,有些时候还会多一件马甲变为三件套。除此之外,还要配上衬衫、领带、皮鞋、袜子和皮带。在西方国家,西装是男士的传统着装,它原来并非商务着装而是上层人士才能穿着的奢华装束。

现在的商务西装趋向简单,但对于面料、剪裁以及着装礼仪依然非常讲究。商店里,西装的款式、颜色以及衬衫和领带等西装配件很多,如何选择最合适的商务着装呢?首先要了解你所在单位的企业文化与着装要求,了解你经常走访的企业、机构的文化。除此之外,还要考虑你是不是会参与一些较正式的商务活动。

(一) 西服礼仪基本要求

1. 款式合俗

西装的基本款式有单排扣(Single breasted)和双排扣(Double breasted)两种。单排扣西服一般只有3粒扣子,当然也有4粒扣子的,在穿着时,通常只扣其中最上面的2粒或3粒。双排扣西装则有4粒或者6粒扣子,如果是6粒扣子的双排扣西装,则扣子全部扣起,如果是4粒扣子,则能扣的都要扣起。欧洲人偏向选择双排扣的西装;亚洲人则多选择单排扣的款式。

2. 注重"三三原则"

穿西服的"三三原则"主要包括三个方面。一是"三色原则",即西服着装全身不得多于三种颜色(色系)。二是"三一定律",即穿着西服应使鞋子、腰带、公文包保持一个颜色,以黑色为最佳。三是"三大禁忌",即左袖商标拆掉;不穿尼龙袜,不穿白色袜;领带质地选择真丝和毛的,除非制服配套,否则不用一拉得,领带颜色一般选用深色,短袖衬衫打领带只能是制服短袖衬衫,夹克不能打领带。

3. 讲究层次

西装的上衣口袋和裤子口袋里不宜放太多的东西。穿西装时内衣不要穿太多,春秋季节只配一件衬衣最好,冬季衬衣里面也不要穿棉毛衫,可在衬衣外面穿一件羊毛衫。穿得过分臃肿会破坏西装的整体线条美。

搭配西装的衬衣,颜色应与西装颜色协调。面料一般以高织精纺的纯棉、纯毛制品为首选,颜色应与西装颜色协调,以单一颜色为宜,白色优先,净面、无图案,衣领可以是方领、短领或长领。西装穿好后,衬衫领应高出西装领口 1~2 cm,衬衫袖长应比西装袖长出 1~2 cm。在正式场合,不管是否与西装合穿,长袖衬衫的下摆必须塞在西裤里,袖口必须扣上,不可翻起。系领带时衬衣领口扣子必须系好,不系领带时衬衣领口扣子应解开。

西服纽扣有单排、双排之分,纽扣系法有讲究:穿着双排扣的西装时,上衣的纽扣应该全部系上。穿着单排扣的西装时,无论是 2 粒扣、3 粒扣或是有更多粒扣子,当站立时,除了最后 1 粒不系外,其他应该全都系上。坐下时,单排扣的西装的扣子必须全部解开,这样可以防止西装起褶皱。无论站着还是坐着,单排扣西装的最后 1 粒扣是永远不系扣的。系扣和解扣的顺序也有讲究:单排 3 粒扣的西装应该先系上中间的扣子,再系第 1 粒扣子。解扣则相反,即先解第 1 粒扣,然后才解开中间的扣子。

4. 配色适度

正装西服的色彩宜选择深色,并且上衣和裤子宜为同色。一般情况下,深蓝色、灰色是正装西服色彩的最佳选择。黑色的西服套装,则适用于社交场合,主要充当礼服之用。

5. 配饰协调

穿着西装时,西装上衣左上侧的胸袋除了可插入一块用于装饰的真丝手帕外,不要再放其他任何东西,尤其不应当别钢笔、挂眼镜;西装上衣内侧的胸袋,可用来别钢笔、放钱夹或名片夹,但不要放过大或过厚的东西;西装裤子上两侧的口袋只能够放纸巾、钥匙包;后侧的两只口袋大都不放任何东西。

(二)男士西服的配件规范

1. 领带

领带被称为"西装的灵魂",是西装配件中人们注意的焦点,是专属于男士的饰物。男士穿西装套装时,打上领带会使着装整体感觉锦上添花,起到画龙点睛的作用;穿休闲式西服时则一般不用打领带,以显示其自由闲适的状态。男士出入不同的商务场合,只要经常更换不同的领带,同样的一套西装也能给人耳目一新之感。领带选用丝质的为上乘,使用最多的花色品种是斜条图案领带。领带的颜色、图案应与西服相协调,系领带时,领带的长度以触及皮带扣为宜。

领带夹应在穿西服时使用,也就是说仅仅单穿长袖衬衫时没必要使用领带夹,更不要在穿夹克时使用领带夹。穿西服时使用领带夹,应将其别在特定的位置,即从上往下数,在衬衫的第 4 粒与第 5 粒纽扣之间,将领带夹别上,然后扣上西服上衣的扣子,一般来说,从外面应当看不见领带夹。因为按照妆饰礼仪的规定,领带夹这种饰物的主要用途是固定领带,如果稍许外露还说得过去,如果把它别得太靠上,甚至直逼衬衫领扣,就显得过分张扬。

打领带结的基本要求是挺括、端正、饱满,在外观上呈倒三角形。领带打法主要有下面 5 种。

①平结(Plain Knot)。平结是男士选用最多的领结打法之一,是最容易学会的,几乎适用于各种材质的领带。它是一个适合窄衣领衬衫的小领带结,并适合大多数场合,只是平结的形状不对称,配搭宽衣领衬衫时不太好看(见图 2-2)。

图 2-2 平结完成图

②交叉结（Cross Knot）。交叉结的特点在于打出的结有一道分割线，适用于颜色素雅且质地较薄的领带，感觉非常时髦。喜欢展现流行感的男士可以多使用交叉结（见图2-3）。

图2-3　交叉结完成图

③双环结（Double Knot）。双环结适用于细领带，双环结能营造出时尚感，适合年轻的上班族。该领结的特色在于第一圈会稍露出于第二圈之外，切勿刻意将其掩盖（见图2-4）。

图2-4　双环结完成图

④温莎结（Windsor Knot）。因温莎公爵而得名的温莎结，是最正统的领带系法。使用这种方法打出的结是一个形状对称、尺寸较大的领带结，饱满有力，它适合宽衣领衬衫，适用于商务和政治场合。温莎结的缺点是它不适合搭配狭窄衣领的衬衫，且不适用于材质过厚的领带。此外，使用该系法时还要注意领带结不要打得过大（见图2-5）。

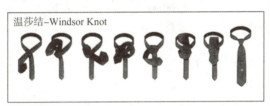

图2-5　温莎结完成图

⑤双交叉结（Double Cross Knot）。双交叉结给人一种高雅隆重的感觉，适合正式活动场合。该领结多运用在较细的素色丝质领带上，适合搭配小尖领与标准领的衬衫，但同样不适用于质地厚的领带（见图2-6）。

图2-6　双交叉结完成图

技能训练

领带打法训练：观察领带打法图片；教师示范常用领带结的打法；学生分组练习与展示；教师纠正与示范。

2. 皮带

穿西裤时要系西式皮带，皮带要选择质量好的，要求是皮质材料、光面、深色，皮带扣以造型简洁、金属材质的为宜。皮带的宽窄一般在 2.5 cm 左右，颜色应与鞋子和公文包的颜色一致，且皮带上不要挂手机、钥匙等物品。通常藏蓝色、灰色或黑色的西装裤适合配黑色皮带；米色或棕色的西装裤适合配棕色的皮带。皮带扣的金属颜色可以是金色或银色。其他金属配饰，比如手表、袖扣等，应该与皮带扣的颜色一致。

3. 皮鞋

穿西装一定要穿皮鞋，即便是夏天也应如此，而不能穿旅游鞋、布鞋、凉鞋、运动鞋等，否则会显得不伦不类。和西装搭配的皮鞋最好是系带的、薄底素面的封闭式船型皮鞋。皮鞋的颜色要与服装颜色搭配，深色西装搭配黑色皮鞋，棕色系列西装最好是搭配深棕色皮鞋。此外，平时还要注意皮鞋的保养，要经常上油擦亮，不留灰尘和污迹。

4. 袜子

穿西装皮鞋时，应选择中长款的西装袜，袜筒的长度要高及小腿并有一定弹性，袜子的颜色以深色为主，接近西装裤的颜色为好，一般选择黑色。袜子的材质最好是纯棉、纯毛制品或混纺，不要选择尼龙袜和丝袜。特别强调的是穿西装一定不能穿白色袜子。

三、女士商务着装规范

爱美是人的天性，作为一名职业女性，着装既要展现魅力风采，又要保持职业风范。女士的商务着装，可以不像男士那样受颜色的限制，但款式还是要以简洁、大方为宜。在比较庄重的正式商务场合中，建议女士穿着深色的西服套装。女士最佳套装是西服裙装，其中尤以长裙和半长裙为主。其次是裤装。搭配的衬衣最好是纯色的，颜色以淡雅为佳。职业女装还可以是连衣裙或两件套裙。女式职业着装配件有衬衫、皮鞋、袜子，主要配饰有胸针。

（一）女士商务着装的基本要求

1. 扬长避短

身材矮胖的人，应避免选择颜色过于鲜艳、大花、大格子的衣服，而应穿着垂直线条式样、颜色素雅、剪裁合体的服装。身材高瘦的人，则要避免穿垂直线条、过于透明的衣服。

2. 适应肤色

肤色白皙的人穿什么颜色都合适，如穿深色衣服，更显得肤色细白洁润；肤色黝黑的人则最好选择素雅、较明亮的颜色，以获得健美效果。

3. 搭配协调

一般来讲，上装与下装的质地款式应相配，不要上衣十分厚重而下装又极轻薄，也不要上为职业装而下着牛仔裤。除此之外，还要讲究色彩的和谐统一，服装与鞋子也要在颜色款式上加以搭配，比如套装配高级皮鞋，运动装配旅游鞋等。

4. 注意禁忌

女士穿丝袜时不要穿有钩丝、破洞的袜子；不要将袜口露在裙外。内衣如同隐私，不可外露。不要乱追时髦，曾经流行的女士踏脚健美裤、皮短裙，不适合作为正式场合的着装。近年流行的露背低胸的吊带装，在休闲娱乐时可以穿着，而在办公室、图书馆、教室却不适合穿着。

女士职业套装一定要合身。女士用来搭配西服的配饰并不像男士那样有明确的规定，除搭配传统款式的衬衫以外，也可以选择无领的衬衫。一般情况下，衬衫可以是纯色的，也可以是花色的，但不要太鲜艳、抢眼。在正式的商务场合中，无论什么季节，正式的商务套装都必须是长袖的。

（二）女士职业套裙的着装要领

套裙是西装套裙的简称，上身为一件女式西装，下身是一条半截式的裙子。有时候，也可以见到三件套的套裙，即女式西装上衣、半截裙外加背心。正式的西服套裙，首先应注重面料，以质地上乘、纯天然为宜。要用不起皱、不起毛、不起球的匀称平整、柔软丰厚、悬垂挺括、手感较好的面料。因此最佳面料是高品质的毛纺和亚麻。上衣、裙子和背心等必须用同种面料。在色彩选择上应当以冷色调为主，以体现出着装者的典雅、端庄与稳重；还须使之与当前的各种"流行色"保持一定距离，以示自己的传统与稳重。一套套裙的全部色彩至多不超过两种，不然就会显得杂乱无章。最佳的色彩是黑色、灰色、棕色、米色等单一色彩。职业裙装的裙子应该长及膝盖，因为坐下时裙子会自然向上缩短，如果裙子缩上后离膝盖的长度超过 10 cm，就表示这条裙子过短或过窄。职业套裙最好与衬衣相配。另外，穿着套裙还应注意以下礼仪要求。

1. 大小适度

女士不可穿着过于宽大或紧身的西装套裙。另外，套裙的上衣最短可以齐腰，裙子最长可以达到小腿的中部，上衣的袖长以盖住手腕为宜。

2. 规范细致

现代秘书在正式场合穿着套裙时，上衣的衣扣必须全部扣上，不要将其部分或全部解开，更不要当着别人的面随便将上衣脱下。上衣的领子要完全翻好，有盖的袋子要将盖子拉出来盖住衣袋。不要将上衣披在身上，或者搭在身上。裙子要穿得端端正正，上下对齐。应将衬衫下摆掖入衬裙裙腰与套裙裙腰之间，切不可将其掖入衬裙裙腰之内。

3. 协调妆饰

穿着打扮，讲究的是着装、化妆和配饰风格统一。穿套裙时，必须维护好个人的形象，所以一定要化工作淡妆。套裙上不宜添加过多的点缀。一般而言，以贴布、绣花、花边、金线、彩条、扣链、亮片、珍珠、皮革等加点缀或装饰的套裙，都不适宜白领女士穿着。配饰也要少，且应合乎身份。不允许佩戴与个人身份有关的珠宝首饰，也不允许佩戴有可能过度张扬自己的耳环、手镯、脚链等首饰。

4. 兼顾举止

套裙最能够体现女性的柔美曲线，这就要求穿着者举止优雅，注意个人的仪态等。穿上套裙后，要站得又稳又正，不可以双腿叉开；就座以后，务必注意姿态，不要双腿分开过大，或是跷起一条腿来，抖动脚尖；走路时不能大步奔跑，而只能走小碎步，步子要轻而稳。

5. 穿着到位

秘书穿着职业套裙时需要考虑年龄、体型、气质、职业等特点。年纪较大或较胖的女性可穿一般款式，颜色可略深些；肤色较深的人不适宜穿蓝色、绿色或黑色。国际上通常认为袜子是内衣的一部分，因此，绝不可露出袜边。为避免这种尴尬，女士们要么穿长到大腿的长筒袜，要么索性不穿袜，但是不能穿那种半长不短的丝袜。穿套裙的时候必须穿衬裙，特别是穿丝、棉、麻等薄型面料或浅色面料的套裙时，如不穿衬裙，就很有可能使内衣"活灵活现"，有失庄重。

（三）女士连衣裙或两件套裙的着装要领

在一般的办公场所，秘书也可以穿连衣裙或两件套裙。两件套裙指的是西装上衣和随便的一条裙子搭配，或自由搭配组合成的两件。其中，上衣和裙装可以是相同颜色的，也可以是不同颜色的。

女士在穿着连衣裙时应选择的质地以棉、麻为宜，颜色最好是单色素雅的，在工作场合切忌穿着吊带、无袖或下摆过短的连衣裙，也不宜穿着面料过薄过透的连衣裙。

现代秘书的套裙要求上衣不宜过长，下裙不宜过短。裙子下摆恰好抵达着装者小腿肚子上的最丰满处，乃是最为标准、最为理想的裙长。

以宽窄肥瘦而论，套裙之中的上衣分为紧身式与松身式两种。一般认为，紧身式上衣显得较为传统，松身式上衣则看上去更加时髦一些。上衣的袖长以恰恰盖住着装者的手腕为好。上衣或裙子均不可过于肥大或包身。

（四）女士商务着装的配件规范

1. 衬衫

女士衬衫的颜色可以是多种多样的，但要注意与套装颜色相匹配。白色、黄白色和米色是职业秘书常选择的颜色。也可以根据自己的喜好选择素色的和适合自己的其他图案的衬衫。为职业套装准备的衬衫面料最好是纯棉或丝绸的，这样既大方又舒适。

现代秘书在正式场合应该选择样式保守的衬衫来搭配职业正装，其他较为时尚的衬衫可在平时穿着。应根据自身脸形和颈部形状选择衬衫领形，脸形较圆或较宽、颈部较短的女性秘书，应选择尖领形、小西装领形衬衫，以达到拉长脸形和颈部区域的视觉效果；长脸形、长脖颈的女性秘书则应选择方领形、方圆领形或立领的衬衫款式，以达到缩短脸形和颈部区域的视觉效果。

2. 鞋子

与套裙配套的鞋子，应该是高跟、半高跟（3 cm 左右为宜）的船式皮鞋。黑色的高跟或半高跟船鞋是职场女性必备的基本款式，几乎可以搭配任何颜色和款式的套装。皮靴、带状鞋、松糕鞋、露出脚趾和脚后跟的凉鞋、凉拖不适合商务场合。鞋子的颜色最好与手袋一致，并且要与衣服的颜色相协调。鞋上不宜有过大、过多的饰品。任何有亮片或水晶装饰的鞋子都不适合商务场合，这类鞋子只适合正式或半正式的社交场合。不要穿太细太高的高跟鞋，以防走路不稳。皮鞋要注意保养，要经常上油擦亮，不留灰尘和污迹。

3. 袜子

穿职业装时，女士最好穿丝袜，肉色的长筒袜和连裤袜，是套裙的标准搭配。白天可穿肉色或淡色的丝袜，晚间活动时丝袜颜色可稍深。秘书随时准备一两双袜子，以备丝袜破洞、跳丝时更换。秘书应切忌穿着渔网、暗花、镂空之类过于性感的丝袜。另外穿裙装时要注意裙摆与袜口之间不能露出一段腿，也不能穿短袜，这些都是缺乏礼貌和不稳重的。

4. 配饰

商务场合中，职业女性佩戴的饰物与服装要协调搭配，款式简单、精致，饰物不宜过多，最好保持在三件以内。长头发的女士可以佩戴简单的发夹，切忌佩戴夸张的头饰。现代秘书应尽量少佩戴戒指、手镯、耳环等容易妨碍工作的饰品。为了突显气质，佩戴适合自己的项链或胸针是较好的选择。

> **小贴士**
>
> **女士商务着装的配饰选择**
>
> 帽子：帽子的选择要根据人的性别、年龄、职业等来选择，特别是要同脸型相配。
>
> 手套：手套不仅有御寒的作用，而且是衣服的重要饰件。手套颜色要与衣服的颜色一致。穿深色大衣，适宜戴黑色手套。女士在穿西服套装或时装时，可以挑选薄纱手套、网眼手套。女士在舞会上戴长手套时，不要把戒指、手镯、手表戴在手套外，穿短袖或无袖上衣参加舞会时，一定不要戴短手套。

项目二 秘书形象塑造

围巾：围巾的装饰作用越来越突出，可以根据场合、服装和当天的化妆、发型来选配围巾的色泽和款式。

皮包：手提式皮包通常适用于职业妇女，常用于社交场合。手提包的颜色要与季节、服装、场合、气氛相协调。正规场合应用羊皮、鼠皮、鳄鱼皮等珍贵的手提包。

首饰：色彩鲜艳的服装可配单纯而含蓄的饰品，色彩单调沉稳的服装宜选择鲜明而多变的饰品。如棕色套裙配透明的琥珀手镯和胸针；白西装套裙配镶嵌黑亮珠饰的项链和耳饰。

配饰与服装在材料、工艺、档次上要相协调。此外，配饰与服装在款式造型上也要统一。一般宽松的衣服配粗犷、松散的饰品；紧身显露体形的服装，则配结构紧凑、细小的饰品。

课堂活动

完成本节开始设置的情景任务：书面写出男性秘书和女性秘书的着装选择及穿着规范并交流并发言，教师点评与总结。

课堂练习

任务三　现代秘书仪态规范

情景任务

秘书小王陪同赵总步入了会场，他们将共同参加一个论坛，然后就要与 M 公司举行有关一个合作项目的谈判，在这整个过程中，秘书小王应该注意哪些仪态和举止规范？

思考：现代秘书的仪态规范包含哪些内容，各有什么具体要求？

理论知识

仪态是人们在外观上可以明显地察觉到的活动、动作，以及在动作、活动之中身体各部分呈现出的姿态。仪态比相貌更能表现人的精神气质，而且它往往比语言更真实、更富有魅力。英国哲学家培根说："在美的方面，相貌的美，高于色泽的美，而秀雅合适的动作又高于相貌的美。"在商务交往过程中，仪态充当着极为重要的、有效的交际工具，它可以展示出秘书在道德品质、礼貌修养、人品学识、文化品位等方面的素质与能力。

一、眼神仪态规范

目光是最富表现力的一种身体语言。正如诗人泰戈尔说："眼睛的语言，在表情上是无穷无

· 49 ·

尽的。像海一般深沉，碧空一般清澈，黎明的黄昏，光明与阴影，都在这里自由嬉戏。"

眼神交流应注意以下几个要求：不能对关系不熟悉或一般的人长时间凝视；眼睛应注视对方；眼睛转幅不能太快或太慢；恰当使用亲密注视。

（一）眼神表达的时间

心理学研究表明：与人交谈时，其视线接触对方面部的时间占整个谈话时间的30%~60%。如果超过60%，表示彼此对对方的兴趣可能大于交谈的话题；低于30%，表明对谈话没有兴趣。

（二）眼神表达的区域

眼神注视不同的区域，能营造出不同的气氛，如图2-7所示。

1. 公务注视区：公务注视区的位置是以双眼连线为底边，前额中心点为顶角顶点所构成的三角形区域。此区域的注视能够营造严肃、可信、有某种权威性的气氛，容易掌握主动权和对话题的控制权，适用于公事活动和初次会面。

2. 社交注视区：社交注视区的位置是以双眼连线为底边，嘴的中心点为顶角顶点所构成的倒三角形区域。对该区域的注视介于严肃与亲密之间，能传递出亲切、温和的信息，普遍适用于各种社交场合。

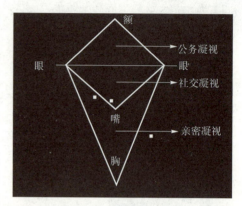

图2-7 眼神表达的区域

3. 亲密注视区：亲密注视区的位置是以双眼连线为底边，胸部中心点为顶角所构成的倒三角形区域。注视该区域的体态语效果是使亲密的气氛出现，也表示对对方的某种特殊的兴趣，体现出双方关系的密切，多于恋人、配偶及亲朋好友之间。如果对不熟悉的人使用亲密注视，则将会被视为一种"准侵犯行为"。不过，由于生理和心理原因，人们的注视是和视线的移开交替进行的。

（三）眼神表达的方式

秘书在工作中，注视对方的角度是否得当，是十分重要的。恰当的视线角度，既有利于工作的开展，又不会引起对方的不适。根据视线的方向或角度，主要有以下三种情况。

一是正视对方。正视，即在注视他人时，与之正面相向，同时还需将上身前部朝向对方。即使服务对象处于自己身体的一侧，在需要正视对方时，也要同时将上身与面部转向对方。正视别人，是一种基本礼貌，主要表示重视对方。

二是平视对方。平视，即在注视他人时，身体与其处于相似的高度。平视与正视一般并不矛盾。因为在正视他人时，往往要求同时平视对方。在服务工作中平视服务对象，可以说是一种常规要求。这样去做，可以表现出双方地位的平等与本人的不卑不亢。当自己就座时，看见服务对象到来，要起身相迎。

三是仰视对方。仰视，即在注视他人时，本人所处的具体位置较对方为低，而需要抬头向上仰望对方。反之，若自己注视他人时所处的具体位置较对方为高，而需要低头向下俯看对方，则称为俯视。在仰视他人时，可给予对方重视信任之感，因此秘书在必要时可以这么做。俯视他人，则往往带有自高自大之意，或是对对方不屑一顾，服务礼仪规定秘书站立或就座之处不得高于服务对象，主要就是为了防止造成俯视对方的情况发生。

另外，还要指出，现代秘书在注视服务对象时，视角要相对保持稳定。即使需要有所变化，也要注意自然过渡。

项目二 秘书形象塑造

（四）眼神运用的方法

①前视法：视线平直向前弧形流转，统摄前方视野。
②环视法：视线左右前后来回扫动，不断地与受众保持眼光接触，增强双方的情感联系。
③点视法：重点观察某个人并与之进行目光接触。点视法可以起到启发、引导或批评、制止的作用。
④虚视法：不在受众对象身上聚焦，而聚焦在其他事物上。
⑤闭目法：用短暂的闭目来表示某种特殊的感情和特定的意义。

 技能训练

1. 眼神训练：面对镜子完成各种眼神的练习；手张开举在眼前，手掌向上提并随之展开，随着手掌的上提、打开，使眼睛一下子睁大有神。结合微笑协调整体效果；同学之间相互检测对方眼神是否运用恰当。

2. 以"我心中的秘书工作"为话题进行主题演讲，演讲时间不超过2分钟，注意眼神的综合运用。

二、微笑仪态规范

微笑是自信的象征，是礼仪修养的展现，是和睦相处的反映，是心理健康的标志。微笑是最美妙的语言，它超越了民族和国界，超越了种族文化，能消除隔阂，表达善意，沟通心灵，是世界通用的体态语。

（一）微笑的要求

微笑应该是发自肺腑的、发自内心的，微笑应该真诚、适度、适宜。

1. 真诚微笑

当一个人心情愉快、兴奋或遇到高兴的事情时，都会自然地流露出这样的笑容。这是一种内心情感的流露，绝不是故作笑颜、假意奉承。发自内心的微笑既是一个人自信、真诚、友善、愉快的心境表露，同时又能营造明朗而富有人情味的氛围。

发自内心的真诚微笑应做到笑到、口到、眼到、心到、意到、神到、情到。

2. 适度微笑

微笑虽然是人们交往中最有吸引力、最有价值的面部表情，但也不能随心所欲，不加节制。微笑的基本特征：不出声、不露齿，既不要故意掩盖笑意、压抑喜悦，也不要咧着嘴哈哈大笑。笑得得体、笑得适度，才能充分表达友善、诚信、和蔼、融洽等美好的情感。

3. 适宜微笑

微笑是全世界通用的语言，但也不能走到哪里笑到哪里，见谁都笑。微笑要适宜，如在庄重、严肃的场合不宜笑；当别人做错了事、说错了话时不宜笑；当别人遭受重大打击，心情悲痛时不宜笑。微笑要注意对象，两人初次见面，微笑可以拉近双方的心理距离；同事见面点头微笑，显示和谐融洽；服务员对顾客微微一笑，表达出服务的热情与主动。

4. 眼睛微笑

微笑时，要学会用眼睛去"微笑"，微笑通过眼睛表达出来才会更传神，更亲切。眼睛会说话，也会笑，如果内心充满善良和友爱，那么眼睛的笑容一定也非常感人。眼睛的笑容有两种：一是"眼形笑"；二是"眼神笑"。对着镜子，取一张纸遮住眼睛下面的部位，心里想着最高兴的事情，整个面部就会露出自然的微笑，眼睛周围的肌肉会随之处在微笑的状态，这就是"眼形笑"。放松面部肌肉，嘴唇也恢复原样，可是目光中仍然含笑脉脉，这就是"眼神笑"。

微笑应和问候语、敬语结合起来使用，这样对方会感到你的话语是发自内心的，会让他感觉更加亲切。微笑和点头、握手、鞠躬等礼节结合起来使用，会加强肢体语言中的情感色彩。

（二）笑容的禁忌

①假笑。假笑违背笑的真实性原则，不但毫无价值，还令人厌烦。
②冷笑。冷笑有讽刺、不满、不以为然的意味，容易让人产生敌意。
③怪笑。怪笑多含有恐吓、嘲讽之意，让人十分反感。
④窃笑。窃笑多表示洋洋自得、幸灾乐祸或看他人笑话。
⑤狞笑。狞笑多表示愤怒、惊恐或吓唬他人。

 技能训练

微笑训练

对着镜子来调整和纠正"三度"微笑。"一度"微笑：只动嘴角肌；"二度"微笑：嘴角肌、颧骨肌同时运动；"三度"微笑：嘴角肌、颧骨肌与扩纹肌同时运动。发"一""七""茄子""威士忌"练习嘴角肌的运动，使嘴角露出微笑。同学之间通过打招呼、讲笑话来练习微笑，并相互纠正。

活动建议：采用分组练习。

活动要求：应表现出笑容可掬的神态——略带笑容，不显著，不出声，热情、亲切、和蔼，是内心喜悦的自然流露。

三、站姿仪态规范

站姿是静态的造型动作，是其他动作的起点和基础。俗话说"站如松"，是指良好的站姿能衬托美好的气质和风度，能体现一个人积极乐观的精神面貌，也是自信的表现。

（一）规范站姿

头正，两眼平视，嘴微闭，下颌微收，面容平和自然，双肩放松，稍向下沉，身体有向上拉伸的感觉，躯干挺直，挺胸、收腹、立腰，双臂自然下垂于身体两侧，中指贴于裤缝，两手自然放松，双腿并拢、直立，两膝和脚跟靠紧，两脚尖向外张开45°～60°，身体重心落于两脚正中。这种站姿男士、女士皆适用，如图2-8所示。

视频：站姿

（二）不同场合的站姿

1. 正步站姿

正步站姿是男士、女士皆适用的站姿，是在规范站姿的基础上，两脚并拢，两膝贴紧，如图2-9所示。正步站姿通常适用于庄严肃穆的场合，比如升国旗、奏国歌、接受接见等。

项目二 秘书形象塑造

图 2-8　规范站姿

图 2-9　正步站姿

2. 叉手站姿

两手在腹前交叉，右手搭在左手上，直立。男士可以两脚分开，距离不超过 20 cm。女士可以采用小丁字步，即在规范站姿的基础上，一只脚稍微向前移，脚跟靠于另一只脚内侧中间位置，这种站姿端正中略有自由，郑重中略有放松。站立较久时身体重心还可以在两脚间转换，以减轻疲劳，这是一种常用的接待站姿。如图 2-10 所示。

3. 背手站姿

双手在背后交叉，右手贴在左手外面，放置于两臀之间，两脚可分可并。分开时，不超过肩宽，脚尖展开，两脚夹角成 60°，挺胸立腰，收颌收腹，双目平视。这种站姿优美中略带威严，易产生距离感，所以常被门童和保安人员采用。如图 2-11 所示。如果两脚改为并立，则突出了尊重的意味。

图 2-10　叉手站姿

图 2-11　背手站姿

（三）不雅站姿

①站立时双手叉腰或双臂交叉在胸前。双手或单手叉腰往往含有进犯的意思，在异性面前还有挑逗意味。双臂交叉有消极、防御、抗议之嫌，有时则是傲慢的表现。
②两腿交叉站立，会给人以不严肃之感。
③站立时身体抖动或晃动，会给人以漫不经心或是没有教养之感。
④站立时双手插入衣袋或裤袋，则给人以拘谨小气之感。

（四）男性和女性的站姿区别

①手势不同：男性站立时，双手自然垂放于大腿两侧，或者在脐前交握，应虎口相对，双手扣紧；女性站立时，双手自然垂放于大腿两侧，或者在脐前浅握，手指自然伸直。男性可采用背手站姿，女性一般不宜采取这种站姿。
②脚形不同：男性站立时，应双脚脚跟并拢，脚尖分开约60°或双脚自然打开；女性站立时，双脚宜站成丁字步。

技能训练

站姿训练：进行靠墙训练；T型台静态展示。
活动建议：采用小组训练。
训练要领：
A. 九点靠墙：后脑、双肩、臀、小腿、脚跟紧靠墙面，并由下往上逐步确认姿势要领。
B. 女士脚跟并拢，脚尖分开不超过45°，两膝并拢；男士双脚分开站立与肩同宽。
C. 立腰、收腹，使腹部肌肉有紧绷的感觉；收紧臀肌，使背部肌肉也同时紧压脊椎骨，感觉整个身体在向上延伸。
D. 挺胸，双肩放松、打开，双臂自然下垂于身体两侧。
E. 脖子也要有向上延伸的感觉，双眼平视前方，脸部肌肉自然放松。

（资料来源：何秉尧. 2008. 魅力礼仪 [M]. 北京：人民出版社.）

四、坐姿仪态规范

（一）坐姿基本要求

双眼平视，下颌内收，双肩自然下垂，躯干竖直。表情自然亲切，目光柔和，嘴微闭。体现出文雅、稳重、大方的美感。

（二）男性坐姿的类型

①正坐。男士入座后，大腿与小腿应基本上成直角，双膝并拢或略微分开，两脚平放于地面，双脚间距不超过肩宽，手自然放在双膝上或椅子扶手上，上身垂直，目光平视。
②重叠式。男士入座后，也可以交叠双腿，一般是右腿架在左腿上，但二郎腿不宜跷得过高，更不宜抖动脚尖（见图2-12）。

正坐　　　重叠式

图2-12　男性坐姿图

（三）女性坐姿的类型

正坐式。也叫垂直式。双腿垂直于地面，双腿的脚跟、双膝和大腿都要并拢在一起，双手自然放于双腿之上，挺胸直背，这是正式场合的最基本坐姿。

斜放式。双腿并拢，双脚同时向右侧或左侧斜放，并与地面形成45°左右的夹角，挺胸直背，身体成S型。这种坐姿主要适合在沙发上就座。

曲直式。曲直式坐姿是女士一种优雅的坐姿。其要领是大腿与膝盖靠紧，一脚伸向前，另一脚曲回，两脚前脚掌着地，并在一条直线上，这种坐姿主要用于在写字桌前就座。

交叉式。双腿并拢，双脚在踝部交叉之后略向左侧或右侧斜放。采用这种坐姿时，双膝不宜打开，交叉的双脚也不宜大幅分开。坐在主席台上，办公桌后面或公共汽车上时，比较适合采用交叉式坐姿。

重叠式。双腿膝盖上下交叠，两腿交叠成一直线。挺胸直背，目视前方。若穿裙装，应用手将双腿中间部分裙脚下压收紧，双手自然放于腿上，这种坐姿主要用于面对面访谈之时（见图2-13）。

正坐式　　　　　　　　斜放式

曲直式

交叉式　　　　　　　　重叠式

图2-13　女性坐姿图

(四)入座与离座

1. 入座礼仪

入座时,出于礼貌可与对方同时入座。但应当注意座位的尊卑,应主动将上座让于来宾或客人,一定要先让对方入座,切勿自己抢先入座。在大庭广众面前就座时,一定要坐在椅、凳等常规位置,而坐在桌子上、窗台上、地板上等处,往往是失礼的。条件若允许,在就座时最好从座椅的左侧接近它,这样做既是一种礼貌,而且也易于就座。在就座时,若附近坐着熟人,应主动跟对方打招呼,若不认识身边的人,也应向其先点头示意。在公共场合要想坐在别人身旁,则须先征求对方同意。就座时,要减慢速度,放轻动作,尽量不要弄得座椅乱响扰人。在他人面前就座时,最好背对着自己的座椅入座,这样不会背对着对方,其做法是:先侧身走进座椅,背对其站立,右腿向后退一小步,以小腿确认一下座椅的位置,然后随势坐下,坐下后调整体位。为了使自己坐得端正舒适,或为了方便整理衣服,可在坐下后调整一下体位,但这动作不可与就座同时进行。

视频:入座

2. 离座礼仪

离座时,身旁如有人在座,需以语言或动作向其示意,随后方可起身,一蹦而起会令邻座或周围人受到惊扰。与他人同时离座,需注意起身的先后顺序:地位低于对方时,应稍后离座;地位高于对方时,则可首先离座;双方身份相当时,才允许同时起身离座。起身离座时,最好动作轻缓,无声无息,尤其要避免"拖泥带水",弄响座椅或将椅垫掉在地上。离开座椅后,先要采用"规范站姿",站定后,方可离去。若是起身便跑,或者离座与走开同时进行,则会显得过于匆忙而有失稳重。

视频:离座

(五)不雅坐姿

①双腿叉开过大。面对外人时,双腿如果叉开过大,或双腿拉开成八字形,都极其不雅。

②架腿方式欠妥。将一条腿的小腿架在另一条腿的大腿上,在两者之间还留出大大的空隙,成为所谓的"架二郎腿"或架"4"字形腿,甚至将腿搁在桌椅上,都显得过于放肆。

③双腿过分伸张。坐下后,将双腿直挺挺地伸向前方,这样不仅可能会妨碍他人,而且也有碍观瞻。如果身前无桌子,双腿尽量不要伸到外面来。

④腿部抖动摇晃。与人交谈时,双腿不停地抖动,甚至鞋跟离开脚跟晃动,是不礼貌、缺乏教养的体现。

技能训练

坐姿训练。

进行规范的入座训练(最好对着镜子)。

进行各种坐姿训练(每种坐姿应保持3分钟)。

活动建议:分组训练。

五、行姿仪态规范

行姿是站姿的延续动作。它是在站姿的基础上展示人动态美的手段,能直接反映出人类的运动之美和精神面貌,表现一个人的风度、风采和韵味。有良好行姿的人会更显年轻有活力。俗话说"行如风",是指行走协调稳健、轻盈自然,这也是走姿的基本要求。

（一）规范行姿

上身保持站姿的规范姿态，两眼平视，挺胸、收腹、立腰，下颌微收。两臂以肩关节为轴前后自然摆动，前摆约35°，后摆约15°，掌心朝向体内，脚尖向正前方迈出，跨步均匀，两脚之间相距约一脚到一脚半，沿直线前进。起步时身体稍向前倾，身体重心落于前脚掌，行走中身体的重心要随着移动的脚步不断向前过渡，而不要让重心停留在后脚，并注意在前脚掌着地和后脚掌离地时伸直膝部。

行走时，上体的稳定与下肢的运动形成和谐对比，动作干净利落，鲜明均匀。男士两脚之间的距离要大于自己的脚长，适宜步速为每分钟108~110步，要刚健有力、豪迈稳重、有阳刚之气。女子穿裙装时两脚之间要小于自己的脚长，适宜步速为每分钟118~120步，力求轻盈自如、含蓄飘逸、有窈窕之美，如图2-14、图2-15所示。

图2-14 规范行姿1

图2-15 规范行姿2

（二）其他行姿

1. 后退式行姿

与他人告别时，转身就走是不礼貌的，应当先后退两三步，再转身离去。退步时不能用脚掌摩擦地面，不要高抬小腿，后退的步幅要小，两腿之间距离不能太大，先转身再转头。

2. 引导式行姿

引导步是走在前边给宾客带路的行姿。引导时要尽可能走在宾客左侧前方，整个身体半转向宾客，保持两步左右的距离，遇到上下楼梯、拐弯、进门时，要伸出左手示意，并提示请客人上楼、进门等。

3. 前行转身式行姿

在前行中遇拐弯行进时，要在距离所转方向外侧的一只脚落地后，立即以该脚的脚掌为轴，转过全身，然后迈出另一只脚。若向左拐，要右脚在前时转身；若向右拐，要左脚在前时转身。

视频：张松献图——刘备率队与张松道别

4. 不良行姿

①走路时出现明显的"内八字"或"外八字"。
②行走时低头或仰视。
③行走时弯腰驼背，摇头晃脑，扭腰摆臀。
④步幅过大或过小，落脚太重。
⑤行走时左顾右盼、回头张望。
⑥拖着脚走，发出噌地的声音。
⑦双手插在衣服口袋里，尤其是裤袋里，给人傲慢之感。
此外，叉腰、背手走路都是非常不雅观的。

视频：男士女士的姿势

技能训练

走姿训练。

第一步，顶书标准走姿训练。需要注意的问题：保持头顶上书的平衡，避免走路时前俯、后仰或脚尖向外、向内呈"外八字""内八字"的走步，避免步子太小或双手反背。

第二步，靠墙顶书训练，检测上体是否保持正直。

第三步，靠墙扩肩训练，张开两臂与肩成一条直线，感受扩肩的感觉。

第四步，把杆训练，练习小踢脚、拉肩、下腰。

第五步，平行步训练。

第六步，一字步走姿训练。

活动建议：采取统一练习、分组练习和个别练习等多种方法，并及时纠正或点评，也可采取同学之间互评、分组竞赛的方式来改善和充实单调的练习。

六、蹲姿仪态规范

俗话说"蹲要雅"。蹲姿是人们在低处拾取物品、整理鞋袜时，所呈现的身体姿势与体态，是静态美和动态美的结合。

1. 规范蹲姿

当要向下拾取物品时，上体尽量保持正直，两腿合力支撑身体，靠紧向下蹲。女士无论采取哪种蹲姿，都要将腿靠紧，臀部向下。蹲姿一般分为以下三种。

图 2-16　高低式蹲姿

（1）高低式蹲姿

高低式蹲姿最常用，左脚在前，右脚稍后，左脚全脚着地，右脚脚跟提起，右膝低于左膝，右腿左侧可靠于左小腿内侧，形成左膝高、右膝低的姿态。下蹲时，左右脚可互换，男士两腿间可有适当距离，如图 2-16 所示。

（2）交叉式蹲姿

交叉式蹲姿优美典雅，适合女士。下蹲时，右脚在前，左脚在后，右小腿垂直于地面，全脚着地，左腿在后与右腿交叉重叠，左膝由后面伸向右侧，左脚跟抬起，脚掌着地，两腿前后靠紧，合力支撑身体，如图 2-17 所示。

（3）单膝点地式

单膝点地式是男士采用的一种蹲姿，它是在高低式蹲姿的基础上，右膝点地，臀部坐在右脚跟上，如图 2-18 所示。

图 2-17　交叉式蹲姿

图 2-18　单膝点地式蹲姿

视频：蹲姿

2. 不良蹲姿

（1）不要突然下蹲。蹲下来时，速度切勿太快。当自己在行进中需要下蹲时，必须牢记这一点。

（2）不要方位失当。在他人身边下蹲时，最好与之侧身相向，正面面对他人或者背对着他人下蹲，通常都是不礼貌的。

（3）不要距人过近。在下蹲时，应与人保持一定距离，与他人同时下蹲时，更不要忽视下蹲的距离，以防彼此迎头相撞。

（4）不要毫无遮掩。在大庭广众之下下蹲时，身着裙装的女性一定要避免个人隐私暴露在外。

（5）不要随意滥用。不要在工作中随意采用蹲姿，也不要蹲在椅子上或蹲在地上休息。

技能训练

蹲姿训练。

活动步骤：

第一步，进行规范的蹲姿训练（最好对着镜子）。

第二步，进行各种蹲姿训练（每种蹲姿保持 3 分钟）。

第三步，分组练习，同学之间互评。

活动建议：分组训练。

课堂练习

项目能力测试题

案例题

1. 1988 年在洛杉矶，一名来自泰国的演员因杀害一名 29 岁的老挝人，被判犯有二级谋杀罪。那位演员在一家深夜营业的泰国卡巴莱餐厅演唱，这时一个老主顾——一位老挝人，把脚搁在一把椅子上，鞋底对着这位演员。当时是卡巴莱打烊的时候，那位演员跟踪了该名老挝人并把他杀了。为什么？因为在东南亚人看来，给别人看鞋底或把鞋底对着别人是对该人表示极大的侮辱。①

---

① ［美］罗杰·E·阿克斯特尔. 身势语［M］. 上海译文出版社，1998.

问题：说明以上案例所反映的问题。

2. 有一次，因为雷雨天气，航班延误了。一位旅客指着一位年轻的乘务员大声斥责道："我的急事被你们的飞机延误了，接下来的航班我也赶不上了，这个损失谁来负责？我要索赔！我要告你们！你们说不飞就不飞，太不尊重旅客了！如果没有急事谁会坐飞机？不就是图快吗。连这个都做不到，你们还能干什么？"

那位年轻乘务员被说得满脸通红，支支吾吾地解释说："先生……您误会了，不是我们……不想飞，是因为天气不好……"不容她说什么，这个旅客挥手示意她走开，那动作就像驱赶一只苍蝇。

这时候，一位年长一些的乘务员走过来。那位旅客还在发着牢骚。年长的乘务员微微倾身，保持良好的与旅客交流的45度角，耐心地倾听，并不急于插话。因为她知道，旅客心中有愤怒，不发泄完心中就会不舒服，认真地倾听就是争取一个同盟者的姿态，尽量使他感觉舒服。如果你没有冷淡和表现出不耐烦，也不与之争论，旅客就会减少不安和敌视。

果然，年长的乘务员的姿态使得旅客渐渐平静下来。接着，年长的乘务员做了诚恳的道歉："先生，对此我表示十分抱歉，飞机不能按时起飞给您造成了很多不便。但我们和您一样把安全放在了首位，现在航路上有雷雨，暂时不能起飞，一旦天气有所好转，我们会立刻与机长联系，一有消息我会马上通知您。我和您的心情其实是一样的，非常希望能够尽快起飞。"

这位旅客的脸色有所缓和，情绪也不再那么激动，他有点无奈地说："我只希望能够早些起飞。"然后就闭上了眼睛，再也不愿多说一句话了。

大概半个小时后，飞机还是无法正常起飞，年长的乘务员将这个情况报告给了乘务长。

乘务长，这位头发已经略微泛白的乘务员说："别管了，我去。"乘务长拿了一杯水，并用热的湿毛巾折了一朵毛巾花，放在另一个一次性纸杯里，端了一个小托盘，来到那位旅客面前："先生，打扰您了，天气比较热，请喝杯水吧。这是毛巾，您擦擦手。"她的态度亲切而温和，言语温暖，不卑不亢。旅客把毛巾拿在手里，热乎乎的毛巾让他感觉很舒服也很意外。

"先生，飞机暂时还不能起飞，但机长正在联络，也许很快就会有消息。今天很多航班都延误了，也许您的下一班机也会延误。一会儿，飞机一到达目的地，我就来接您，您第一个下飞机，我陪您一起去办手续，好吗？"

这番话让旅客觉得自己无法再抱怨了，因为乘务长已经竭尽所能为他考虑得很周到了，况且乘务长也决定不了飞机的起飞与否。于是，他也只能说："好的，谢谢您！"并且微笑了一下。

问题：仔细阅读案例，结合生活和工作实际写出仪态的重要性。

3. **微笑也要有分寸**

某日华灯初上，一家饭店的餐厅里客人满座，服务员来回穿梭于餐桌和厨房之间，一派忙碌景象。这时一位服务员跑去向餐厅经理汇报，说客人投诉有盘海鲜菜中的蛤蜊不新鲜，吃起来有异味。这位餐厅经理自信颇有处理问题的本领和经验，于是不慌不忙地向投诉的那个餐桌走去。他一看，那不是熟主顾老食客张经理吗！他不禁心中有了底，于是迎上前去一阵寒暄："张经理，今天是什么风把您给吹来了，听服务员说您老觉得这蛤蜊不大对胃口……"这时张经理打断他说："并非对不对胃口，而是我请来的香港客人尝了蛤蜊后马上说这道菜千万不能吃，有异味，是变了质的海鲜，吃了非出毛病不可！我可是东道主，自然要向你们提意见。"餐厅经理接着面带微笑，向张经理进行解释，蛤蜊不是鲜货，虽然味道有些不纯正，但吃了不会要紧的，希望他和其余客人谅解包涵。不料此时，在座的那位香港客人突然站起来，用手指着餐厅经理的鼻子大骂起来，意思是你还笑得出来，我们拉肚子怎么办？你应该负责任，不光是为我们配药、支付治疗费而已。这突如其来的兴师问罪，使餐厅经理一下子怔住了！他脸上的表情由微笑一下子变成了哭笑不得。遇到了这种状况，他揣摩着如何下台阶，他在想，总不能让客人误会刚才我面

项目二　秘书形象塑造

带微笑的用意吧,又何况微笑服务是饭店员工首先应该做到的。于是他仍旧微笑着准备再做一些解释,不料,这次的微笑更加惹起了那位香港客人的恼火,他甚至流露出想动手的架势,幸亏张经理及时拉了一下餐厅经理的衣角,示意他赶快离开现场,否则简直难以收场了。事后,餐厅经理才从自己的微笑中悟出了一些道理来。

问题:案例中餐厅经理出现错误的主要原因是什么?如果你是餐厅经理,你会如何做?

4.　　　　　　　　面试"轻轻关门",应聘跨进银行大门

研究生毕业那年,就业形势相当严峻,连续几次应聘失败,我仿佛经历一场噩梦,但工作不落实还得鼓起勇气继续找。忽然有一天我看到一家银行门口贴着招聘广告。银行工作稳定,福利好,很多同学都想去。我想反正不交报名费,就试试吧。没想到报完名的一周之后,我还真接到了银行的面试通知。

参加面试的人很多,"砰砰"的关门声加剧了紧张的气氛。前面面试出来的人,有的喜形于色,有的万分沮丧。排在我前面的女孩儿长得很漂亮不说,身材更是凹凸有致,和她相比,我就像颗豆芽菜,整个人显得黯然无光。我想我可真够倒霉的,排在她后头,主考官刚欣赏完一个美女,再来看我,反差也太大了。

漂亮女孩笑着从主考官办公室走出来,随着"砰"的一声关门声,下一个该轮到我了。我整整衣裳,大着胆子往里"闯"……很幸运,问题挺简单,在自我介绍后,主考官只问了几个简单的小问题。我回答完后,主考官点点头,面无表情地说:"你可以走了。"没有看到微笑,我心想也许没戏了,就朝门口走去,我正准备开门时,出于礼貌又返身朝他们鞠了一躬:"谢谢"。然后轻轻开门,又随手轻轻关上了门。从银行大厦里走出来,我安慰自己,银行的工作太刻板了,不来也好。

20天后,银行打来电话通知我,我被录取了,我既意外又高兴。第一天上班,在我去领制服的时候,碰到了那天面试我的一位主考官,他向我表示祝贺。我奇怪地问他,在几百人中他怎么会记得我,他回答我说:"那天我们接待了约300名应聘者,你是唯一一个向我们鞠躬,并且关门关得那么有礼貌的人。我们是服务行业,礼貌待人是我们对员工的基本要求。"

这是我的一次求职经历,虽说是误打误撞的成功,但却让我明白了一件事,也许我们不是最优秀的,但是无论在什么时候都要讲礼貌,都要向人们展露自己的微笑。

问题:仔细分析并写出上面的案例说明了什么问题,在应聘的过程中礼仪能起到什么作用。

项目三　秘书沟通技巧

项目能力标准

学习领域	能力目标	知识要求
有效沟通基础	1. 能够了解沟通的含义与作用 2. 能够理解秘书沟通的特点 3. 理解有效沟通的原则 4. 掌握积极地语言沟通	1. 了解沟通的含义与作用 2. 理解秘书沟通的特点 3. 理解有效沟通的原则 4. 掌握积极地语言沟通
沟通模式的选用	1. 能够区分线性传播模式和控制论传播模式 2. 能够在沟通中采用正确的传播模式	1. 理解沟通的要素 2. 理解线性传播模式 3. 理解控制论传播模式
沟通方式的选择	1. 能够根据需要选择最佳沟通方式 2. 能够综合运用各种沟通方式	1. 理解沟通方式的类型 2. 掌握不同沟通方式的优缺点 3. 掌握选择沟通方式的方法
沟通编码策略	能够在沟通时进行有效编码	理解沟通编码的主要策略
有效倾听	1. 能够了解有效倾听在沟通中的重要性 2. 能够采取一定的技巧进行有效倾听	1. 了解有效倾听的含义与作用 2. 了解有效倾听的准备工作 3. 掌握有效倾听的技巧
有效询问	1. 能够了解有效询问的内容及其在沟通中的重要性 2. 能够掌握询问问题的类型，并能在沟通过程中采用适当的提问方式进行询问 3. 能够在工作中正确地使用相应策略进行有效询问	1. 了解有效询问的作用 2. 了解有效询问的内容 3. 掌握询问问题的类型 4. 掌握有效询问的策略 5. 掌握有效询问的注意事项
态势语沟通	1. 能够了解态势语沟通的重要性 2. 能够在工作中规范地运用目光语、面部表情、手势语、姿态和习惯动作等常用的态势语来辅助沟通	1. 了解态势语沟通的作用 2. 掌握目光语、面部表情、手势语姿态和习惯动作等常用的态势语

项目三 秘书沟通技巧

续表

学习领域	能力目标	知识要求
横向沟通与纵向沟通	1. 能够在工作中正确地使用相应策略进行横向沟通 2. 能够在工作中正确地使用相应策略进行纵向沟通 3. 能够正确选择与不同风格的上司进行沟通的策略 4. 能够在团队中担任积极角色并与成员进行良性沟通与有效合作	1. 理解横向沟通的目标与形式、横向沟通的障碍和横向沟通的策略 2. 理解纵向沟通的目标与形式、纵向沟通的障碍和纵向沟通的策略 3. 理解秘书与上司沟通的原则 4. 掌握秘书与上司沟通的策略

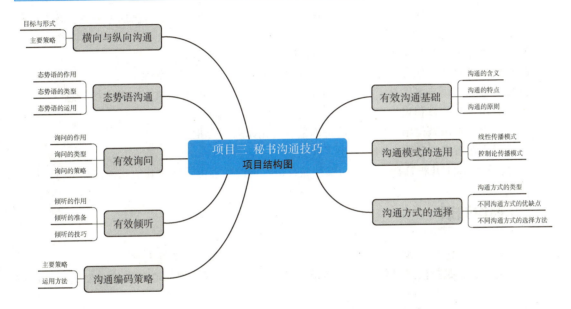

任务一　有效沟通基础

 情景任务

这天早晨上班，平时和蔼可亲的老总眉头紧锁，一言不发地走进了自己的办公室，秘书跟他打招呼"早上好"，他也爱搭不理。

面对这种情况，秘书应该怎么处理？现在秘书有这么几种选择。

（1）既然老总烦，他肯定需要一个人独自待一会儿，所以先不去管他。

（2）心烦归心烦，工作是工作，今天有一大堆事等他决定，所以拿上文件去找老总签字。

（3）翻出老总的日程表，取消老总今天的一切安排。

（4）泡上一杯浓茶送给老总，问他是不是需要先休息一会儿。

（5）马上跟着老总进去，问老总出了什么事。

思考：对于以上几种选择，你认为哪种最合适？请说明理由，并对其他几种选择进行评析。

 理论知识

无论多伟大的思想，如果不传递给其他人并被其他人所理解，都是无意义的。

完美的沟通，是想法或思想传达到接受者后，接受者所感知到的心理图像与发送者发出的完全一致。

根据成功学家们的研究表明，一个正常人每天花60%~80%的时间在"说、听、读、写"等沟通活动上。因此，一位智者总结道，"人生的幸福就是人情的幸福，人生的幸福就是人缘的幸福，人生的成功就是人际沟通的成功"。

 案例导入

印度洋海啸

据《印度快报》报道，印度空军26日早晨接到警报说，印度设在孟加拉湾卡尔尼科巴岛的一个空军基地被海啸摧毁。当时，海啸距印度本土还有数百千米。由于地震震中在海底，波动传递到海岸一般需要20分钟到2个小时，"如果当地居民组织得力，这段时间足够多数人逃生了"。

印度空军司令克里希纳斯瓦说，当天上午8时15分，他让一名助手向国防部发出警报。然而，政府方面没有与军方进行过沟通。

印度气象局于26日上午8时45分发出了一份警报传真，结果传真发给了前人力资源开发、科技兼海洋发展部长穆利·马诺哈尔·乔希，而不是现任部长。后来印度气象局又在当天上午9时45分给内政部发去一份警告传真。10时30分，内政部将此事汇报内阁秘书处。而

项目三 秘书沟通技巧

当时印度东南部沿海地区已经被巨浪所蹂躏。直到当天下午 1 时,印度政府的主要应急机构才举行会议商讨这一问题。

美国地质调查局在检测到大地震之后本来试图通知印度洋沿岸各国准备防护海啸,可是竟然无法找到与这些国家沟通的途径。"我一直在和我们搞海啸研究和预警的人说,但是他们竟然与这些国家在海啸方面没有任何联系,"帕森说,"我们没人在那边,我们只能通过媒体知道到底发生了什么。"

问题与思考:
1. 问题出现在哪里?
2. 出现问题的原因是什么?
3. 该案例对你有什么启发?
4. 沟通有什么意义?
5. 沟通是什么?沟通涉及哪些要素?
6. 应该怎样沟通?

一、沟通的含义

沟通是一项活动,本义是开沟使得两水相通。《左传·哀公九年》:"秋,吴城干,沟通江淮。"后指两方能够通连,信息社会又泛指信息沟通。

"沟通"源于英语"communication",又可译为传达、通信、交流、交通、交际等,国内一般是三种译法,即交流、沟通、传播。

沟通的定义有很多,可以概括为以下几种类型。

①共享说:强调传者与受者对信息的分享,此以美国传播学家施拉姆为代表;

②交流说:强调沟通是有来有往的双向活动,即如美国学者霍本的观点"沟通即是用言语交流思想";

③影响(说服)说:强调传者对受者施加影响的行为,如美国学者露西与彼得森认为"沟通是人影响人的全部过程";

④符号(信息)说:强调沟通是符号或信息的流动,如美国学者贝雷尔森认为"沟通是通过传播媒介所做的符号的传送"。

我们认为,沟通就是用正确的态度和有效的表达方式来促使对方理解明白并形成共识的行为过程。

二、沟通的作用

据权威的 1995 年英文版《工商管理硕士成绩录》所载,经过对全球近千家企业的调查分析,在十项 MBA 才能指标中,最为重要的三种能力分别是分析判断能力、商业经营思想和良好的沟通能力。美国普林斯顿大学曾对 1 万份人事档案进行分析,结果发现,"智慧""专业技术""经验"只占成功的 25%,其余 75% 决定于良好的人际沟通。哈佛大学就业指导小组 1995 年调查结果显示,在五百名被解雇的人中,因人际沟通不良而导致工作不称职者占 82%。日本企业之神,著名国际化电器企业松下电器公司的创始人松下幸之助有句名言:"伟大的事业需要一颗真诚的心与人沟通。"松下幸之助正是凭借其良好的人际沟通艺术,驾轻就熟于各种职业、身份、地位的客户之中,赢得了他人的依赖、尊重与敬仰,使松下电器成为全球电器行业的巨子。

沟通力是一项最重要的职业核心能力,是一个人情商高低的重要标志,它可以实现人的社会生存需求,决定个人的工作业绩、职业生涯的成功,某种程度上决定工作质量与生命品质。

(一) 获取信息

信息是秘书工作的前提。收集、储存、整理和沟通必要的新闻、数据、图片、事实、意见、评论,以便对周围环境的情况获得了解并做出反应和决定。只有通过沟通交流,才能及时获取有效信息,减少信息在传播过程中的失真,便于妥善安排和处理事务。

(二) 统一认识

为便于达成一致意见或澄清不同观点而提供和沟通必要的事实,通过交流沟通,人们才得以互相理解,达成共识,才能采取统一行动,实现共同的目标。

> **案例分析**
>
> 请比较下面案例中老板的不同沟通方式,很明显,良好的沟通是容易引得员工理解并实现认识的一致。
>
> 情形1
> 老板:你迟到了一个小时,如果要在这工作,就必须准时上下班。
> 雇员:我的汽车发动不起来,所以……
> 老板:这不是迟到的理由,如果是那样,就应该打电话啊!
> 雇员:我是想打,但是……
> 老板:工作从早上8点开始,你必须在早上8点前到这里。如果你做不到,你应该另找一份工作。如果你再迟到,就麻烦你不要来上班了。
> 雇员:???
>
> 情形2
> 老板:你迟到了一小时。发生什么事了?
> 雇员:我的车发动不起来了。
> 老板:你的附近没有电话吗?
> 雇员:我每次打电话时,总是占线。最后决定走到这里可能比等着打电话更快些。
> 老板:当你们不能按时来到这里时,我总是担心我们可能不能按时完成工作。难道没有任何办法可以让我知道发生了什么事吗?
> 雇员:噢!我猜可能自己太惊慌了。我应该让我妹妹不停地打电话以便让老板知道发生了什么事情。如果再发生类似事情,我一定会那样做。
> 老板:好的。现在开始工作吧,眼下有许多事情要做……
> 雇员:谢谢老板!我马上开工……①

(三) 改善关系

很多人际关系障碍都是缺乏沟通或沟通不畅造成的,掌握了一定的沟通原理和沟通技巧,在一定程度上可以改变人们的行为,改善沟通双方的关系。

---

① 陈进华. 现场效率改善实战手册 [M]. 深圳:海天出版社,2006.

（四）加深感情

感情是人们之间团结合作的基础。秘书只有与上下级、同事之间经常沟通，才能保持适当的情感距离，创造轻松和谐的工作氛围，提高参谋和辅助决策的准确性，从而提高工作效率。

三、秘书沟通的特点

沟通是方法，协调是目的。协调的是关系，而相对静态的关系必须通过动态的沟通来实现。秘书的协调沟通职能与领导人不同，从其职能地位出发，有着自身的特点。

（一）非权力支配性

在管理体系内，秘书没有支配性权力。但是，秘书是领导机关的工作人员，处理协调沟通事务时，代表着领导机关的意向，凭着领导机关的权威和权力惯性，秘书在协调沟通过程中，有着较大的影响力。协调各方心理上受领导机关权力辐射的影响，在一般情况下能够接受秘书进行的工作协调。

（二）非职责限定性

一般来说，管理职能只有在确定的职责范围内才能有效地发挥作用。秘书的协调沟通职能，却没有确定的职责范围的限定。秘书协调沟通的非职责限定性，是与其非权力支配性紧密相关的。由于没有法定的支配性权力，协调沟通主要依靠领导机关的权力惯性、领导人的权力辐射。秘书的思想素质和工作方法，受其特殊的工作性质的影响，具有较大的不确定性，再加上环境、条件等因素的变化，使得秘书协调沟通的范围具有极大的伸缩性。

（三）非确定地位性

秘书协调沟通，具有非职责限定性，因而也就没有确定的地位。例如，在上级领导成员间沟通信息，促进相互理解和支持进行协调，秘书处于下级的地位，是下对上的工作关系；在同级职能部门工作人员间协调，秘书处于同级地位，是平行级间的工作关系。执行同一协调沟通职能任务，处于几种不同的地位及不同的关系，这就是秘书协调沟通的非确定地位性。

（四）认同疏导性

由于秘书协调沟通中的以上三个特性，使得秘书在协调沟通过程中，一般不能直接用强制手段，而是采用信息沟通、感情沟通，加以疏导，使有关方面达到认同，消除分歧，实现协调。认同疏导不仅要有足以澄清事实真相的信息依据，还要有足以明辨是非的道理，更要有感染有关人员的感情基础，这样才能明之以事、晓之以理、动之以情，使有关各方在维护组织整体利益、实现组织整体目标的基础上，达到协调一致。

四、有效沟通的原则

（一）客观公正

秘书在沟通时应保持平和的心态，坚持客观公正的原则。这就要求秘书要顾全大局，处理问题时只对事不对人，在程序上坚持公开、公平、公正；在沟通时要是非分明，大事讲原则、小事讲风格，在工作中不带个人情绪，不讲人情、拉关系，守好自己的本分，不滥用自己的"隐形"权力。

（二）学会尊重

秘书在工作中要实现有效沟通，首要的前提就是应该摆正自己的位置，端正心态，为人谦逊，学会尊重对方，善待别人。中国人民大学金正昆教授讲过："尊重上级是一种天职，尊重同事是一种本分，尊重下级是一种美德，尊重客户是一种常识，尊重所有人是一种教养。"要真正实现尊重就要学会宽以待人、严于律己。这就要求秘书必须要学会宽容，凡事以大局为重。由于秘书职业的非职责限定性和非权力支配性，秘书工作中维持和谐的人际关系就显得尤为重要。为人谦逊应该成为秘书的职业性格和职业习惯。意大利社会学家让·莫莉认为，每个人都有与生俱来的表现欲，一般交际者要做到配合别人表现，不要揭短；交际高手则要求为别人创造表现机会。因此要尊重和善待交际对象，在交际时不要随意打断、指责、补充和纠正别人的谈话。

（三）主动接受

著名的管理大师余世维教授说过，沟通的基本原理是"关心"，沟通的基本要求是"主动"，所以主动沟通是取得有效沟通的前提。"布吉林法则"指出，成为受欢迎人的准入条件是"接受别人"，这就意味着我们要想实现沟通的目标，那就在沟通的全过程中要在内心真正接受对方的一切，不管其容貌姣好或丑陋、习俗先进或落后、语言流利或生硬，只有你在内心真正接受这个人，这样双方的沟通才可能是交互的、友好的。

（四）换位思考

课堂练习

谭一平先生曾经说过："换位思考的最大好处就是你能理解对方所处的实际情况，让对方觉得自己的自尊心得到了尊重。换位思考在建立和谐的人际关系过程中有'不战而屈人之兵'的功效。"秘书在沟通过程中换位思考主要应注意以下方面：一是从对方的立场和角度出发，真切体会对方的情感，适时调整自己的交往策略；二是随时注意自己的角色位置和职权范围，树立良好的心态，善于理解对方的立场和意图；三是努力做到超前思维，要注意分析和判断不同交际情景中的具体情况，想人之所想，忧人之所忧，妥善选择沟通策略。

> **课堂活动**
>
> 完成本节开始设置的情景任务：做出选择判断，并与同桌相互交流；教师可用软件对学生答案进行统计分析，并做出点评总结。

任务二　沟通模式选用

情景任务

阅读下面的案例，思考为什么会发生这个现象？你认为采取什么方法可以避免案例中的沟通错误（或者说达成正确传令）？

案例

传达命令

传令员对连长传令："司令官命令：'在明天午后1时，全连官兵务必准时在大操场集合，要求大家穿好军装，带好观察工具，观看哈雷彗星从东向西飞过。'"

接着，连长对排长传令："司令官命令：'全体官兵明天午后1时到大操场集合，要求大家穿好军装，带好武器，准时接受检阅，还有星级上将从天上飞过。'"

然后，排长对班长传令："司令官命令：'全体官兵明天午后7时到大操场集合接受检阅，务必穿好军装，带好武器，还有三星上将乘飞机从天上飞过。'"

最后，班长对全班传令："司令官命令：'全体官兵明晚7时到大操场集合接受检阅，务必带好武器整装待发，否则，三颗子弹将从你头上穿过。'"

理论知识

沟通的一般过程主要是指信息由信源发出，通过信道传递到信宿的过程，具体来讲就是信息的发送者将信息通过一定的编码，选择合适的渠道传递给信息的接收者，接收者对接收到的信息进行解码并将接收结果反馈给信息发送者的过程。沟通过程由一系列具体要素构成。

一、沟通的要素

①信息：信息是用以清除随机不确定性的东西（克劳德·香农）。具体指能够传递并能被接收者的感觉器官所接收的刺激。它有两种基本存在形式：内储形式与外化形式。

②发送者：指发送信息的主体，它可以是个人、群体、组织、国家。发送者也被称为信源，即信息传播的上位者。

③编码：指将所要交流的信息，依照一定的码规，编制为信号。

④渠道：信息得以传递的物理手段和媒介，是联结发送者和接收者的桥梁。不同的个体或群体因传播的信息内容不同所选择的媒介也常常不同。大众传播媒介有报纸、电台、电视台、网站、电影等；人际传播媒介有电话、书信、宣传册、集市、朋友、人体本身等①。

⑤接收者：指收到信息的主体，可以是个人、群体、组织、国家。又被称为受众、受体、信宿，信息传播下位者。

⑥解码：指将所接收的信号，依照一定的码规，解释、还原为信息。

⑦反馈：指接收者把自己的信息加以编码，通过各种渠道回传给信息发送者。介于信源与受者之间的一种结构，是受者在接受讯息后对信源的一种后续的反向传播。

⑧噪声：噪声是指任何扰乱或歪曲我们发出和接收信息的能力的事物。噪声的形成可能同时具有内部的和外部的原因。内部的噪声可以归结为传播者的心理和天性、智力能力以及身体状况。外部噪声则可以归结为环境（客观环境和人为环境）。

---

① 谭英. 沟通智慧与传播［M］. 北京：知识产权出版社，2017.

二、沟通的传播模式

在传播学上,沟通过程有以下两种类型的模式,了解不同类型的沟通模式,能够为秘书的沟通工作提供理论指导。

(一)传播线性模式

线性模式之下,包括拉斯韦尔的5W模式与香农-韦弗的数学模式,后者与前者的核心差别在于引入了"噪声"的概念,二者也有其自身独特的优势,但这两种模式共同反映出来的不足有三:单向性,无反馈;静态性,无互动;孤立性,无外部。

1. 拉斯韦尔5W传播模式

在传播学史上,拉斯韦尔是第一位提出传播过程模式的学者,1948年他在《传播在社会中的结构和功能》一文中提出了构成传播过程的五种基本要素(Who Says What to Whom in Which Channel With What Effect),如图3-1所示。

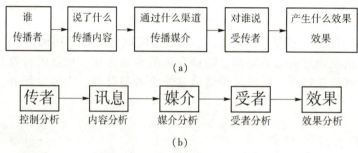

图3-1 拉斯韦尔5W传播模式

优点:拉斯韦尔的5W模式第一次将传播活动明确表述为由五个环节和要素构成的过程,为人们理解传播过程的结构和特性提供了出发点;奠定了传播研究的五大领域,即控制研究、内容分析、媒介分析、受众分析、效果分析。不足:目的性较强,高估了传播的效果;单向性,忽视反馈与外部因素的影响;各传播要素相对静止。

> **课堂活动**
>
> ✎ 请写出拉斯韦尔5W传播模式其他优点:_____
>
> _____
>
> ✎ 请写出拉斯韦尔5W传播模式其他缺点:_____
>
> _____
>
> ✎ 请举出生活中的线性传播的例子,并做分析。
>
> _____

2. 香农-韦弗数学模式

1949年香农在出版的《传播的数学理论》一书中提出了该模式,但该模式的提出原本是应用于解释技术科学中通信的信息传送问题,后被人借鉴到了传播学领域。他认为信息传播的过程,首先由信源发出信息,经过发射器将信息转化成为信号,信号经由传播渠道到达接收器,接收器将接收到的信号转化成信息并传送给信宿。在这一过程中,香农引入了噪声的概念,它指正

项目三 秘书沟通技巧

常信息传递中的任何干扰因素。我国学者段鹏教授在论述香农-韦弗的数学模式时,提出"传播的顺利进行,有赖于噪声的排除,而能够消除噪声的就是讯息中包含的冗余信息。但是要处理好平衡噪声、冗余信息和平均信息量三者之间的关系"。香农-韦弗数学模式如图3-2所示。

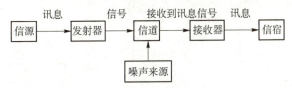

图3-2 香农-韦弗数学模式

香农-韦弗提出了五个完整的正功能和一个负功能。信源,发出讯息;发射器,将讯息转换成信号;信道,负责传递信号;接收器,将信号还原成信息;信宿,信息的目的地。一个负功能是噪音。

优点:揭示了传播过程中干扰信息有效传送的噪声等负功能现象;他对一些技术和设备环节的分析提高了传播学者对信息科技在传播过程中的作用的认识。不足:缺少反馈的环节;缺少对影响传播的外部因素的考量。

> **课堂活动**
>
> 请写出香农-韦弗数学模式其他优点:_____
> _____
>
> 请写出香农-韦弗数学模式其他缺点:_____
> _____

(二) 控制论模式

1948年,维纳创立控制论,控制论的主要观点是用反馈信息来调节和控制系统行为,以达到预期的目的。传播学借用控制论的思想,指出传播过程中受传者在接收到信息之后做出的各种反应,这些反应也就是受传者反馈给传播者的信息。这种思路无疑突破了信息论模式的单向流动的局限,因此也将带有反馈和双向交流的传播过程模式称之为控制论模式,即带有反馈的闭路循环控制系统。

"反馈"的概念具有重要意义。一是他使人们认识到传播不仅仅是线性的单向流通,更是双向的信息传播回路;二是从传播者角度来看,反馈可以检验传播效果并调整目前及未来的传播行为;三是受众可以积极主动的介入传播过程。

但控制论模式也有明显的不足之处,一是它们都将传播看成循环、平等的自我调节功能,但现实并非如此;二是它们将传播看成独立于社会的自我运行的系统,忽视了传播过程的社会、历史、文化背景。

1. 奥斯古德-施拉姆模式

该模式由奥斯古德首创,后由施拉姆在1954年的著作《传播是怎样运行的》一书中提出。这是一个高度循环的模式,如图3-3所示。这个模式中并没有直接的传播者和受传者概念,传播双方都成为位置平等的传播行为的主体,通过讯息的传受处于互动之中。在这个模式中,传播的双方都行使着相同的功能,即编码(Encoding)、释码(Interpreting)和译码(Decoding)。编码即将含义转换为可以传播的讯息,这个环节在传播过程中极其重要,传播者编码水平的高低直接影响传播效果的好坏;译码即将接收到的讯息转化为可以理解的含义;释码则是对含义进行理解的过程。传播者与接受者处于一个永无止境的循环之中，这一模式是与传统直线、单向模式的决裂。①

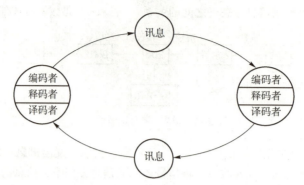

图 3-3　奥斯古德-施拉姆的循环模式

循环模式特别适合于描述人际传播，但对于反馈不足或根本没有反馈的传播就不太适合，比如大众传播。施拉姆注意到这一点，并在后来进行了改进，提出了一个适合大众传播的模式。这一模式受到质疑的另一点是传受双方处于完全平等的位置。事实上，传播过程并非完全平等，传播者和信息接受者在政治、经济、文化地位及资源权利等多方面存在着差异，传受双方地位的不平等是传播的常态。

在奥斯古德—施拉姆循环互动模式中，被传递的讯息似乎一直没有发生变化，这与实际传播过程是不相符的。在传播的过程中，传播者和信息的接受者之间传递的信息不是一成不变的，而是随着传播的进行不断发生变化的。

优点：该模式强调了社会传播的互动性，把传播双方都看成是传播行为的主体，比线性传播更进一步，更适合人际传播；缺点：认为传播是完全对应的、平等的，但现实生活中传受双方往往是不对应不平等的；该模式仅强调角色功能，忽略了外部因素对传播过程的影响；该模式适用于人际传播模式，但不适用于大众传播模式。

> **课堂活动**
>
> 请写出奥斯古德——施拉姆模式的其他优点：_____
> _____
>
> 请写出奥斯古德——施拉姆模式的其他缺点：_____
> _____

2. 施拉姆大众传播模式

施拉姆在奥斯古德模式的基础上，针对大众传播的特点，提出了大众传播模式，如图3-4所示。该模式的核心是作为编码者、释码者、译码者的媒介组织，向不同的群体发布相同的信息，而每一个群体都有意见领域和次群体等多个层次，对信息进行再传播，因此施拉姆的大众传播模式涉及了受众的社会性。施拉姆还提出了"可能的反馈"这一概念，也称"推测性反馈"。

优点：该模式标志着传播过程研究从一般传播过程模式聚焦到了大众传播过程模式，也标志着将大众传播视为社会的有机组成部分的趋向，在一定程度上揭示了社会传播过程的相互连接性和交织性，已经初步具有了系统模式的特点；缺点：对影响媒介组织的外部因素没有予以观照。

---

① 周鸿铎. 传播学教程 [M]. 北京：中国国际广播出版社，2018.

项目三　秘书沟通技巧

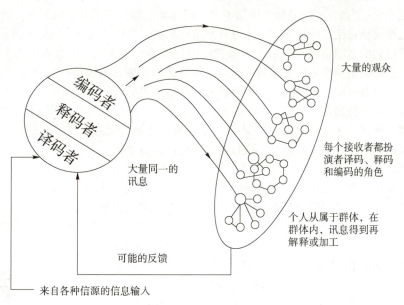

图 3-4　施拉姆的大众传播模式

课堂活动

✍ 请写出施拉姆大众传播模式的其他优点：_____
_____

✍ 请写出施拉姆大众传播模式的其他缺点：_____

3. 德弗勒循环互动模式

1970 年，学者德弗勒在香农–韦弗的模式基础上，增加了一组元素以显示反馈的过程。进一步提出了传播过程的循环互动模式，如图 3-5 所示。

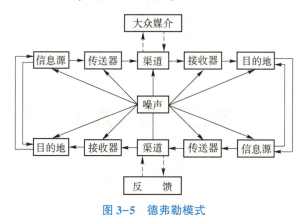

图 3-5　德弗勒模式

德弗勒这一模式描述了传播过程中信源如何将"含义"（Meaning）转换为"讯息"，经由发射器又如何将"讯息"变换为"信息"，信息再通过某种渠道（如某种大众媒介）传播出去，接收器将"信息"还原为"讯息"，而讯息被传送给信宿之后又被转换为"含义"。如果信源发出的"含义"与信宿接收到的"含义"前后一致，其结果就是传播。

现代秘书办公实务

德弗勒在香农-韦弗模式的基础上增加了另一组元素，即反馈设施，以显示信源如何获得反馈，并根据反馈调整自己的传播方式以更有效地适应信宿。在反馈过程中，原来传播过程中的信宿充当了传播反馈信息的信源。反馈在传播过程中发挥着巨大作用，传播者可以利用反馈验证传播效果，并据此调整和规划传播行为；受众则可以通过反馈介入传播过程之中。控制论认为，在传播过程中，只有反馈是不够的，因为反馈通常滞后于传播行为，从而影响了传播系统的控制功能。因此有必要增加前馈，前馈即在系统发生偏差之前，根据预测信息采取相应措施。施拉姆最早在传播学中提出"前馈"的概念，认为前馈在大众传播活动之前对受众进行调查研究，在对受众充分了解的基础上改进传播、增强针对性、提高传播效果。

德弗勒循环互动模式充分考虑了反馈的机制，与此同时，该模式也显示出传播过程中的噪声对传播的所有环节和要素都将产生影响。现实中，大众传播中信源只能从受众那里获得有限或间接的反馈，而这一点在德弗勒循环互动模式中并没有表现出来。同时，传播过程处于大的社会系统之中，会受到多种外部条件或外部环境的影响和制约，而德弗勒循环互动模式中只提到"噪声这一种外部因素的影响，没有将传播所处的复杂系统考虑进去。①

优点：克服了香农-韦弗模式的单向线性的弊端，明确补充反馈的要素、环节和渠道；针对香农-韦弗模式中认为噪声只存在于传播渠道中的观点，德弗勒循环模式认为噪声出现在传播过程中的任何一个环节并对其产生影响；适用于大众传播在内的各种社会传播过程；缺点：德弗勒将影响传播的所有因素都概括为"噪声"，弱化了社会环境的复杂性。

课堂练习

课堂活动

✎ 请写出德弗勒循环互动模式的其他优点：_____
_____

✎ 请写出德弗勒循环互动模式的其他缺点：_____
_____

小组讨论
1. 信息论和控制论传播模式有何区别和联系？
2. 学习了解传播模式对提升沟通能力有何意义？

任务三　沟通方式的选择

情景任务

请根据下面的情景选择不同的沟通工具。
情景1：昨天上课你没来，事先也没有请假。

---

① 周鸿铎. 传播学教程 [M]. 北京：中国国际广播出版社，2018.

情景2：五一学校有文艺晚会，你特别想让老师知道你钢琴弹得很好。
情景3：你对老师讲课的某一个知识点有不同看法。
情景4：跟你最好的朋友吵了架。
A. 面谈　　　　　　B. 电话　　　　　　C. 邮件　　　　　　D. 微信或qq　　　　　　E. 便条

理论知识

选择沟通方式是做好沟通的第一步。沟通方式包括两个方面，即载体和形式。沟通方式反映思维水平，沟通效果反映审美能力。载体就是沟通的媒介或工具，不同沟通媒介的特征主要包含时效性、可存档性、互动性三个维度。不同的媒介在这三个维度上各自的优缺点如表3-1所示。

表3-1　不同媒介在时效性、可存档性、互动性上的优缺点

沟通的方式	时效性	可存档性	互动性
电话	强	弱	强
会议	中	弱	强
面谈	中	弱	强
邮件	弱	强	中
书面文档	弱	强	弱
微信	强	中	强

下面重点谈几种沟通方式的优缺点。

一、面谈

优点：面谈是沟通最有效的方式。因为面谈受到的重视程度高，可以屏蔽外界的干扰，高效讨论。同时面对面的时候，你可以获取到很多其他沟通方式获取不到的信息，如表情，动作，语气；对方也更可能与你分享更多的信息。

缺点：成本很高，包括时间成本和差旅支出。便捷性较差，不像打电话那样随时可以操作。

面谈需要一定的技巧，包括事前准备，谈话的方式与节奏的把握，接受对方反馈并及时调整的能力。

二、电话

优点：二人会谈最便捷的沟通方式。双方可以在很短的时间内充分高效讨论。电话沟通的有效性仅次于面谈。通话的性价比很高。

缺点：很多情况下通话质量并不高，声音也和真实的声音有很大差别，语气等信息容易丢失。没有表情和动作信息的接收，通话的有效性不如面谈。通话的结果很难作为有效的证明材料，更多还是依赖于双方的互信。给对方的压迫性强。

三、邮件

优点：正式，可以作为有效的证明材料。压迫性较弱，回应方式和时间取决于对方。邮件可

以包含较多内容,信息量丰富,而且便于检索,非常便捷,是最常用的工作方式,直接成本最低。

缺点:讨论时效率一般很低,来来回回十几封邮件比不上一通电话。写邮件很费时间,尤其对完美主义者来说,有人写一封邮件可以写一个下午。有效性较差,仅针对某个问题做书面沟通。

四、微信

优点:是便捷性很重要的一个补充,多人微信沟通便捷性超过电话。压迫性低,默认方便时回复。微信和短信会留下记录,便于信息检索。

缺点:时效性问题:可能无法得到及时回复。接受度问题:有些人不太接受微信沟通,有效性可能较低。

五、会议

优点:会议是团队沟通最有效的方式。适用于解决一些跨部门的难题。会议纪要是公司内部的重要文件,有很大的用处。

缺点:便捷性较差,占用很多时间,而且很多内容并不需要所有的人员参与会议,造成资源的浪费。对与会者的注意力要求较高。对组织者的能力要求较高。

沟通方式一方面包含载体和工具,另一方面还包含形式因素,即说话方式、表达技巧等。选择沟通的形式主要应考虑积极的态度、正确的思维、情势的把握、人性的判断等方面。

课堂活动

完成本节开始设置的情景任务:学生在智能教学助手移动端作答;教师对答案进行统计分析与结果点评。

任务四 沟通编码策略

情景任务

阅读下面的案例,谈谈从中受到的启发。

据说司马相如在长安被封为中郎将之后,自己觉得身份不凡,曾经起过休妻的念头。有一天,他派人送给卓文君一封信,信上写着"一二三四五六七八九十百千万"十三个大字,并要卓文君立刻回信。卓文君看了信,知道丈夫有意为难自己,来信上"十百千万"都有,但却无"亿"(无意),十分伤心。想着自己如此深爱对方,对方竟然忘了昔日的美好往事,她提笔写道:一别之后,二地悬念,只说是三四月,又谁知五六年;七弦琴无心弹,八行书无可传,九连

项目三　秘书沟通技巧

环从中折断，十里长亭望眼欲穿；百思想，千系念，万般无奈把郎怨；万言千语说不尽，百无聊赖十依栏，重九登高看孤雁。八月中秋月不圆，七月半烧香秉烛问苍天，六月伏天人人摇扇我心寒。五月石榴如火，偏遇阵阵冷雨浇花端。四月枇杷未黄，我欲对镜心意乱。急匆匆三月桃花随水转，飘零零二月风筝线几断。郎呀郎，巴不得下一世你为女来我做男。司马相如收信后惊叹不已，夫人的才思敏捷和对自己的一往情深，都使他心弦受到很大的震撼，于是很快打消了休妻的念头①。

由此可见，恰当的文字表达与沟通，有多么大的力量啊！

一、什么是编码

在讲话者方面，首先必须把想要表达的内容组织起来，再选择一种适当的表达方式，透过发音器官传送出去。这个过程，是密码讯息的形成，称为"编码"（Encoding）。

简言之，就是语言的组织形式。

二、影响语言编码的因素

（一）技巧

著名科学家爱因斯坦是怎么向人们介绍那深奥的相对论成果的呢？他在沟通编码的技巧运用上堪称一绝。他是这样介绍说明的："假如你同一个漂亮的姑娘一起坐在沙滩上看大海，你会觉得时间跑得太快；可是如果让你光着屁股，坐在烧红的火炉上只一秒钟，你就会埋怨时间过得太慢。这个道理懂吗？""当然懂。""瞧，这就是相对论。"爱因斯坦的一番话使周围的人茅塞顿开。

（二）知识的丰富程度

有丰富的知识底蕴，才能达到编码的艺术性和准确性。智慧一直是蕴藏在生活当中的。例如，东方属木，西方属金，南方属火，北方属水，中间属土。水火无情，是不能买卖的，所以叫买东西，不说买南北。

（三）自信度的高低

杜拉因说："信念是活泼而存在着的力量，是一种最奇妙而活动着的力量，也是存在于宇宙之中最不可抗拒的力量。"

一个人的自信与心量多大有直接关系，直接影响着沟通的成败。敢想才会做，想赢才会拼，敢拼才会赢。心被负面的思想束缚住，心量就会变得狭窄。世上没有不好的事，一切都是最好的安排。人的成就与你的认识有关，眼界狭窄就多学多看，心胸狭窄就尝试着多担当。

（四）文化背景的制约

意识形态不同，践行的教育理念各异，就会形成人与人之间在语言、行为和价值观上的差

---

① 甘永祥. 人际沟通心动论［M］. 重庆：重庆出版社，2014.

异。从沟通的角度而言，社会文化背景的不同，一定会产生不同的沟通形式，烙上独特的社会文化背景的烙印。

三、沟通通用编码技术

成功的沟通编码需要坚持"一个中心"，即"以听者为中心"。还要达到"三个标准"。第一个标准是认知，即"对不对"；第二个标准是逻辑，即"通不通"；第三个标准是修辞，即"美不美"。

（一）区分观察和评论

将观察和评论混为一谈，别人就会倾向于听到批评，并反驳我们。不鼓励绝对化的评论，而主张评论要基于特定时间和环境中的观察。提倡在特定的时间和环景中进行观察，并清楚地描述观察结果。

（二）学会提出请求

要避免使用抽象的语言，而应借助具体的描述，来提出请求。讲清楚自己想要的回应，清楚地表明自己的期待，清楚地表达我们无意强人所难。那我们该如何提出请求呢？

①使用具体的语言表达愿望。

②明确谈话的目的。如果我们只是表达自己的感受，别人可能就不清楚我们想要什么。如，妈，我口渴了；我叫你带瓶酱油回来，可是你忘了，好烦啊。对自己的认识越深刻，表达越清楚，我们就越难得到称心的回应。

③请求反馈。请求反馈能确保对方准确把握我们的意思。例如下面的例子。

教师：小王，今天批改作业时没有看到你的作业本，我想知道你是否清楚我上次布置的作业。放学后来我办公室一下好吗？

学生：好的。

老师：麻烦你说一遍我刚才请你做的事情好吗？

学生：放学后，我没法看足球赛了，因为你要把我留下来做作业。

老师：我想我没有说清楚，我的意思是，放学后，我给你讲讲我上次布置的作业。

④了解他人的反应。

⑤区分请求和命令。如何区分命令和请求呢？请求没有得到满足时，提出请求的人如果批评和指责，那就是命令；如果想利用对方的内疚来达到目的，也是命令。

> **课堂活动**
>
> 请判断下列哪些句子提出了明确的请求？
> 1. 我希望你理解我。
> 2. 请告诉我，在我做的事情中，你最满意的是哪一件？
> 3. 我希望你更加自信。
> 4. 不要再喝酒了。
> 5. 请让我成为我自己。
> 6. 关于昨天的会议，请不要隐瞒你的看法。
> 7. 我希望你能在规定的时速内驾驶。
> 8. 我想更好地了解你。

9. 我希望你尊重我的个人隐私。
10. 我希望你经常做晚饭。

活动提示：
1. 我希望你理解我。
你是否可以告诉我，我刚才说的是什么意思？
2. 请告诉我，在我做的事情中，你最满意的是哪一件？
3. 我希望你更加自信。
我希望你能参加这次培训，这将有助于你增加自信。
4. 不要再喝酒了。
你是否可以告诉我，喝酒能满足你什么需要？是否有别的方式可以满足那些需要？
5. 请让我成为我自己。
我希望你告诉我，即便你不喜欢我做的一些事情，你仍然会选择和我在一起。
6. 关于昨天的会议，请不要隐瞒你的看法。
请你告诉我，你认为昨天会议的效果如何？
7. 我希望你能在规定的时速内驾驶。
8. 我想更好地了解你。
我想多一些时间和你聊聊，不知道你能否每周陪我吃一次午饭？
9. 我希望你尊重我的个人隐私。
请你每次使用我给你的材料前，先征求一下我的意见好吗？
10. 我希望你经常做晚饭。
我希望你每周一晚上都可以做晚饭。

（来源：非暴力沟通）

（三）讲究逻辑

就是要厘清表达思路。表达就是向别人传递信息，而要确定所传递的信息是否完整、准确、易懂，就应当事先厘清表达思路，认真思考一下本次沟通的目的是什么，实现这样的目的需要传递哪些信息，这些信息应该以怎样的方式传递。思路厘清之后，可以做一些表达练习，如在大脑中多次重复想要表达的内容，并选择表达时的适当语气，这些练习会让你在正式表达时更加自信。

墨子与楚王的对话

墨子说：如今有一个人，自家有豪华轿车，却想去偷邻居家的破车子；自家有绫罗绸缎，却想去偷邻居家的破衣服；自家有美味佳肴，却想去偷邻居家的米糠糟酒。请问，这是什么人？

楚王说：病人。这人有盗窃病。

墨子说：现在，楚国应有尽有，宋国贫穷弱小，你们却要去进攻人家，这跟那病人有什么两样？

楚王没有话说。

课堂活动

完成本节开始设置的情景任务：学生在智能教学助手移动端作答；教师对答案进行统计分析与结果点评。

(四）学会表扬

表扬和赞美的心理学原理是皮格马利翁效应，也是一种重要的通用编码技术，即在沟通中多说褒扬的话，将更加有助于正向沟通。我们在表扬对方时要实事求是、注意分寸，切忌夸大性表扬。事实上，具体性的赞美、先否定后肯定、先抑后扬等是十分重要的赞美技巧。有个很经典的例子。

明代才子唐伯虎诙谐幽默，常常是妙语连珠。有一次，一官宦人家的老太太九十寿辰，老太太的儿子备了一份厚礼拜访唐伯虎，请他第二天为老太太作祝寿诗助兴，唐伯虎爽快地答应了。第二天，唐伯虎果然准时赴约。等到觥筹交错、耳热酒酣之际，主人邀请唐伯虎作祝寿诗。唐伯虎也不推辞，站起来思索片刻，用手指着老太太高声吟道："这个老太不是人。"老太太顿时横眉竖眼，极为难堪，众宾客也大吃一惊，怎么才子开口就骂人，莫不是酒喝多了说胡话？众宾客惊愕，主人也满面不悦，客厅里顿时鸦雀无声。唐伯虎似乎没有注意到别人的反应，稍停片刻，慢慢吟出第二句："九天仙女下凡尘。""好！"众宾客齐声喝彩，个个转忧为喜，主人喜笑颜开，寿星老太的脸上也泛起桃花晕。想不到才子又指着坐在老太太周围的儿孙吟出了第三句："儿孙个个都是贼。"全场空气立刻像要凝固一样，主人好不尴尬。老太太的儿孙们个个满面怒容，恨不得马上把唐伯虎赶走。又停片刻，唐伯虎指着八仙桌上的寿桃，一字一句地吟出末句："偷得蟠桃献至亲。""好诗！好诗！"众宾客一齐喝彩，掌声如潮。主人立即亲自上前敬酒，感谢唐伯虎所献的绝妙祝寿诗，老太太的寿宴也变得与众不同。

(五）保持谦逊

无论跟谁沟通，我们都应态度谦恭、注意经常使用谦辞和敬语，做人要低调，要甘于平凡，保持平和的心态，虚怀若谷，这样别人才愿意与你交流。

(六）合理幽默

幽默是运用意味深长的诙谐语言传递信息的方法，它以一种愉悦的方式让别人获得精神上的快感，对于助推沟通、建立良好的人际关系，极具作用。幽默，也是智慧的闪光，除能让人轻松愉快有助沟通外，还能助人解除尴尬，重回欢愉。有一个很有趣的例子。

相传古希腊著名哲学家苏格拉底很有才华，崇拜者无数，但就是夫人太厉害，常不给他好脸色看。一天他带着一帮弟子侃侃而谈走至家门，夫人从家中冲出，一顿数落，场面尴尬。但夫人仍不解恨，从家中端出一盆水，将苏格拉底从上到下淋了个落汤鸡，全场愕然。苏格拉底不愧是大学者，先是一愣，很快回过神来，将衣上的水一抖，哈哈大笑："我就说嘛，疾风之后，怎么没大雨。"众人也随之大笑，尴尬顿解。①

(七）学会委婉

在人际沟通中，原则问题当直话直说，其他事项应学会委婉表达。要充分考虑到人们接受的场景和接受的情绪。

(八）说妥当的话，妥当运用中国式沟通

我们在交流的时候，听对方讲话要去听他的道理而不要去听他的语气和态度。因为对方所说的话多少有一些道理，用心去听那些对自己有帮助的东西，其实是很高明的倾听技巧。不管他

---

① 甘永祥. 人际沟通心动论 [M]. 重庆：重庆出版社，2014.

项目三 秘书沟通技巧

怎么说,不要计较他说话的态度、他所用的语气、他说话的情绪、他怎么说的,这些并不重要。

(九)用语规范,表述准确

口头用语要简明扼要、通俗易懂,书面用语要反复斟酌、系统谋划。

有个人请了甲、乙、丙、丁四个人吃饭,临近吃饭的时间了,丁迟迟未来。这个人着急了,一句话就顺口而出:"该来的怎么还不来?"甲听到这话,不高兴了,心想,看来我是不该来的。于是告辞了。这个人很后悔自己说错了话,连忙对乙、丙解释说:"不该走的怎么走了?"乙心想,原来该走的是我。于是也走了。这时候,丙对他说:"你真不会说话,把客人都气走了。"那人辩解说:"我说的又不是他们。"丙一听,心想,这里只剩我一个人了,原来说的是我呀。于是丙也走了。

(十)注重类语言

要注意音质、音速、音量、音调等类语言的表达,让类语言准确地辅助有声语言表达。

课堂活动

观看电视剧《安家》中的视频片段,分析中介公司小房的沟通策略技巧。

视频:安家

任务五 有效倾听

情景任务

乔·吉拉德被誉为当今世界最伟大的推销员,回忆往事时,他常念叨如下一则令其终生难忘的故事。

在一次推销中,乔·吉拉德与客户洽谈顺利,正当快要签约成交时,对方却突然变了卦。当天晚上,按照顾客留下的地址,乔·吉拉德找上门去求教。客户见他满脸真诚,就实话实说:

"你的失败是由于你自始至终没有听我讲的话。就在我准备签约前,我提到我的独生子即将上大学,而且还提到他的运动成绩和他将来的抱负。我是以他为荣的,但是你当时却没有任何反应,而且还转过头去用手机和别人打电话,我一恼就改变主意了!"

这一番话敲醒了乔·吉拉德,使他领悟到"听"的重要性,也让他认识到如果不能自始至终倾听对方讲话的内容,认同顾客的心理感受,难免会失去自己的顾客。

思考:1. 根据案例,分析有效倾听的重要性和技巧。
2. 你了解倾听在沟通中的重要性吗?你能在沟通中做到有效倾听吗?

理论知识

一、有效倾听的含义

有效倾听是指用一种积极开放的心态,做好各种准备以后,通过积极的语言和非语言反馈,以及相应的表达技巧来听对方表述,与对方互动的一种方式,如表3-2所示。

表3-2 听与有效倾听的区别

听	有效倾听
一种天生的本能(有听力障碍者除外)	一种需要不断学习和锻炼的技巧
一种纯粹的生理机能的反应	需要智力和情绪的配合
一种简单、轻松的活动	比较复杂和困难,要借助分析、理解和判断等活动
不具有目的性,呈现自然放松状态	目的性强,需要集中精力
比较分散、多向	方向明确,要剔除杂音
听力正常者都可以做到	只有一部分人能成为优秀倾听者
很难创造价值	可以创造一定的价值和利益
可以没有任何感觉	必须积极、专心

二、倾听的作用

(一)倾听可获取重要信息,增强解决问题的能力

通过倾听我们可了解对方要传达的消息,感受到对方的感情、交流的背景和真实意图等,还可据此推断对方的性格、目的和诚恳程度。通过倾听中的提问,我们可以澄清不明之处,或是启发对方提供更完整的资料。耐心地倾听,可以减少对方自卫的意识,得到对方的认同,甚至产生同伴、知音的感觉,从而促进彼此的沟通了解。倾听可以训练我们推己及人的心态,锻炼思考力、想象力和客观分析能力。倾听有助于了解清楚事情的来龙去脉,提出建设性意见,提高专业技能和管理技能,从而增强解决问题的能力。倾听可以激发创造的灵感,世界上有不少发明创造就是听出来的。

项目三　秘书沟通技巧

第一次世界大战时还没有钢盔。一次，法国的亚德里安将军到医院看望伤员，听到几个伤员在闲谈中问一个人："炮弹爆炸时，你的头部怎么保护得好好的，一点儿没受伤？"那个人回答说："当时我急了，赶紧把一个铁锅扣到了头上。"亚德里安将军心里一动，何不让战士都戴上金属制作的帽子！于是，钢盔就问世了。

（二）倾听可掩盖自身弱点，更易形成共识

善听才能善言。俗话说"沉默是金""言多必失"。沉默可以帮助我们掩盖若干自身的弱点，少发表意见可以减少自己受别人攻击的机会。如果对别人所谈的问题一无所知或未曾考虑，保持沉默便可不表示自己的观点和立场。良好的倾听习惯能帮助我们从中发现对方的出发点、弱点和谈话的重点，让对方感到自己提的意见已充分考虑了其需要和见解，对方会更愿意接受。

（三）倾听可以增强沟通效力

倾听能够帮助自己理解别人，也有利于让别人更快地接纳自己，这将有助于人际关系的改善。倾听能够使他人感受到被尊重和被欣赏。在倾听的过程中容易了解对方的立场和观点，便于确定谈话策略和技巧；在听的过程中，能够有时间为自己的发言做好各种准备，进行心态调整，从而增强针对性和感染力。倾听有助于深入了解他人的内心世界，知道他人的所思所想，使你真实地了解他人，增强沟通效力。

卡耐基曾说，专心听别人讲话的态度，是我们所能给予别人的最大赞美。倾听能让交际对象感受到你的真诚，更易于获取友谊和信任。倾听能让说话者觉得自己的话有价值，他们会愿意说出更多更有用的信息，他们能够因为感到受尊重而获得满足感，体现出倾听者良好的教养。尊重对方的最好体现就是让对方拥有讲话的权利。积极的倾听会让说话者觉得自己的话有价值，他们会愿意说出更多更有用的信息。称职的倾听者还会促使对方的思维灵敏，启迪对方进一步言谈的欲望，双方皆会受益匪浅，从而实现有效沟通。

（四）倾听可以获得友谊和信任，改善人际关系

倾听是双方进行交流互动的重要前提。玛丽·凯说过："一位优秀的管理人员应该多听少讲，也许这就是上天为何赐予我们两只耳朵一张嘴巴的缘故吧。"全球知名成功学家戴尔·卡耐基曾经说过："在生意场上，做一名好听众远比自己夸夸其谈有用得多。如果你对客户的话感兴趣，并且有急切想听下去的愿望，那么订单通常会不请自到。"倾听能够了解对方真实的心态和语义，能够获得对方的信任和认同。

三、有效倾听的准备

（一）心理准备

在倾听前应注意要有专注、积极、客观、真诚的心态，应约束自我，停下手中所有的事，全心全意地做好倾听的准备。要调整好自己的情绪，提醒自己要评判信息而不要想着去批评人。

（二）环境准备

应保持倾听环境的安静，营造不容易分心的沟通氛围；应努力让自己与谈话者处于同一高度或平等的位置，应努力寻求与谈话主题相符合的环境氛围。选择讲话者精力充沛、不是很忙的时候沟通。设法排除干扰，营造安静、平和的氛围，使讲话者处于身心放松的状态。提前安排好

桌椅的位置。主动关掉手机，或将手机设为静音状态。

四、有效倾听的技巧

秘书有效倾听的艺术

（一）形式多元

倾听的主要形式可以分为三种：迎和式、引诱式和劝导式。

迎和式。就是采取迎和的态度与对方交流，适时地对对方的话表示理解，可以点点头或者简短地插话，尽量保持与对方观点和态度的一致，这样容易消除对方的对抗心理，拉近与对方的距离。

引诱式。就是在倾听的过程中通过诱导式或假设式提问，诱使对方说出其真实观点或全部想法。

劝导式。就是当对方说话偏离了谈话的主题或有明显的观点错误时，通过运用恰当的语言，在不知不觉之中转移话题，把对方的话题拉回到主题上来。使用劝导式必须注意转移话题要自然、婉转，否则容易引起对方的反感，认为你粗暴地打断了他的话，那样反而得不偿失，不如不用[1]。

（二）少说多听

在倾听过程中应学会仔细、耐心倾听；学会有效运用沉默，切忌在谈话过程中先入为主，东张西望，三心二意。切忌在谈话过程中随意打断对方讲话。在倾听对方谈话时，应该认真地听完，并正确领会其真实意图。如果没有听明白，想进一步了解情况，或者想提出不同的意见，应该等对方把话讲完后再插话，而且应使用礼貌的语言，如"请允许我打断一下""请让我提个问题，好吗"等。

（三）专心凝神

专注地倾听对方的说话是对交际对象最大的尊重。要用百分百的注意力，不要分心，要为对方说话留够充足的时间和空间，要有足够的忍耐力，要在听话过程中总结出对方谈话的关键和要点。要主动去听，集中精力听讲话者所说的话，注意力集中在表示信息重点的关键词或短语上，这样才能跟上对方的思路，明白对方的意思。听话时应取消预先判断，不要认为自己具备在别人把话讲完前就找出问题所在的能力。事实上，如果听者反应太快，对方就会觉得话不投机，从而使听者可能漏掉寻找最佳解决办法所需要的有价值的信息。因此，在倾听时，不要急于下结论，不要让自己的偏见影响你对信息全面准确的接收。听话时应注意观察对方的非语言信息，理解讲话者的感情，弄清讲话者实际上正在说什么。要努力维持大脑的警觉，使大脑处于兴奋状态，专心倾听不仅要求健康的体质，而且要使躯干、四肢处于适当的位置。全神贯注地倾听不仅需要用耳朵听，更要用全身心去听，要自然和放松，不要被其他东西分神。总之，要让对方切实感受到你在认真听他讲话。

（四）注视观察

倾听时应身体倾向对方，学会注视并观察对方，眼神交流很重要。交流时视线应平视对方，一般注视对方双眉至嘴部之间的区域，必须同时注意语言和非语言所传达的信息。眼神不应是

---

[1] 郭春燕, 曹霞. 客户服务（教师用书）[M]. 北京：中国人民大学出版社, 2002.

项目三 秘书沟通技巧

直直地或肆无忌惮地盯着对方,而应面带微笑,保持友善的注视。

(五)身体倾听

用积极的身体语言来倾听、用积极的体态来呼应沟通对方,是一种非常有效的倾听策略和倾听素养。在倾听时要注意面朝对方,保持沟通时的90°黄金夹角,注意站立式倾听,身体前倾、频繁点头等,如图3-6所示。

在倾听过程中应保持神态谦恭,身体应侧向讲话者,保持上身挺拔并且稍向前倾,目光注视着对方,通过点头、微笑等身体语言向对方表示关注,倾听过程中不要过早下结论。要让对方明白你重视他的看法,表明说话的人是你的注意中心。要依据

图3-6 倾听时保持90°黄金夹角

你和对方之间关系的亲疏程度来确定倾听时你和对方之间的距离,距离的远近与关系的亲疏成正比。倾听时需要我们排除干扰,关注讲话内容,而不要评价讲话者的观点或者急于发表自己的见解。我们在倾听过程中的整个身体态势应注意采用SOFTEN法则。这个法则是指导我们沟通过程中的要素,每个字母代表一个要点。

微笑(Smile):在倾听过程中应保持微笑。微笑是接纳对方的标志,让人觉得安全与舒服,能消除对方的警戒心。发自内心的微笑有一种天然的亲和力,能够让对方更加津津乐道。

开放(Open):指以开放的身体姿势面对对方,显示出包容和客观平和。比如张开双臂表明你有全身心的接纳和坦诚无私的胸怀,双手交叉于后或抱于胸前都会让人感到你的警惕与隔阂。

前倾(Forward):身体微微前倾,拉近你跟他的距离,表示你在听他讲话,并且很有兴趣,这不仅是对他的一种尊重,而且可以激发他继续表达的欲望。

接触(Touch):大家见面时或分手时握手、拥抱,身体的接触能展示友好与热情。

眼神(Eye):眼神的交流,显示出默契与内心的交流,尤其是言语难以表达自己的内心时,此时无声胜有声,眼神的作用是巨大的,应注意谈话时眼神交流的时间和注视的区域。

点头(Nod):来而不往非礼也,有说无答难继续。点头不仅表示你在专注听他说话,而且表示你理解了,并同意他的观点。心理学家的研究结果显示,聆听者每隔一段时间向说话人做出一个点头的动作,不仅能激发说话人的表达欲望,而且可以使他比平时更健谈。

(六)多样反馈

倾听的过程中应注意使用鼓励、澄清、复述、提问等方式来进行积极反馈,积极的反馈也是对对方谈话的一种积极的鼓励。在表达自己观点的同时应该注意不要随便评价,不要轻易发表倾向性意见,更不要随意做出泄密、插话、补充、质疑、纠正、批评等不礼貌的行为。倾听时应避免先入为主,不要急于下结论,不要让自己的偏见影响你对信息全面准确地接收。

视频:《青瓷》张国立拿鱼说事

在倾听时可以采用启发性的短句、词语给予反馈,鼓励对方进行深入发言。比如:你看上去很高兴/请你接着说/这是怎么回事/你好像有心事/你是说……/我的看法和你一致/我很欣赏你刚才的观点等。通常,为了鼓励对方继续讲下去,可以在对方说话时做出一些简洁的呼应。比如"后来呢"(表示想知道进一步的情况)、"的确如此"(表示同感和非常肯定)、"怎么可能"

（表示踌躇），"真的吗"（表示无法相信或惊讶），"真是的"（表示不可思议或安慰），"你说什么"（表示无言以对或打断），"你先讲"（表示礼貌尊重或理解），"原来如此"（表示恍然大悟）等。

倾听时还可以运用类语言、态势语等加以反馈。比如在倾听的过程中不时地点头、微笑等。沉默也是一种有效的反馈，它可以表示支持和信任的含义。比如沉默不语，保持适当的目光接触，不时点头并微笑，这表明你赞同对方的意见或鼓励对方继续讲下去；也可以表示"被讲话人打动"的意思，比如长时间沉默不语，目光较长时间保持固定不变，且表情与讲话人所要表达的情感相符合，这表明你已进入对方所描述的情境之中。

澄清就是询问具体信息，避免理解的偏差，确认信息。一般可以采用"能不能告诉我……""说具体点""什么使你……""你的意思是……""你能详细说一下……""你是说……"等句式。

比如，当听到对方说"我真是不想理他了"，其实对方不一定真是这个意思，所以我们可以通过提问来澄清对方的意思："你的意思是打算跟他分道扬镳吗？"

对方回答："不是那个意思，我只是希望互相拉开一点距离。"

或者问对方："你说不理他，具体是什么意思？"

对方回答："我们在一起的时间太多了，但我有别的事情、别的朋友，我需要偶尔独处。"

这样就明白对方的真实意思了。

可以采取转述、强调、提问等方式来复述对方的话，这样有利于进一步沟通。

比如，当对方说："我忘不了他，他对我太好了。"可以采用以下的复述技术来表示你在有效倾听。

A. 让对方感知到你理解他。

可能的回答：

你不应该再想他了，这样你会受不了的（表示建议）。

慢慢就好了，时间改变一切（表示安慰和否认）。

B. 感同身受的回答。

是啊，他对你那么好，确实很难忘掉啊。

对自己这么好的人，很难找啊，哪里说忘就能忘呢。

这么好的一个人，怎么可能忘记得了呢（既复述事情又复述情感）？

还可以采取复述关键词的方式，表示对对方表述的主要事件的重视，并将其反馈给说话人。例如：

员工："我们的工作所面临的挑战越来越大了。"

秘书："的确竞争越来越大了"。

应学会采取开放式或封闭式问题来鼓励对方谈话，应把握好提问的时机。

员工：今天真郁闷，陈主任总说我的发型不好看，我都怕见到他了。

秘书：你很在意她的说法？

员工：我倒是不在意，她老这样说，别的同事也会听到的。

秘书：你觉得你的发型好不好看？

员工：我觉得挺好的，我很喜欢这个发型。

秘书：你担心别的同事会和她一样嘲笑你？

员工：嗯。

秘书：有没有同事和你的眼光一样？很欣赏这个发型？

员工：不知道。

秘书：陈主任说出来不喜欢这个发型，也可能有很多同事欣赏这个发型，只是没有说出来，对不对？

员工：也许吧。

在语言反馈时要注意这几点：第一，在对方言毕随即说出自己的感觉。用语言和表情反馈你听到对方话后的感受。比如，"听起来，你似乎现在面临很大的压力"。第二，对对方的立场表示理解。即使你不同意他的观点，也要接受这些感觉的合法性。如"当你看到销售量逐月减少时，我看得出来你不喜欢在企业一线工作"。第三，鼓励对方进一步表露。当对方告诉你一个事实或一个观点时，让别人告诉你更多的内容。"你可以更多地告诉我一些具体发生的事情吧？"第四，在表达自己观点的同时应该注意不要随便评价，轻易发表倾向性意见。第五，要识别情感，注意理解对方言谈的真实意思或言外之意。如听到朋友说"我要把我的妻子打一顿！"以后，应注意理解与辨析这句话的真实感情，以便于与谈话对象做进一步的沟通与交流。在听话时应学会换位思考，与对方交流时应三思而后行。

（七）情绪适应

倾听者要注意和对方的情绪保持同步，要活用贴心的肢体语言，倾听者一动不动会让人紧张。肢体上配合说话者能让沟通更顺畅。应学会在倾听过程中适应对方的情绪，与对方产生情感互动，对方高兴的时候，听话人也由衷地高兴；对方悲伤的时候，听话人也真诚地难过。比如下面这个例子。

秘书：王主任，今天真倒霉，我发言时居然忘词了，说不下去了，同事还幸灾乐祸，气死我了。

王主任：居然有这样的事情？你一定很生气吧？

秘书：当然了。不过还好，一会就忘了。

王主任：不要给自己这么大的压力，每个人都有犯错的时候，不过你这么会调整情绪，我真高兴。

（八）捕捉关键

倾听时应学会记忆，要善于从对方的谈话中找出重点或基本观点，也可以利用工具，比如纸笔等将对方的谈话重点加以记录，体现出对对方的重视，便于和对方进行进一步交流。

谈话重点一般是与实现谈话目标紧密相关的内容。对方话语中对关键信息的提示包括：直接指出该信息要特别注意；同一个信息重复几遍；在开始或结尾提出的纲领性观点；停顿，或在说话前寻求目光的交流；在一句话之前加语气词"啊"；比平时说得更大声或更柔和；比平时说得更缓慢。倾听时还要善于捕捉"弦外之音"。有些口头修饰语是讲话者有弦外之音的标志，这样的口头修饰语如"当然""只有""仅仅""自然""现在""稍候""的确""只是""仍然""又""轻微""看上去""按理说""想当然""拜托""我确定""我猜"等（如表3-3所示）。

表3-3 口头修饰语的隐含意义

陈述	弦外之音
"这只是一个游戏而已。"	你怎么回事，太当真了吧！
"你后来当然醉了。"	不然你的一大堆蠢话/蠢行怎么解释？
"我只是实话实说。"	如果接受不了我的坦诚，你一定有问题。
"按理说，你应该想去。"	如果你不想去，就不对劲了。

续表

"你还在这儿？"	你不该在这儿。
"我仅仅说了一个观点而已。"	你为我的一个观点就怒发冲冠，那是你的问题。
"拜托，让我们安静一下吧。"	你怎么回事，太闹腾了吧。
"你究竟还想要什么？"	你要求太多了，简直是在挑战我的耐心。

正式场合，提高听的效果的关键是训练有素地做记录。做记录可以根据实际情况采取以下方式：大纲式，即通过记录一句话、关键词或者用大写字母、画圈、下划线等符号记录对方讲话重点的记录方式；集合式，对短的发言，把重点（通常讲话者开头说的话）写在记录纸的中间，然后在四周记支持性的观点；数字列序的方式，通过数字序号标示出关键词出现的次序，从而便于听话者回忆对方谈话内容；图解和组织结构，用框图和各种符号展示出关键词之间的逻辑关系。

技能训练

观看下面的视频，分析视频中荷妈在沟通过程中所用到的倾听技巧。

视频：沟通培训——同理心

课堂练习

任务六　有效询问

情景任务

情景1

上司："钟苗，这次内训班还可以吧？"
钟苗："哦，是的……我觉得很不错。"
上司："太好了，再见。"

情景 2

上司："钟苗，这次内训班怎么样？"

钟苗："哦……老师讲得很认真，但就是理论性太强，要是能再多结合工作实际举点例子就好了。"

上司："啊，原来是这样，看来下次我们要对培训讲师有所要求才行。"

情景 3

上司："钟苗，你如何评价这次内训班的质量？"

钟苗："哦……很难。"

上司："老师怎么样？偏重理论对不对？"

钟苗："我想他应该……"

上司："本意是好的？"

钟苗："不，不完全是。"

上司："钟苗，我很同意你的观点，我得走了，再见。"

请指出以上情景对话中提出问题的类型和方式有哪些？请分析其利弊。

理论知识

一、询问的作用

询问在客户沟通中起着重要作用。有效地询问可以使客户围绕针对性询问做出回答，是了解客户需求、加强亲和力的有效途径；有效询问，使沟通事半功倍；在沟通的过程中，适时、正确、有效地提问是获取详细信息、激发对方交谈兴趣、使自己主动积极参与交谈的重要手段；适当的提问还可以建立感情，表达自己的诚意。在本任务中，我们将学习几个常见的有效提问的技巧。

沟通是靠问与听的。良好的询问与聆听，可以获得有效信息并使对方感受到尊重与表达的畅快。

（一）获得信息

人与人的沟通，情境性和即时性很强，很多交流在特定的情景下方才表达出特定的含义；不同人的性格和语言表达能力也有差别，有的直接、有的委婉，所以询问是获取沟通真实信息的重要手段，是沟通进一步深化的重要环节。如下面这个例子。

当老奶奶经过小贩跟前的时候，小贩热情地招呼："老奶奶来买李子呢！"

老奶奶："嗯啊，我来买酸的李子。"

小贩："老奶奶啊，别人都挑又大又甜的李子，您怎么买又小又酸的李子呢？"

老奶奶说："我儿媳妇怀孕了，特别想吃酸的东西。"

在这段对话中，正是通过小贩针对性的询问，才使老奶奶说出了买酸李子的缘由。因此，询问有助于沟通时获取对方信息。

（二）有助于了解客户的真实需求

客户在回答询问时，我们可以从客户的话语、神情、态度等方面看出客户的喜好、厌恶、倾向与需要，还可以从客户不经意的回答中判断出其真实需求。

（三）建立亲和力

主动热情的寒暄是一种对客人的尊重；针对客人兴趣点与自豪点的询问，是最好的欣赏与友善，自然客人也反馈以滔滔不绝与亲和关系。

二、询问的内容

想要通过询问来拉近与客户的距离，就要知道什么时候询问、询问哪些类别的问题、以及问到什么样的程度。客户的类型多种多样，优秀的秘书要根据不同客户的区别和特点寻找其感兴趣的话题，加以询问和适当的附和，这样才能取得良好的沟通效果。这有些类似"开场白"，例如对为人父母者，可以提及孩子的学习、兴趣等；对年轻男士可以谈体育、旅游、汽车等话题；对年轻女士可以谈服饰、时尚、电视剧等话题；对年长者可以多提及当年的辉煌，以及天气、旅途情况。稍作礼仪性寒暄后就针对目的、具体要求进行询问。

三、问题的类型

（一）封闭型问题

封闭型问题是指在特定领域内得出特定答案（如"是"和"否"）的问题，它可以体现提问者提问的某种导向或期望，或者通过使客户在限定的范围内做答使发问者获取较为准确的信息，这是确认事实的最佳方法。如下面的例子。

"你们同不同意对迟到的人进行经济处罚？"
"您要双人间还是单人间？"
"您喜欢咖啡吗？"
"您决定住下吗？"

封闭型的问题用于核查事实，要带着明确的目的使用它，问题提出者可以很快得到明确的信息，能够引导答话者按照一定的方向进行回答。其缺点是由于这种问题的性质对答案做了极大的限制，容易迫使对方选择两者之一的极端答案，而很难提供问题的细节。

（二）开放型问题

开放型问题是指没有固定答案能够让对方充分表达自己的观点、提供信息细节的问题。开放型问题的主要特点是不限定答案，让答题者自由发挥。比如下面的问题。

"请你谈谈对王主任的印象"
"你为什么会有那样的想法？"
"先生，您需要什么房间？"
"您对装修有什么考虑？"
"目前贵公司的发展战略是怎样的？"

这类问题的优点是能够揭示出大量关于个人态度、信念和动机的信息，能够给对方一个很好的表现自我的机会，能够很好地揭示对方能否集中思想、组织语言和在无引导提示的情况下表达自己的态度和观点。

（三）引导型问题

引导型问题是指对答案具有强烈暗示性的问题，它几乎使对方毫无选择地按发问者所设计的答案作答。

例如,"这样报价对你我都有利,是不是""贵公司的信誉一向良好,相信此次合作贵公司一定会按期付款的,对吗"。

这类问题暴露了提问者的观点,所以使任何有意识的人都会回答提问者想听到的答案,这种提问方式主要用于期望得到肯定答复的情况,比如说服或者推销工作中经常采用它。这种问题的缺点是容易使对方由于有了明确的标准答案而感到沉重的压力和受到攻击。例如,提问者问:"你在单位干得不怎么样,是吗?"这是要求面谈者被迫给出"对"的答案。

(四)假设型问题

假设型问题是指为对方假设某种相应的情景并提出问题,让对方自由发表自己的观点,有助于鼓励对方评价、分析、推断或表达其感受。这是一种引发对方思考、想象的提问,主要是要给对方一个假设或想象的空间,使对方经过思考后对预测的结果有强烈的感受。分为开放型的假设型询问、封闭型的假设型询问。

1. 开放型的假设型询问

如,"假设我与你一起处理这位客户的投诉,你认为我可以做哪些事情"。

"若住 405 房间,那是可以看江景的,明天中午看江涨潮,想象一下那是多么有意思呢!"

"要是再这样贪玩,设想一下,两年后你指望考上哪所大学呢?"

2. 封闭型的假设型询问

如,"您想象一下,按照这个方案,你女儿回来会不会非常高兴呢?"

"假如你穿着这套衣服去相亲,会不会让人眼前一亮呢?"

这种问题通常是用来测试对方的智力水平和创造性的,例如,"假设你负责公司对日本的出口市场部,东京的股票市场刚刚暴跌,你会怎么办?"

假设型问题还用于辅助或咨询,来帮助别人探询以前没有考虑过的情况,例如,"如果我们能够为你申请到助学贷款,你觉得你会怎样安排这三年的学业呢?"

假设型问题对确定对方处理工作中可能出现的问题的能力,或考察某人如何提出实际中需要的建议是有效的,同时对发现对方的偏见、陈规旧习及其态度、信念和价值观也是有用的。这种提问方式的缺点是如果提出的假设太不着边际,就会无法了解对方的个性和价值观,而更像是提问者在自说自话。例如,"假设世界上只剩你一个人的时候,你听到有人来敲门,这时你会怎么办?"

> **课堂活动**
>
> 完成本节开始设置的情景任务:阅读情景案例;分析案例中提问的类型和方式,分析利弊;分组交流。

四、询问的策略

询问引导思考与回答,有效的询问可以让客户顺畅地思考与充分地回答,询问方式的组合可以收获不同方式的回答,包括不同数量、广度与深度、与成交接近度的各种回答信息。

一般情况下的沟通询问采用如下程序:

采用开放式问题询问→采用封闭式问题询问→采用假设式问题询问→采用引导式问题询问→………→采用封闭式问题询问。

形似图 3-7 上大下小的漏斗。

图 3-7 询问模型图

现代秘书办公实务

> **课堂活动**
>
> 判断下述问题属于什么类型的提问方式？分组讨论交流并派代表发言；教师点评与总结。
>
> 活动材料：
> (1)"您是决定要这款沙发还是那一款呢？"
> (2)"您对我们产品的质量有什么看法？"
> (3)"您的意思是目前的方案还有待完善，是这样吗？"
> (4)"想象一下，按这个方案你的家里是多么地富有书香气息啊！"

五、有效询问的注意事项

注意提问的时机。应在对方谈话告一段落之时提问。应考虑到问题提出的顺序，不要先问需要时间考虑的复杂问题。

注意提问的内容。提问时应注意换位思考，主要就当前的、对方容易回答的问题提问。要确信问题有针对性和建设性，并且问题不会引起对方的尴尬，如表3-4所示。

表3-4 换个说法

原来的说法	换个说法
等一下，我不明白这一点	你能再重复一下最后一点吗
这一点意义都没有	你是不是说……
这太荒谬了，我一点都不理解	我们总结一下好不好

注意提问的形式。有效提问的最佳形式是"陈述语气+疑问语缀"。另外，所提的问题主要分为限定性问题和非限定性问题两种。

注意提问的类型。提问的类型主要有封闭型问题、开放型问题、引导型问题、假设型问题等，在与对方进行沟通的过程中，应注意针对不同的情况选择恰当的问题类型进行提问。

注意清晰地表达。应使用具体、明确的语言，以便所有的观点都清楚地表达并被理解。提问时应用真诚的态度、适当的语调、中等的语速进行问题表述，切忌提问时操之过急、含含糊糊。

注意提问的禁忌。提问时应注意区分场合和情景，做到公私有别、看对象说话。对于对方的年龄、婚姻状况、健康状况、收入情况、家庭情况、个人经历、所忙事务等隐私性的话题，以及涉及宗教信仰和民族信仰的问题，一般都要回避。

课堂练习

任务七 态势语沟通

情景任务

公司秘书小王做事勤勤恳恳，能力也还行。但是，一次赵总在和人事部主任聊天的过程中，

项目三　秘书沟通技巧

提及到小王的工作表现,"小王哪方面都好,就是每天脸上总是愁云满布,很少看到他笑,是对我的工作安排不满意还是对我个人有意见呢?"

思考:你认为态势语在生活和工作中重要吗?它有哪些规范?

理论知识

一、态势语的含义及作用

(一)含义

态势语主要指由身体及其姿态延伸的空间所形成的行为动作体系,一般包括目光、面部表情、身体动作、姿态和手势等多种形式。态势语在人际沟通中有着重要的意义。

(二)态势语的作用

1. 辅助口语表达,增强沟通的有效性

《诗·大序》里说:"言之不足,故嗟叹之。嗟叹之不足,故咏歌之。咏歌之不足,不知手之舞之足之蹈之也。"态势语具有真实、形象、生动、直观、个性化的特点,能够有效弥补口语表达的不足,增强表达的准确性和丰富性。人们运用语言来沟通思想、表达情感,往往有词不达意或词难尽意的感觉,因此需要同时使用态势语来协调帮助,或弥补言语的局限,或对言辞的内容加以强调,使自己的意图得到更充分更完善的表达。例如,当别人在街上向正在行走的你问路时,你一边告诉他怎么走,一边用手给指点方向,帮助对方领会道路方向,达到有效的信息沟通。

2. 增强影响力

据英国心理学家阿盖依尔等人的研究,当语言信号和非语言信号所代表的意义不一致时,人们相信的是非语言信号所代表的意义,而且非语言交际的影响是语言的43倍。

3. 辅助信息传递

人要向外界传达完整的信息,单纯的语言成分只占7%,声调占38%,另外55%的信息都需要由非语言的体态语言来传达。在沟通中将态势语与有声语言结合起来使用能够使表达的含义更精彩、更准确。

4. 表达情感

态势语的主要作用是表达感情和情绪。例如,相互握手表示良好人际关系的建立;父母摸摸小孩子的脑袋表示爱抚;夫妻、恋人、朋友间的拥抱表示着相互的爱恋和亲密。在历史上,管宁通过"割席"这个无声行动拉开了同不专心学习的伙伴华歆的距离;汉文帝垂询贾谊时,"夜半虚前席"则缩小了君臣之间的距离。

5. 展示风采

态势语使用得当,可以更完整地体现主体的内在气质、风度和人格。

课堂活动

观看视频《刘备摔子》,分析说明态势语在沟通中的作用。

视频:刘备摔子

二、常用态势语

（一）目光语

罗夫·瓦多·爱默生曾说过，人的眼睛和舌头所说的话一样多，不需要字典，却能够从眼睛的语言中了解整个世界，这是它的好处。研究表明，在各种器官对刺激的印象程度中，眼睛对刺激的反应最为强烈。各种器官各自所占比例分别为：视觉87%、听觉7%、嗅觉3.5%、触觉1.5%、味觉1%。可见，目光接触在人际沟通中有极为重要的作用。

目光的作用有以下四个方面。

1. 提供信息：眼神注视可以提供喜欢、注意程度或互动者的地位差异等信息。当我们不愿被他人打扰时，我们会尽量避免与对方的目光接触；当人们想和他人建立关系时，则可能会看着对方。

2. 表达情感：目光能准确地表达友爱和敌意、幸福和痛苦、快乐和悲伤等人类情感。有敏锐观察力的人可以从一个人的目光中感知其情绪、情感和态度的变化。

3. 距离控制：目光接触可以表示彼此的距离。一般来说，沟通双方的关系越密切，接纳程度越高，目光接触的次数就越多，每次接触保持的时间也就越长。目光还可以表现对他人的不屑一顾，显示自己的优越感。有人用目光来"拒人千里之外"，表示自己与他人之间的社会距离。当高位者想要显示他们的权力、控制他人的行为或说服他人时，他们在讲话时注视别人的次数将会增加，这种行为被称之为视觉支配行为。

4. 促进任务的达成：在无法进行语言沟通，或两人距离太远，或在一个非常安静的场合里，不适合用语言沟通时，视觉注视也可以协助我们达成任务。除了眼神之外，瞳孔的大小也能表达个人感兴趣或情绪唤起的程度。

目光语主要由视线接触的时间、方向以及瞳孔的变化三方面组成。与人交谈时，视线接触对方脸部的时间应占全部时间的30%~60%为宜。与人沟通时视线最好平行，表达客观、理智、平等的意思。如果视线朝上，一般表示对对方的尊敬和期待的含义，朝下则表示爱护、宽容或是傲慢的含义。在高兴、肯定和喜欢时，瞳孔必然放大，眼睛会很有神；而当痛苦、厌恶和否定时，瞳孔会缩小，眼睛会无光。

（二）面部表情

人的面部数十块肌肉可以做出上百种不同的表情，准确地传达各种不同的内心情感状态。与目光一样，表情可以有效地表达肯定与否定、接纳与拒绝、积极与消极、强烈与轻微等各种情感。由于表情可以随意控制，而且表情的线索容易被觉察，因而它是十分有效的身体语言途径。

心理学家的研究发现，虽然任何一种表情都是整个面部肌肉的整体功能，但面部的某些特定部位对于表达某些特殊情感所起的作用更大。在一般情况下，表现厌恶的关键部位是鼻、颊和嘴；表现哀伤的关键部位是眉、额、眼睛和眼睑；而嘴、颊和眉、额对于表现愉悦特别重要。恐惧主要是由眼睛和眼睑表现。

常见的面部表情主要有以下几种。

嘴部表情：张嘴露齿表示愉快；咬牙切齿表示愤怒；撇撇嘴表示藐视；舔唇表示接受（同意）；嘴唇紧闭，下唇突出时，表示不同意；用力上下咬牙，使两颊肌肉颤动，面颊紧张，也表示不同意；噘嘴，表示不高兴、不愿意。

鼻部表情："嗤之以鼻"表示轻蔑；屏住呼吸是紧张小心；愤怒则张大鼻孔；奉承则"仰人鼻

息"；把食指顶在鼻翼旁，表示怀疑；将食指放在鼻孔下，有告诉对方自己感到不愉快的意思。

眉毛：扬眉表示得意；皱眉表示愁苦；竖眉表示愤怒；眉毛完全抬高表示难以置信；半抬高表示大吃一惊；半放低表示大惑不解。

微笑：微笑是最有益于人际沟通的面部表情。微笑表明你对人的尊重、友善、欣赏和赞同，也表明你心地善良，表明你有一个好心情。自然的微笑可打破僵局；轻松的微笑可淡化矛盾；坦然的微笑可消除误解；真诚的微笑会使你成为沟通中的常胜将军。

（三）手势

案例分析

曾任美国总统的老布什，能够坐上总统的宝座，成为美国"第一公民"，与他的仪态表现分不开。在1988年的总统选举中，布什的对手杜卡基斯猛烈抨击布什是里根的影子，没有独立的政见。而布什在选民心中的形象也的确不佳，在民意测验中他一度落后于杜卡基斯十多个百分点。未料两个月以后，布什以光彩照人的形象扭转了劣势，还领先十多个百分点，创造了奇迹。原来布什有个毛病，他的演讲不太好，嗓音又尖又细，手势及手臂动作总显出死板的感觉，身体动作不美。后来布什接受了专家的指导，纠正了尖细的嗓音、生硬的手势和不够灵活的摆动手臂的动作，结果就有了新颖独特的魅力。在以后的竞选中，布什竭力表现出强烈的自我意识，改变了原来人们对他的评价。在竞选中，他身穿卡其布蓝色条子厚衬衫，以显示"平民化"形象，终于获得了最后的胜利。

1. 手势的含义

手势是人们常用的一种肢体语言，主要包括从肩部到指尖的行为动作体系。不同国家、不同地区、不同民族，由于文化习俗不同，手势的含义也有很大差别，甚至同一手势表达的含义也不相同。所以，用手势表达意思要正确恰当。

手势在沟通时有着重要的作用，它可以加重语气，增强感染力。大方、恰当的手势给人以肯定、明确的印象和优美文雅的美感。一般认为，掌心向上的手势有一种诚恳、尊重他人的意思，向下则显得不够坦率、缺乏诚意等，有时是表示权威，如对女士行礼，开会时领导要求"安静"等。

2. 手势语的类型

①指示性手势语。指示性手势语能够明确表明方向、地点或某个物体。例如，引导宾客时，应用右手进行指引。指示性手势语的正确姿势为：手指自然并拢，在同一平面上，与地面呈45°，指示正确方向。

②情绪性手势语。情绪性手势语是表达人情绪的手势语言。例如，拍手表示喜悦（见图3-8）；两手相交叉表示精神紧张等。

③象征性手势语。象征性手势语是用生动的手势表示约定俗成的抽象概念。同样的手势语在不同的民族或地域代表不同的含义，因此，了解象征性手势语是非常必要的。常见的象征性手势语如图3-9所示。

图 3-8 拍手的手势

图 3-9 不同的手势

向上伸拇指：在中国表示"棒""厉害""了不起""做得好"，是一种赞扬、佩服的意思；在美国、法国、印度，这一手势表示搭车；在日本则表示"男人""你的父亲"；在韩国有"首长""部长"之意；在澳大利亚竖大拇指是一个粗野的动作。

向上伸小指：在中国表示"最小的""倒数第一"；在日本表示"女孩""恋人"；在美国则表示"懦弱的人"或是"打赌""一定"的意思。

"OK"型手势：拇指、食指相接成环形，其余三指伸直，掌心向外。OK 手势源于美国，在美国表示"同意""顺利""很好"的意思；在法国表示"清零"或"毫无价值"；在中国，表示数字"0"或"3"，现该手势也普遍用于表示"同意""顺利"之意；在日本表示兑换货币或询问某些东西的价钱；在土耳其或巴西是表示"粗俗下流"等侮辱性的意思；在希腊，则表示"男同性恋"的意思。

"V"字手势：伸出食指和中指，其他手指回收，这就是标准的"V"字手势了。这一手势所表达的意思主要是"胜利""开心""幸运"等积极的意思。但这仅仅是手心向外时"V"字手势所表达的意思，如果对方在做出"V"字手势时手心向内，那表达的则是"滚蛋"等一些带有侮辱性质的意思。英国人用"V"字手势来命令对方"缴枪投降"，而在其他的一些欧洲国家中，"V"字手势所表达的意思仅仅是数字"2"而已。[①]

3. 手势表达规范

规范的手势应当是手掌自然伸直，掌心向内向上，手指并拢，拇指自然稍稍分开，手腕伸直，使手与小臂成一直线，肘关节自然弯曲，大小臂的弯曲以 140° 为宜。

在做手势时，要讲究柔美、流畅，做到欲上先下、欲左先右，避免僵硬死板、缺乏韵味，同时配合眼神、表情和其他姿态，使手势更显协调大方。手势在不同的区域表达具有不同的含义。人体的肩部以上称为手势表达的上区，手势在该区域的运用具有积极肯定之意，比如宣誓、举手发言、挥手致意等；人体的肩部至腰部称为手势表达的中区，手势在该区域运用具有客观平和之意，如商务谈判、人际交流时的手势；人体的腰部以下称为手势表达的下区，手势在该区域运用具有消极否定之意，如单手捶桌子、双手在下区外摊表示无奈和拒绝等。

秘书运用手势宜少不宜多。多余的手势，会给人留下装腔作势、缺乏涵养的印象。秘书应避免出现不良手势，以使别人反感，严重影响形象，比如不能当众搔头皮、掏耳朵、抠鼻子、咬指甲、手指在桌上乱写乱画等。

4. 秘书工作中的常用手势

①横摆式。在表示"请进""请"时常用横摆式。做法是，五指并拢，手掌自然伸直，手心向上，肘微弯曲，腕低于肘。开始做手势应从腹部之前抬起，以肘为轴轻缓地向一旁摆出，到腰部并与身体正面成 45° 时停止。头部和上身微向伸出手的一侧倾斜，另一手下垂或背在背后，目视宾客，面带微笑，表现出对宾客的尊重、欢迎。如图 3-10 所示。

②前摆式。如果左手拿着东西或扶着门时，这时要向宾客做向右"请"的手势时，可以用前摆式。即五指并拢，手掌伸直，由身体一侧由下向上抬起，以肩关节为轴，手臂稍曲，到腰的高度再由身前右方摆去，摆到距身体 15 cm，并不超过躯干的位置时停止。目视来宾，面带笑容。也可双手前摆。

③双臂横摆式。当来宾较多时，表示"请"可以动作大一些，

图 3-10 横摆式

---

① 朱建国. 微表情 微反应 [M]. 北京中国华侨出版社，2013.

项目三 秘书沟通技巧

采用双臂横摆式。两臂从身体两侧向前上方抬起，两肘微曲，向两侧摆出。指向前进方向一侧的臂应抬高一些，伸直一些，另一手稍低一些，曲一些。也可以双臂向一个方向摆出。双臂横摆式如图3-11所示。

④斜摆式。请客人落座时，手势应摆向座位的地方。手要先从身体的一侧抬起，到高于腰部后，再向下摆去，使大小臂成一斜线，如图3-12所示。

⑤直臂式。需要给宾客指方向时，采用直臂式。采用直臂式时，手指并拢，掌伸直，屈肘从身前抬起，向需要指引的方向摆去，摆到肩的高度时停止，肘关节基本伸直。

图3-11 双臂横摆式

如图3-13所示。需要注意的是，指引方向，不可用一个手指指出，这是很不礼貌的行为。

图3-12 斜摆式

图3-13 直臂式

课堂活动

活动项目：判断下列各图分别属于哪种类型的手势（见图3-14），各有什么用途？

图3-14 手势的含义

活动目的：理解手势的类型及相应规范。
活动步骤：第一步，观察活动材料；
　　　　　第二步，交流并发言。
活动建议：采用小组讨论形式。

4. 姿态和习惯动作

身体姿态和习惯动作也是一种容易被察觉的态势语沟通途径。不同身体姿态可以提供不同的信号。当人们的身体略微倾向交谈的对象时，表示对对方比较尊重或者对对方的谈话比较感兴趣；微微欠身表示谦恭有礼；身体后仰表示若无其事与轻慢；侧转身子表示厌恶和轻蔑；背朝对方表示不屑理睬。

在人际沟通中，人们的习惯动作很容易引起别人的注意，不同的身体习惯动作具有不同的含义。心理学家研究发现，人们经常使用的身体动作表达了一些特定的意义。例如，双手外推表示拒绝或无可奈何；双臂外展表示阻拦；搔头皮或脖颈表示困惑；搓手或拽衣领表示紧张；拍脑袋表示自责；耸肩表示不以为然或无可奈何；摆手表示制止或否定。

不同身体姿态所传达出来的含义。

挫折——握拳扭手，摩擦颈背，双手在空中摆移；

拒绝——手臂交叉，缩身，斜视，摸鼻子；

自信——高傲，挺直身体，不断对视，双手做尖塔形，叠手在脑后，得意地笑，翘起下巴；

防卫——身体僵直，手脚都紧紧交叉，少有或者没有对视，握拳，紧闭嘴唇；

坦白——伸出双手，靠拢，解开大衣，坐在椅侧；

冷漠——没精打采，少有对视，松唇，视而不见；

评估——翘首，托腮，向前靠过去，抚摸下巴；

急躁——瞥眼，抽动或缩拢嘴唇，嘴巴微张，用手指叩击，玩弄物件和拳头。

秘书工作中身体姿态的禁忌。

①跷起二郎腿，并用脚尖对着人；

②打哈欠，伸懒腰；

③用手挖耳孔、鼻孔，剪指甲；

④跺脚或玩弄手指；

⑤总看手表，不注视对话者的眼睛；

⑥将双手搂在头后或双臂交叉；

⑦女士在交谈时双腿姿势不雅；

⑧来回抖动大腿；

⑨揉眼睛、搔头或过分昂着头；

⑩斜着眼睛说话；

⑪讲话时口中有东西；

⑫对于友好的交谈，要避免对面而坐，要注意坐的距离。

（四）空间距离

空间距离是指我们与他人之间保持的沟通距离。人与人之间所保持的空间距离，直接反映彼此相互接纳的水平。心理学家发现，任何一个人都需要在自己的周围有一个自己把握的自我空间，虽然这个自我空间会随着单位空间内人员密度、文化背景及个人性格等因素而发生变化，但无论是谁，只要处于清醒状态，都会有这种拥有自我空间的需要。而且，无论走到哪里，都会将这个自我空间带到哪里，这就成了一个人的自我空间。空间距离的接近与情感的接纳水平成正比关系。情感上接纳水平越高，能够与别人分享的自我空间也越多，对空间距离接近的容忍性也越高。如果没有情感上的相应接纳，则任何人闯入一个人的空间，都会被认为是严重侵犯，使别人心理上感受到很大压力，并产生强烈的焦虑体验。这种体验迫使人们调整自己与别人的空间距离，直到重新有了完整的自我空间为止。

人类学家爱德华·霍尔在其经典著作《无声的语言》一书中，将日常生活中人与人之间的空间距离分为四类：

项目三 秘书沟通技巧

亲密距离（0~45 cm），即身体的充分接近或直接接触。在这个距离内可以感受到对方的体热和气味，沟通更多依赖触觉。通常情况下，人们只允许情侣或孩子进入这一范围。亲密距离通常只限于个人情境，如在家中或僻静处，但有些国家的人们在公共场合有亲密接触的习俗，如接吻、拥抱等。在某些情境中，人们被迫在互不认识的情况下介入他人的亲密距离，这时就会通过躲避视线、背朝他人来显示彼此之间的心理距离。

个人距离（45~120 cm），这种距离是朋友之间进行沟通的适当距离，又分为近范围和远范围。近范围可以保持正常视觉沟通，又可以相互握手。陌生人进入这个距离会构成对别人的侵犯。在与别人不熟悉的情况下进入这个距离与人谈话，会使别人边说话边后退。远范围是熟人和陌生人都可以进入的范围。在通常情况下，关系融洽熟悉的人一般是近距离，而陌生人是远距离。

社交距离（120~360 cm），这种距离的沟通不带有任何个人情感色彩，用于正式的社交场合。在这个距离内沟通需要提高谈话的音量，需要更充分的目光接触。如政府官员向下属传达指示、单位领导接待来访者等，往往都采用这一距离。

公共距离（360 cm以上），这种距离是公开演说者与听众所保持的距离，这种距离不适合进行个人沟通。

课堂活动

1. 完成本节开始设置的情景任务：分组讨论交流；每组安排代表发言；教师点评总结。
2. 观看视频《读心神探》片段，利用智能教学助手移动端回答霍尔人际距离学说的主要内容。

视频：读心神探

课堂练习

任务八　横向沟通与纵向沟通

 情景任务

公司效益不好，同事小马被裁员。办公室主任老王不想做这个恶人，让秘书小钢去通知小马被裁这件事。小钢对小马说："小马，别难过，下岗没什么了不起，天不会塌下来，更何况这次下岗的又不止你一个人。"小马听后，转身就走。

思考：秘书小钢的表达方式是否存在问题，如果你是小钢，你会怎么说？

理论知识

秘书的沟通工作从流向上看可以分为横向沟通和纵向沟通。前者是平行的沟通，后者既包含上行沟通又包括下行沟通。

一、横向沟通

（一）横向沟通的目标与形式

横向沟通又称为平行沟通，体现为部门之间和员工之间的沟通。良好的横向沟通是企业实现团队精神的必要环境和保证。在横向沟通中不存在直接的上下级关系。横向沟通的目的是为了增强部门间的合作，减少摩擦。

横向沟通在组织中采取的形式有部门会议、协调会议、员工面谈、备忘录、主题报告、例行的培训等。

（二）横向沟通中的障碍

横向沟通障碍往往表现为部门之间的敌视与不合作。横向沟通障碍的根源在于缺乏开放意识和彼此信任，造成横向沟通障碍有制度的原因，也有个体性格差异的原因。其具体障碍主要有以下几点。

1. 本位主义

由于工作业绩评估体系的存在，导致各部门习惯从自身利益出发，无视整体协调的存在。在沟通时员工过分关注自己的立场和利益，部门之间沟通时也只站在自己的立场去思考问题，从而导致沟通不顺畅。

2. 短视现象

对员工来讲，为获得晋升和嘉奖以及业绩的认可机会，会不自觉地表现出维护本部门利益，强调本部门业绩的倾向。

3. 认知偏差

对公司组织结构的认识存在贵贱、等级偏见。有些部门对其他部门产生的先入为主的偏见会影响部门沟通的顺利进行。如营销部门认为本部门天生重要。

4. 性格差异

跨部门沟通失败、低效的另一个主要原因是沟通各方性格、思维行为、习惯、知识水平的差异。每个人因为其独特的工作领域、成长经历和生活体验，会形成独特的社会行为和沟通方式。如果缺乏对沟通对象特定的沟通方式的了解，沟通往往失败。

5. 缺乏信任

对某些政策的认识存在猜疑、威胁和恐惧。缺乏信任是引发猜疑、威胁和恐惧的原因。当然，这也与沟通中的主体个人性格有关。

（三）横向沟通的策略

1. 使用有针对性的沟通形式

比如，对决策性会议，与会的人数可能倾向于少和精，以提高集合面；对于咨询性的会议，

项目三　秘书沟通技巧

其目的就是集思广益,应该扩大与会人数和与会人员的背景,以提高覆盖面;对于通知性的会议,只要让所有需要知晓信息的人接收到信息就可以。同时注意反馈,确保沟通接收者准确无误地理解信息。

2. 树立"内部客户"的理念

要树立"内部客户"的理念,不要把同事当作关系不大的熟人甚至是竞争对手,而应当将其也看作是"上帝"般的客户,用亲切而热情的态度与之交流。

3. 耐心倾听

我们要学会倾听而不是简单的叙述,倾听对方的言辞,倾听对方的心思,然后针对性地找到交流的途径。

4. 换位思考

我们要学会换位思考的方法,跳出自我思考的模式,站在对方的立场去看待问题,了解他人认知事物的方式,从而找到正确的沟通途径。

> **课堂活动**
>
> 完成本节开始设置的情景任务。分组讨论交流;安排学生代表发言;教师点评总结。
>
> 活动提示:换种说法:"下岗这件事情在公司是一个政策。你有什么困难,我们想想办法,看我们能帮你什么忙?"如果这样说,小马心里至少就会舒服一些。

技能训练

观看视频,分组讨论分析秘书在与客户沟通过程中存在哪些问题;每组安排学生代表发言;教师总结。

视频:软件质量沟通

二、纵向沟通

纵向沟通包括自上而下和自下而上两种形式。我们把自上而下的沟通形式称为下行沟通,反之则称为上行沟通。其中,下行沟通是纵向沟通的主体,而上行沟通是纵向沟通的关键。

(一)纵向沟通的目标与形式

公司管理层所涉及的各种功能活动,如计划实施,控制授权和激励基本上都要靠下行沟通来实现。下行沟通在组织中的表现形式通常有公司政策、信函、备忘录、谈话、口头指示、会议、传真、电子信箱等。

上行沟通的目标就是要有一条让管理者听取员工意见、想法和建议的途径，同时又可以达到管理控制的目的。上行沟通在组织中的表现形式通常有意见箱、小组会议、反馈表、建议系统、申诉和请求程序、员工座谈会、离职面谈、设置巡视员等。

（二）纵向沟通的障碍

1. 技能差异

在下行沟通时，很多上级不详细解释自己的命令或决定，而是直接让下属照着办事。而员工很可能由于工作年限较短、对公司情况不熟悉、自身的理解有误等情况，误解上级传达的信息或一知半解，致使沟通失效。①

2. 心理障碍

在沟通过程中，因沟通双方不同的情绪、心底暗自的各种盘算等都会造成障碍。例如信息传递方出于沟通效果的考虑，可能过多地提供信息，这样反而出现信息膨胀；信息接收方则可能受心态、感觉等因素影响将信息理解错误，造成信息的扭曲。

3. 不善聆听

在传递信息时，有的人为了表现，可能会忽略倾听的重要性，而总是口若悬河地发表自己的意见。这种信息不对等的交流，自然会出现障碍。

在组织中员工和经理急于表现自己，以达到受到重视的目的，许多的人学会了口若悬河，而非侧耳聆听。于是，在别人说话时，他们甚至会粗暴插进谈话议论。要做到聆听，首先必须自我克制，同时全神贯注。

4. 草率评判

信息接收方在与对方进行谈话时，不是试图去理解对方的意思，而是企图进行评判，或进行推论和引申。有时，在没有充分理解的情况下就下结论，在内心表示赞同或否定，这样的沟通是不会成功的。

5. 理解歧义

有这么一个希腊神话故事：有一个人向神许愿，希望他能长生，但他却对神说成"不死"。结果，一般人是"生老病死"，他却是"病而不死"，永远也解脱不了。在管理过程中，类似这种因为语义歧义引起的误解和沟通失效的例子比比皆是。

（三）纵向沟通的策略

下行沟通策略：制订沟通计划，减少沟通环节，注意言简意赅，重视受众反馈，多种介质组合。

上行沟通策略：建立上下级之间的相互信任；适时采用走动管理，安排非正式的上行沟通；注意维护领导层的内部一致性，请示、汇报工作严格按照职责分工进行。

（四）秘书与上司沟通的原则

1. 服从而不盲从

秘书与上司之间的关系是领导与被领导的关系，秘书应上司的需求而来，因此秘书必须服从上司，严格按上司的意图行事，在执行上司的指示时，不能根据自己的好恶取舍，更不能不听招呼，我行我素，甚至阳奉阴违。上司的决策需要贯彻下去，秘书应该全力以赴，不打折扣地为上司做辅助工作，不能在其他人面前说上司的不是以显示自己的清高。但是服从不是盲从，秘书

---

① 邱超群. 职场360度完全沟通术 [M]. 北京：民邮电出版社，2011.

项目三 秘书沟通技巧

在工作过程中应增强主动性，在增强执行力的同时应注意工作方式与方法。如果上司的决策和指挥确有失策之处，秘书要通过正确的沟通方法与上司进行沟通。

2. 辅助而不越位

全面辅助上司完成职责范围内的工作，是一个作为上司助手的秘书应尽的职责和义务。但秘书要同时认识到这是上司对自己的信任，要特别珍惜，在工作中更应该小心谨慎、低调做人、积极主动、大胆负责，要善于抓住重点提出好的建议，但不能越俎代庖甚至阳奉阴违地忽视上司的命令。

3. 关心而不逾矩

秘书要与上司建立合作无间的关系，要配合默契，这是所有的上司对秘书的期待，也是秘书对上司的期待。但在大多数上司与秘书都是异性的情况下，如何把握这个分寸是很重要的。秘书要关心上司，为上司分忧解难，很多工作都要做得细致入微，但这都是在工作的范围之内，你对上司的尊重体现在你卓有成效地完成上司交给你的所有工作，体现在你的落落大方、有礼有节的谈吐和规范的礼仪上，而不是做一些阿谀奉承、有损人格甚至遭人唾弃的事情。①

> **案例分析**
>
> 春秋时候，齐国的齐景公喜欢射鸟，他让一个叫烛邹的人看管那些捕捉来的鸟，可是一不小心，那些鸟却飞走了。齐景公很生气，命令官吏杀掉烛邹。
>
> 晏子是齐国的国相，知道了这事就对齐景公说："烛邹有三条罪状，请让我当面向他一一指出罪状，然后杀他。"
>
> 齐景公说："可以。"
>
> 于是就把烛邹叫来，当着齐景公的面列数烛邹的罪状。
>
> 晏子说："烛邹，你为我们齐王看管鸟却让鸟飞了，这是罪状之一。因为这事，使我们齐王为了鸟而杀了人，这是罪状之二。因为这事，使各国诸侯听到这件事，认为我们齐王看重鸟而轻视了人，这是罪状之三。"
>
> 晏子列数烛邹罪状之后，请求杀掉烛邹。齐景公说："不要杀了，我听从你的指教。"

（五）秘书与上司沟通的策略

1. 全面领会上司意图

秘书在工作中应强化自身的服从意识、服务意识和参谋意识，尊重上司，善于观察，学会全面深入地领会上司的意图并认真贯彻执行。对于上司考虑不周之处应提出合理建议，在执行过程中应随时向上司反馈重点和难点问题。

2. 注意守住身份本位

秘书在工作中一定要牢记职业的本质特征——综合辅助性。请示、汇报、反映情况时，要严格按上司的职责分工进行，不越级不越权；不随便议论上司，不传小道消息。

3. 根据对象灵活变通

与上司之间建立信任，对不同领导风格的上司应注意采取不同的方法。

对待专权独裁型领导：这类上司是天生的领导者，他们性格果断而理智，精力充沛，有坚强的意志和决策的能力，但有时性格会有些暴躁。他们在与下属交流时，通常态度强硬，要求下属无条件服从以及高效率完成任务，并且对琐事不感兴趣。在与这种上司相处时，应争取多一些表

---

① 刘淼. 商务秘书实务与训练教程［M］. 成都：西南财经大学出版社，2006.

现机会,以绩效打动对方;汇报工作应简明扼要、干脆利落,开门见山地诉说信息,不要过多啰唆;应要尊重其意见和权威,注意领会和执行领导意图,学会服从与忠诚。①

对待温和独裁型领导:这类上司通常性格比较中庸低调,做事比较稳重且待人随和,在情感上比较容易相处,无攻击性。面对这类上司,秘书要明确自己的授权范围,在得到工作安排时,一定要详细询问具体要求,凡事多向上司汇报,多让上司审核,经由上司核准后再执行,秘书应注重维护其权威,说话办事注意不要越位。

对待协商型领导:这类上司通常性格开朗、外向,精力充沛而热情,健谈、亲切、对工作充满干劲,喜欢与他人交流。面对这一类型的上司,秘书要以诚相待,开诚布公地与他们讨论问题。他们喜欢直接的交谈而厌恶私下说人坏话,多采取非正式的沟通形式,把握好进言的方法和时机。

对待参与型领导:这类上司喜欢弄清楚事情的来龙去脉再做决定,非常理性并注重细节,因而想象力有些匮乏。与这一类型上司沟通时,可以不说闲话直接谈他们感兴趣而且实质性的东西,对他们的提问也应直接回答;在进行工作汇报时,多就一些关键性的细节加以印证、说明。秘书要善于提意见,不能和领导随便开玩笑,不能践踏其权威。

> **小贴士**
>
> **利克特的四种领导模式**
>
> 1961年,美国管理学家利克特发表了《管理新模式》一书,介绍了四种领导作风方式(详见表3-5)。该书对这四种领导模式的描述分别如下。
>
> (1)专制独裁式。领导者非常专制,决策权仅限于最高层,很少采用下属的意见和建议,主要采取负面的激励办法,沟通采取自上而下的方式。
>
> (2)温和独裁式。领导者对下属有一定的信任和信心,采取奖赏与惩罚并用的激励方法,有一定程度的自下而上的沟通,也向下属授予一定的决策权,但主要决策权仍在自己手中。
>
> (3)民主协商式。领导者对下属抱有相当大的信心与信任,愿意听取和采纳下属的意见,主要采用奖赏的方式来进行激励,沟通方式是上下双向的。
>
> (4)民主参与式。领导者对下属抱有充分的信心与责任,积极采纳下属的意见,更多地进行上下级之间以及同事间的沟通,鼓励各级组织做出决策。
>
> 利克特认为,一个组织的领导形态可以用八项特征来描述,它们是:领导过程、激励过程、交流沟通过程、相互作用过程、决策过程、目标设置过程、控制过程和绩效目标。

表3-5　利克特的四种领导模式

领导风格	下级对领导人的信心与信任	下级感到与领导人在一起的自由度	在解决工作问题方面领导人征求和采纳建议的程度	奖惩措施
专制独裁式	毫无信心与信任	根本没有自由	很少采纳下属的意见和建议	恐吓、威胁和偶然报酬

---

① 邱超群. 职场360度完全沟通术[M]. 北京:人民邮电出版社,2011.

项目三 秘书沟通技巧

续表

领导风格	下级对领导人的信心与信任	下级感到与领导人在一起的自由度	在解决工作问题方面领导人征求和采纳建议的程度	奖惩措施
温和独裁式	有点信心与信任	只有非常少一点自由	有时采纳下属的意见和建议	报酬和有形无形的惩罚
民主协商式	有较大信心与信任	有较大的自由	一般能听取下属各种意见和建议，并积极采纳	报酬和偶然惩罚
民主参与式	有充分的信心与信任	有充分的自由	经常听取下属意见和建议，总是积极采纳和运用这些意见和建议	优厚报酬启发自觉

项目能力测试题

课堂练习

一、单项选择题

1. 认同疏导性最终要求达到在（   ）。
 A. 沟通结果上的认同　　　　　　B. 沟通方法上的认同
 C. 沟通内容上的认同　　　　　　D. 沟通过程上的认同

2. 纵向沟通最容易出现的障碍是（   ）。
 A. 不善聆听　　　　　　　　　　B. 沟通各方心理活动存在障碍
 C. 理解力存在问题　　　　　　　D. 语义歧义

3. 进行有效沟通除了要进行正确的引导、了解和说服外，还要（   ）。
 A. 安排各种活动　　　　　　　　B. 换位思考
 C. 强调自己的要求　　　　　　　D. 注意安全隐患

4. 秘书进行纵向沟通的关键是（   ）。
 A. 下行沟通　　　　　　　　　　B. 部门间沟通
 C. 员工间沟通　　　　　　　　　D. 上行沟通

5. 封闭式提问的优势在于（   ）。
 A. 信息获取全面，可以提高沟通效率
 B. 双向沟通的余地较大，信息获取全面
 C. 可以提高沟通效率，有效控制交谈内容和氛围
 D. 能实现轻松交流，不用控制交谈内容和氛围

6. 能最快获取答案的提问形式是（   ）。
 A. 封闭式提问　　　　　　　　　B. 开放式提问
 C. 探索式提问　　　　　　　　　D. 咨询式提问

7. 本位主义常常是（   ）。
 A. 客户交流的障碍　　　　　　　B. 实现营销目标的障碍
 C. 横向沟通的障碍　　　　　　　D. 纵向沟通的障碍

二、多项选择题

1. 横向沟通的策略有（   ）。
 A. 选用有针对性的沟通方式
 B. 要求各方耐心倾听而不是自顾自地叙述

C. 树立内部客户的观念
D. 建议各方换位思考
2. 下行沟通采用的介质可以分为（　　）。
   A. 活动类　　　B. 书面类　　　C. 电子类　　　D. 面谈类
3. 属于下行沟通的有（　　）。
   A. 信函　　　　B. 会议　　　　C. 口头指示　　D. 申诉
4. 横向沟通（　　）。
   A. 体现为部门之间和员工之间的沟通
   B. 不存在上下级关系
   C. 能够给员工带来更多的本部门工作以外的相关信息和知识
   D. 能使员工和各部门为了共同的目标合作，减少摩擦
5. 纵向沟通包括的沟通方式有（　　）。
   A. 协调会议　　　　　　　　　B. 自上而下
   C. 部门会议　　　　　　　　　D. 自下而上

秘书考级与
导学测试题

三、情景应用题

1. 情景对话

赵经理："你是否能在这个星期内清理完公司后面的场地？"

小孙："是的，我希望能够。我实在很讨厌那一堆乱七八糟的东西。"

请问：小孙是否清楚地回答了赵经理的提问？

2. 倾听者以下的应答中哪些属于主动倾听？

说话者的陈述：

小张面带倦意地望着桌上一大堆材料，犹豫不决，紧皱着眉头说："如果我去参加这个培训班，就不能按主任的限期把这个月的报告送到他办公室去。"

倾听者的应答：

A. 难道非得参加这个培训班不可吗？
B. 你自己也不清楚该怎么办好。
C. 你担心两者不能兼顾。
D. 你还有多少事情没有做完？
E. 也许主任会灵活处理最后期限的。
F. 听起来你是想参加这个培训班，但你也害怕耽误了主任的最后限期。
G. 你要是不浪费时间，对此左思右想的话，或许两件事都能做成。
H. 假如你不去参加这个培训班，主任会感到十分恼火。

3. 请就下列各个情景做出主动倾听式回答。

（1）王经理说："我认为我在实际经验中所学到的有关企业管理的知识，要比参加某一课程的学习获得的要多。"

你的应答：＿＿＿＿＿＿＿＿＿＿＿＿＿＿＿＿＿＿＿＿＿＿＿＿＿＿＿＿＿＿＿

（2）小严说："我讨厌在别人面前感到尴尬，感到犯了错误（或感到自己能力很差）。"

你的应答：＿＿＿＿＿＿＿＿＿＿＿＿＿＿＿＿＿＿＿＿＿＿＿＿＿＿＿＿＿＿＿

四、案例分析题

1.

有理也让人

市糖果糕点公司下属的兴荣食品厂，这几天围绕着职工付金厚与秘书梁牧，谁的合理化建

项目三 秘书沟通技巧

议在前而争论不休。付金厚四处说，梁秘书利用职权侵害了他的利益，非要搞个水落石出不可，大有不获全胜决不收兵的架势。梁秘书却泰然处之，平平静静，和往常一样，好像什么事也没发生的样子。

原来，在沿海厂商糖果糕点和进口糖果的"合围"下，这座内陆大城市十几家国有食品厂几乎家家亏损。兴荣食品厂领导为了扭转亏损局面，发动全厂职工献计献策，并根据其效益设下奖金。二十多天前，付金厚去医院看望一位生病住院的长辈时，买了一盒沿海某厂生产的糕点。他不知长辈得的是糖尿病，不能吃含糖食品。

付金厚在医院里了解到，很多病人都希望买点椒盐饼干之类的食品吃，可市场上根本买不到。沿海糕点又含糖又含奶油，病人更不喜欢，本地厂家又偏偏跟着沿海厂商跑，一味生产同类食品。付金厚连跑了几家医院，向病人和医生进行了调查后，马上向厂长建议生产一批不含糖又极易消化的椒盐糕点、饼干之类，供应医院病人，并投放市场试销。与此同时，厂长也收到了一份梁秘书进行市场调查后写成的内容相同的调查报告。梁秘书向一千多名不同的糖果、糕点消费者发出了一份调查问卷。收回的几百份问卷表明：老人和病人不喜欢吃奶油糕点。他估算了一下本市数百万居民中，老年人有几十万，加上病人，如果每月有一半的人消费一千克这样的糕点，数量也相当可观。

厂长办公会研究后，决定批量生产椒盐饼干、糕点。这些食品投放市场后被一抢而光。此后，他们根据市场不同消费者需求的口味，研制出不同风味的糕点、糖果。兴荣食品厂扭亏为盈。可这合理化建议的五千元奖金究竟应该发给谁，职工们争论开了，付金厚更是四处游说。

梁秘书应如何对待这件事呢？你认为应采取下面哪种办法，并说明理由。

（1）白纸黑字，梁秘书要与付金厚争个明白。

（2）梁秘书与付金厚平分奖金。

（3）梁秘书让厂长做出决定。

（4）梁秘书"有理也让人"，将全部奖金让给付金厚。

2.

当别人不愿与你合作时

大新糖果糕点饮料公司秘书陈青青，是刚调来公司办公室工作的。一天，办公室主任交给她一项新任务，让她负责全公司的黑板报宣传工作。但是陈秘书不会编排版面，美术字也不过关，主任又选派了同一办公室有美术功底的杨秘书负责版面编排工作，让陈秘书专门负责组稿、改稿等工作。杨秘书很有才干，编排版面、写美术字、画个画在公司是小有名气的，他根本就没把陈秘书这"黄毛丫头"放在眼里。碰到他工作忙起来，就把出黑板报的事儿抛到九霄云外去了，弄得主任常常催促陈秘书："怎么黑板报又延期了？"陈秘书又不好明说，只好硬着头皮去催杨秘书，可杨秘书根本不配合，还拿冷眼对她，陈秘书只恨自己没用，不能动笔画。面对这种情况，陈秘书可以选择下面哪种方案呢？请说明理由。

（1）凭自己的关系，在公司内部另外找一个人来帮忙，按时把黑板报办好。

（2）把杨秘书不愿合作的事直接告诉办公室主任，并向主任表明责任不在自己，看主任怎样处理。

（3）再一次去催促杨秘书，并和他摊牌，告诉他："如果再这样下去，就当面到主任那里去解决。"

（4）过一天算一天，听之任之。

（5）抱着与人为善的态度，采取委婉的劝说方式，启发他与自己合作。

五、项目任务题

1. 领导风格调查。

目的：对某一位企业领导进行访谈，分析其领导风格，加深对领导理论的理解。

要求：每组学生写出报告，在课堂上进行交流，最后由教师点评。

程序：

（1）把学生分成若干小组，每组5~6人，各组独立寻找一位企业领导进行访谈，了解其实际的领导内容和方式。

（2）将访谈情况进行记录、整理、分析，判断该领导的领导风格。

2. 请观看江苏卫视《非诚勿扰》2013年7月14日节目中2号男嘉宾的沟通片段，分析其沟通失败的原因。

项目四　秘书礼仪接待

项目能力标准

学习领域	能力目标	知识要求
致意	1. 能掌握致意的顺序 2. 能够根据不同的对象和场合选择正确的致意方式	1. 了解致意的顺序 2. 掌握致意的方式 3. 了解致意的注意事项
握手	1. 能够理解握手的基本姿势和顺序 2. 能够根据不同的情况采取适当的握手方式 3. 能够正确、规范地与对方握手	1. 掌握握手的基本姿势 2. 了解握手的基本类型 3. 了解握手的顺序 4. 掌握握手的礼规
介绍	1. 能够正确、规范地进行自我介绍 2. 能够掌握居间介绍的方法并能为他人进行介绍 3. 能够正确、规范地进行集体介绍 4. 能够正确、规范地进行事物介绍	1. 掌握自我介绍的内容及时机 2. 掌握居间介绍的方法、顺序、表达方式和注意事项 3. 了解集体介绍的顺序 4. 了解事物介绍的注意事项
名片	1. 能够与名片制作方有效交流制作名片 2. 能够正确规范地和别人交换名片 3. 能够掌握名片索要的方法	1. 了解名片制作的规格材料、文字版式、色彩图案以及类型 2. 掌握名片交换的程序和方法 3. 掌握名片索要的方法
位次	1. 能够在工作中正确、规范地运用会客、会见和会谈的位次安排规范 2. 在与客人行进或引领客人时，能够规范地掌握位次顺序及相关要求 3. 能够在工作中正确、规范地运用乘车位次规范要求自己	1. 了解中国传统方位礼仪和现代基本位次礼仪 2. 掌握会客的位次安排及要求 3. 掌握会见的位次安排及要求 4. 掌握会谈的位次安排及要求 5. 掌握行进时的位次安排及要求 6. 掌握乘车时的位次安排及要求
接待	能够正确规范地组织和实施各类接待工作	1. 理解商务接待信息准备； 2. 掌握商务接待方案的内容及要求； 3. 熟悉商务接待程序； 4. 熟悉商务接待沟通技巧

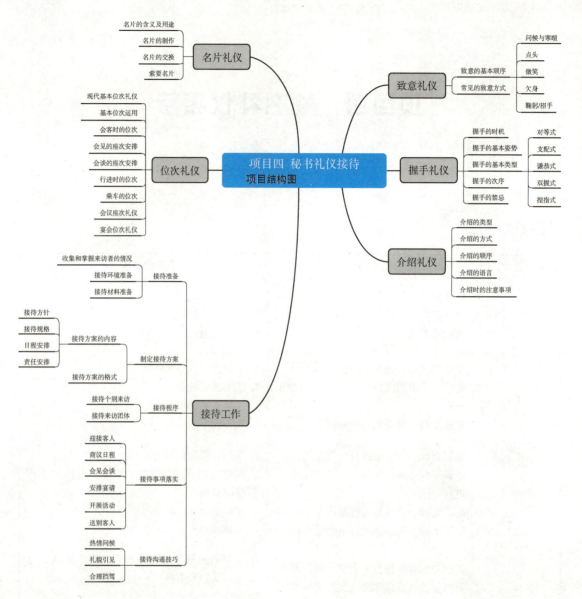

项目四　秘书礼仪接待

任务一　致意礼仪

 情景任务

你在平时生活和工作中是如何向对方打招呼（致意）的？你知道致意主要有哪些形式吗？如何更好地致意以促进良好的人际沟通？

小刘早上在公司的收发室碰到了同事小袁，半小时后他们在图书馆又碰到了，这之后不久他们又在行政楼相遇。小刘每一次致意都是采取同样的方式吗？如果你是小刘，这三次相遇你会分别如何向对方致意？

 **理论知识**

一、致意的含义

所谓致意，俗称"袖珍招呼"，是指向他人表达问候、尊重、敬意的心意，通过一定的语言和行为举止表现出来。它通常在迎送和拜访客户、被别人引见时作为见面的礼节，对服务及社交活动的进行影响极大。礼貌的致意，会给人一种友好友善的感觉，会让对方感到你很有修养，很有素质。致意是随着现代生活节奏的加快而必然流行的一种日常人际交往中使用的礼节，同时也是使用频率最高的一种礼节。它没有十分严格的模式与要求，但功效却是不可忽视的。

二、致意的顺序

致意一般遵循"地位低者先致意"的原则。即在服务场合，服务人员应先主动向客人致意；在社交场合，男性应当首先向女性致意，年轻女性应当首先向年长男性致意，下级应当首先向上级致意。当然，实际交往中绝不应拘泥于以上的顺序原则。长者、上级为了倡导礼仪规范，为了展示自己谦虚、随和，主动向晚辈、下级致意，无疑会使其更具影响力和风度，更能引起受礼者的敬仰与尊重。

三、致意的方式

（一）问候与寒暄

问候语如"您好，欢迎光临！""您好，有什么可以帮助您的吗？"

寒暄语如"你好！""很高兴能认识您！""见到您非常荣幸！""久仰！""幸会！"

· 111 ·

（二）点头

点头礼作为一种无声语言和体态语言，在人们的交往中使用很多，尤其是在各种不同情况和场合下作为回应。当在会议、会谈的进行中，与相认识者在同一地点多次见面，或仅有一面之交者，在社交场合相逢，都可以点头为礼。规范的点头应面正、微笑、目平视，头快速上扬后下点。男士点头时速度稍快些，力度稍大些，体现男性的阳刚洒脱；女士的上扬和下点速度稍慢些，力度稍小些，体现女性的阴柔娴雅。通常在同级或同辈之间，或对于在同一场合已多次见面的客人等，可用点头微笑致意。

（三）微笑

与陌生客人见面或同一客人多次见面，没有具体服务内容时，可用此方式致意。

（四）欠身

迎宾、送客以及招呼客人时经常要欠身。欠身的规范操作应是双手叠放于腹前，上身向前倾斜15°，面带微笑，目光亲切地注视着对方，同时致以热情的问候。欠身可以表示对客人的尊重和友好，行此礼时要谦恭端庄。

（五）鞠躬

鞠躬一般是下级对上级、工作人员对宾客或初次见面的朋友之间以及欢送宾客时所行的礼节。与欠身礼不同的是，鞠躬礼需目光落地。鞠躬礼的基本要领是：体前握手，站立，面带微笑，正面正视受礼者，头颈背成一面，以髋为轴心，慢慢向前倾一定度数，停留1~2秒后即起，复原鞠躬前状态。如图4-1所示。

鞠躬的幅度随较短时间内见面次数的增多而减少。鞠躬的幅度也视行礼者对受礼者的尊重程度而定。鞠躬的度数主要有15°、30°、45°、90°等。一般来说，15°的鞠躬礼表示问候，30°和45°的鞠躬礼用于迎客和送客。弯90°则多有忏悔、改过和谢罪之意。鞠躬时，还应微笑地致以相应的问候语或告别语，如"见到您很高兴""欢迎光临""欢迎再次光临"等。受礼者如是长者、贤者、宾客、女士，还礼可不鞠躬，而用欠身、点头、微笑致意。

图4-1　鞠躬姿势图

（六）举手

当遇到熟人又距离较远或不方便进行语言上的传递时，一般不出声，举起右手，手臂伸直，掌心朝向对方，轻轻摆一下手心。

四、致意的注意事项

距离适当。一般在2~5 m致意即可，不能太远致意，否则有招摇之嫌；也不能太近致意，否则会被认为礼貌滞后。

有声语言与无声语言一致。在施礼者用非语言符号致意的同时，最好伴之以"你好""早上

项目四　秘书礼仪接待

好"等简洁的问候语,这样会使致意显得更生动、更具活力。受礼者应当用相同的非语言符号和语言以示答礼和谢意。女士无论在什么场合,无论年龄大小,只需点头或微笑致意。遇到身份较高者,应在对方没有应酬或应酬告一段落后,再上前致意。

致意语言和方式应随行业不同而不同,应不断追求创新。

课堂练习

> **课堂活动**
> 完成本节开始设置的情景任务:分组讨论;每组代表发言;角色扮演。

任务二　握手礼仪

情景任务

重庆江韵文化传播有限公司秘书小刘陪同王总在公司门口迎接前来交流访问的明达公司赵总,秘书小刘首先伸手准备与赵总握手表示欢迎,谁知赵总却不将手伸出来与之相握,秘书小刘只好尴尬地摸着自己的手,同时秘书小刘的这一举动也引起公司王总的不高兴。

思考:在这个情景中,交往双方有些什么问题?

理论知识

握手礼是人际交往中使用频率最高、适应范围最广的一种礼节。见面、离别、迎来、送往、庆贺、致谢、鼓励、慰问等场合均可使用。

在人类刚刚从动物界脱胎换骨出来,还带有几分野蛮的时候,人们不仅在狩猎或战争中,而且在日常交往时,手上常常带有石块等"武器",以防不测。当他们遇到陌生人时,如果彼此都无恶意,他们就会放下手中的东西,伸出手掌让对方摸摸手心,表示自己手中并无武器,也没有任何敌意,以示自己的友好。这种习惯不断演变,最终形成了今天作为见面和告辞时的"握手"礼节。握手礼已被大多数国家普遍采用。

一、握手的基本姿势

行握手礼时,通常距离受礼者约一步,两足立正,上身稍向前倾,伸出右手,四指并齐,拇指张开与对方相握,同性之间要虎口相对,异性之间则只捏手指,上下微微抖动三四次,时间不超过3秒钟,眼睛要凝视对方,微笑致意。同时要有相应的问候语,如"您好""久仰""幸会"等,关系亲近者,还可以多寒暄两句,握手时也可稍微增加力度和抖动次数。

· 113 ·

二、握手的基本类型

握手的基本类型主要包括对等式、支配式、谦恭式、双握式、捏指式等几种。

（一）对等式

这是标准的握手姿势，双方的手掌均呈垂直状态，从双手交握处抬至腰部，上身微向前倾。对等式一般用于礼节性握手，比如初次见面或交往不深者，如图4-2所示。

（二）支配式

由身体上区向下区方向伸出手，掌心向外向下握住对方的手，表示自己的主动和支配地位，显示出强烈的支配欲、控制欲和优越感，如图4-3所示。一般要慎用这种握手方式，因为采用这种方式很难与对方建立平等友好的关系。

图4-2 对等式握手

图4-3 支配式握手

（三）谦恭式

与支配式正好相反，由身体下区向上区方向伸出手，掌心向内向上与对方握手，表示自己的迎合和顺从地位，这种方式一般显示出自己的谦虚和谨慎，如图4-4所示。

（四）双握式

主动用右手握住对方的右手，同时再用左手加握对方的手背、前臂等，这种形式的握手表现出热情真挚、诚实可靠，在西方国家被称为"政治家的握手"，通常用于老朋友之间久别重逢、真诚祝贺等场合，初识者或异性之间则不宜使用，如图4-5所示。

图4-4 谦恭式握手

图4-5 双握式握手

（五）捏指式

只握住对方的手指部分（一般是食指和中指即可），而不是与对方两手虎口相对而握，这种方式通常用于异性之间的握手，显示出双方的稳重与矜持，如图4-6所示。

三、握手的顺序

握手的顺序应根据双方的社会地位、年龄、性别及宾主身份等来确定的，一般应遵循尊者决定的原则，即由位尊者决定是否握手。贸然抢先伸手是失礼的表现，若对方先行伸手，位卑者应立即予以响应。在不同场合，位尊者的含义不同。

图4-6　捏指式握手

在商务场合，对"位尊者"的判断顺序为职位—主宾—年龄—性别—婚否。一般来说，上下级之间，上级应先伸手；主宾之间，主人先伸手；长晚辈之间，年长者先伸手；异性之间，女性先伸手；已婚者和未婚者之间，已婚者应先伸手。

在纯粹的社交场合，判断顺序有所不同，应以性别—主宾—年龄—婚否—职位作为"位尊者"的判断顺序。关系密切的朋友之间，常以谁先伸手来表示更加热情的期待和诚意。

在送别客人时，应由客人先伸手告别，避免由主人先伸手而产生逐客之嫌。

简言之，在公务或商务场合握手的顺序主要取决于双方的职位、身份，而在社交休闲场合则主要取决于双方的年龄、性别和婚否。

四、握手的礼规

1. 首先是注意伸手的先后，一般情况下，长辈、上级、主人、女士先伸手；而作为晚辈、下级、客人、男士应该先问候再伸手相握。

①如果是主宾关系，来访时主人先伸手，以表示热烈欢迎并等候多时了；告辞时应由客人先伸手，以表示感谢，并请主人留步，主人再伸手与之相握，才合乎礼仪。

②当贵宾或老人伸出手来时，你应快步趋前，用双手握住对方的手，身体微微前倾，以表示尊敬。还可根据场合，边握手边问候，说些表示热烈欢迎和热情致意的话。

③作为男士，不应主动伸手与女士握手，这样不但失礼，而且还有占人便宜的嫌疑；作为女士，当男士伸出手时，不应置之不理，以免造成难堪的局面。如果女士不打算和自己问候的人握手，可欠身致意，或用点头、说客气话来代替握手。不要视而不见或转身离去。男士与女士握手时间要短，用力要轻，不要握满全手，只握其手指部位即可。

在社交场合无论谁先向我们伸手，即使他忽视了握手礼的先后顺序而已经伸出了手，都应看作是友好、问候的表示，应马上伸手相握，而不能拒绝与他人握手。

2. 握手时应该面带笑容，目光与对方交流，切忌左顾右盼、心不在焉，切忌眼睛寻找第三者，而冷落对方，使人感到缺乏诚意。也不要敷衍了事，漫不经心。

3. 应该站起来握手，坐着与人握手（年老体弱者或残疾人除外）或者当对方伸出手后，而你却迟迟不伸手相握，这都是冷淡、傲慢、极不礼貌的表现。

4. 戴手套和他人握手（女士的装饰性手套除外）是很不礼貌的。如果戴着手套，则应取下后再与对方相握。无论男女，在普通的公关活动中，与人握手时均不应戴手套，即使你的手套十分洁净也不行。这是因为"十指连心"，人们之所以在相见时握手，是让双手相握触摸时传达自己的内心情感。戴着手套就意味着你不愿意与对方进行情感交流,既然如此,也就没有握手的必要。

5. 应切忌交叉握手。在多人同时握手时,当自己伸手时发现别人已伸手,应主动收回,并说声"对不起",待别人握完后再伸手相握。当两人正在握手时,上前与正握手的人相握,也是失礼的。

除此之外,用不洁之手与人相握;戴墨镜和他人握手;握手后立即当众揩拭手掌;握手时左手拿东西或插兜里等行为都是不礼貌的。

课堂活动

判断下面图片中的握手姿势是否正确(见图4-7),并说明在社交场合该如何进行规范的握手。

图4-7 不同的握手姿势

任务三　介绍礼仪

情景任务

情景一：A男士A女士两白领在门口迎候来宾。

一辆小轿车驶到门口,B男士下车。A女士走上前,道："王总您好！"呈上自己的名片。又道："王总,我叫李月,是某某集团公关部经理,专程前来迎接您。"B男道谢。A男上前："王总好！您认识我吧？"B男点头。A男又道："那我是谁？"B男尴尬不堪。

情景二：B女陪外公司一女（C女）进入本公司会客厅,本公司C男正在恭候。

B女首先把C男介绍给客人（女）："这是我们公司的陈总。"然后向自己人介绍客人（女）：

"这是某某公司的刘总。"

思考

1. 请判断以上情景中人物做法的正误。

A男（　　）　A女（　　）　B男（　　）　B女（　　）

2. 做法不对的人错在哪？应怎样做？
3. 在商务场合如何正确介绍自己和他人？主要有哪些礼规？

所谓介绍，就是自己主动沟通或通过第三方从中沟通，使双方建立关系的社交形式。

一个人进入社交场合之中，总有一些不认识的人，在某一社交活动中，你的交往对象往往也是不认识的人，这就需要进行介绍——或者自我介绍，或者由他人介绍，通过介绍认识人、熟悉人、了解人，同时也让人认识、熟悉和了解自己。这是经常使用的社交形式。

按介绍者的位置来分，主要包含自我介绍、居间介绍、集体介绍等类型。按介绍的对象来分，可以分为介绍人（自我介绍、介绍他人、介绍群体等）、介绍物（商品、环境、设备、性能等）、介绍事（展览解说、使用说明等）等。

一、自我介绍

（一）自我介绍的内容

秘书工作中经常需要自我介绍。标准的自我介绍一般包括四个内容，即单位、部门、姓名和职务。例如，"你好，我叫××，是××公司办公室秘书"。秘书可根据具体场合的不同情况，灵活选择介绍的内容。比如在某些场合，除了介绍上述内容以外，还可以介绍自己的工作内容或所擅长的方面。在有些特定场合还可以介绍一下与对方单位或个人的关系，比如在某个商务洽谈会上，可以这样介绍自己："大家好，我叫××，是××公司策划部主任，主要从事广告和会展策划工作，很希望在这方面得到大家的支持，希望有机会能够与各位合作。"

（二）自我介绍的时机

①与不相识者处一室时，需进行自我介绍。
②不相识者对自己很有兴趣时，需进行自我介绍。
③他人请求自己做自我介绍时，需进行自我介绍。
④在聚会上与身边的陌生人共处时，需进行自我介绍。
⑤打算介入陌生人组成的交际圈时，需进行自我介绍。
⑥求助的对象对自己不甚了解，或一无所知时，需进行自我介绍。
⑦前往陌生单位，进行业务联系时，需进行自我介绍。
⑧在旅途中与他人不期而遇而又有必要与之接触时，需进行自我介绍。
⑨初次登门拜访不相识的人时，需进行自我介绍。
⑩遇到秘书挡驾，或是请不相识者转告时，需进行自我介绍。
⑪初次利用大众传媒，向社会公众进行自我推荐、自我宣传时，需进行自我介绍。
⑫利用社交媒介与其他不相识者进行联络时，需进行自我介绍。

> **课堂活动**
>
> 1. 请每一位同学做一个自我介绍，想办法让大家记住你的姓名。
> 2. 写出在下列场合中自我介绍的内容。分组讨论，每组安排代表发言，教师点评并总结。
>
> 活动材料：
>
> 有事去拜访，自我介绍应说：_____。
>
> 在宴会、舞会上等场合，向邻座做自我介绍时，应说：_____。
>
> 在社交场合碰到了一位你想结识的人，此时，应选择一个恰当的时机说：_____。
>
> 在接待工作中，秘书做自我介绍时应说：_____。

二、居间介绍

居间介绍是指在公务或社交场合由中间人为其所熟悉的双方进行介绍，从而使交往双方相互认识，建立联系、增进了解的一种交往方法。由谁来充当中间人即介绍者是十分讲究的。在商务场合，一般由专职人员来充当介绍人，比如公司秘书、公关员等；在某些业务部门则可由业务对口的专业人士来进行介绍；在有东道主的场合，一般由东道主一方的身份最高者来进行介绍。有时介绍人基于某些特殊考虑，可以在介绍前征求被介绍双方的意愿再进行介绍。

视频：居间介绍

（一）居间介绍的方法

居间介绍时，介绍者和被介绍者都应起立，以示尊重和礼貌。介绍人应面带微笑，手掌朝上，拇指微微张开，指尖向上，分别示意被介绍者，切忌用一个手指示意。比较标准的说法是："请允许我介绍一下，这位是××公司业务部总经理××，这位是××公司总经理××。"

被介绍者要面对对方，面带微笑，显示热情，要起身或略欠身致意，待介绍人介绍完毕后，被介绍双方应微笑点头、握手致意或互递名片，并通过"您好""幸会""很高兴认识您"之类的客套话或重复一下对方的称呼来问候对方。

在宴会、会议桌、谈判桌上，介绍者和被介绍者视情况可不必起立，被介绍双方可点头微笑致意；如果被介绍双方相隔较远，中间又有障碍物，可举起右手或点头微笑致意。

（二）居间介绍的顺序

居间介绍的一般顺序应该遵守"尊者优先"的原则，即尊者有优先知情权。在公务或商务场合，主要以职位、身份来确定谁是尊者；而在社交场合，尊者的确定则往往还要考虑年龄、性别等因素。国际上公认的居间介绍的顺序是：将职位低的介绍给职位高的；将年轻者介绍给年长者；将男性介绍给女性；将主方介绍给客方；将晚到者介绍给早到者。

（三）居间介绍的表达方式

在商务场合为他人进行介绍时应该采用规范的语言并提供适当的信息，一般应清楚地说出被介绍方的姓名、公司名称及职务，同时可加入被介绍者的特长或对其进行简单而积极的评价。例如，向客户介绍自己的同事时应该首先对客户说："××先生您好，让我来为您介绍一下，这是我的同事陈经理，他是我们公司人缘最好的项目经理。"这样的介绍恰当地运用了首因效应的原则，会增加客户对陈经理的好感。

需要注意的是，在为他人提供信息的过程中尽量不要流露出自己的一些想法或者是价值取向。因此，为他人做介绍时要尽量选择歧义较少、客观、公正的话题，不需要过分的夸赞，更不要带有个人价值观的判断。

居间介绍具体的表达方式有以下几种。

1. 标准式。适用于正规场合，基本内容包括被介绍双方的单位、部门、姓名、职务。
2. 简介式。适用于一般性的交际场合，其内容只包括被介绍者双方的姓名，有时甚至只提到双方的姓氏。
3. 引见式。适用于普通的社交场合，只需要用语言简单地将双方引导在一起。
4. 强调式。适用于交际应酬，其内容主要包含被介绍者双方的姓名及一方或双方的特殊之处。

（四）居间介绍时应注意的事项

①介绍者为被介绍者介绍之前，一定要征求一下被介绍双方的意见，切忌上去开口即讲。

②被介绍者在介绍者询问自己是否有意认识某人时，一般不应拒绝，而应欣然应允，实在不愿意时，则应说明理由。

③如果在介绍过程中出现了失误，应妥善处理。比如介绍时突然忘记了被介绍者的姓名，应立即承认并真诚道歉。例如，"对不起，看我这记性，一下子想不起来您的名字了。"如果是介绍人提供了不准确的信息给对方，而你又非常希望能够结交这个朋友，这时就可以礼貌委婉地纠正。例如，"对不起，我叫赵洹，很多人都容易把我的名字看成'恒心'的'恒'。"

④介绍完毕后，被介绍者双方应依照合乎礼仪的顺序握手，并且相互问候，如图4-8所示。

图 4-8　居间介绍

> **课堂活动**
>
> 完成本节开始设置的情景任务：分组交流；归纳并将内容写在白板上；教师点评与总结。

三、集体介绍

集体介绍是他人介绍的一种特殊形式，是指介绍者在为他人介绍时，被介绍者其中一方或者双方不止一人，甚至是许多人。

集体介绍时的顺序

①将一人介绍给大家：在被介绍者双方地位、身份大致相似，或者难以确定时，应使一人礼让多数人，人数较少的一方礼让人数较多的一方。

②将大家介绍给一人：若被介绍者在地位、身份之间存在明显差异，特别是当这些差异表现为年龄、性别、婚否、师生以及职务有别时，地位、身份明显高者即使人数较少，甚至仅为一人，仍然应被置于尊贵的位置，先向其介绍人数多的一方，再介绍地位、身份高的一方。

③人数较多的双方介绍：若需要介绍的一方人数不止一人，可采取笼统的方法进行介绍，如可以说"这是我的家人""她们都是我的同事"等。

④人数较多的多方介绍：当被介绍者不止两方，而是多方时，应根据合乎礼仪的顺序，确定各方的尊卑，由尊至卑，按顺序介绍各方。

四、介绍事物

介绍事物就是把物品的名称、性能、特点、相关知识及使用原则等介绍给对方。例如，介绍汽车，就要讲清构造、性能、操作程序、注意事项等；介绍酒店，则要说清酒店的地理位置、周围环境、服务宗旨等。

注意事项

①先打招呼，如"各位顾客"等，可根据具体在场的人而有所变化。

②中心突出，条理清晰。不必面面俱到，要把握中心内容。

③介绍事物。介绍时应仪态大方，面带微笑，环顾服务对象，举止自然。最后可有内容小结，或询问是否还有疑问。

课堂活动

假设王小飞是重庆晚报副刊责任编辑，你是介绍人，在下列场合应如何介绍他？

在一次宴会上将其介绍给重庆同声速记服务有限公司总经理陈明。

_____

在舞会上将其介绍给张女士。

_____

在重庆时报副刊编辑部将其介绍给责任编辑李军。

_____

在重庆××大学新闻与传媒学院讲座现场将其介绍给观众。

_____

课堂练习

项目四 秘书礼仪接待

任务四 名片礼仪

 情景任务

在最近举行的产品展销会上,客商云集,重庆江韵文化传播有限公司的秘书小刘想要借此机会认识当地知名企业集团的李总、赵董事长、陈总(女士),他事先准备好了自己的名片,在展销会后的聚会上,秘书小刘见到了这几位令他久仰的企业家,他应该如何成功地分别与对方交换名片?在交换名片的时候要注意哪些礼节?

 理论知识

名片是当代社会不论私人交往还是公务往来中最经济实惠、最通用的介绍媒介,具有介绍自己、结交他人、保持联系、通报变更等项功能。另外,它还可以代替一封简洁的信函,用来表示祝贺、感谢、介绍、辞行、慰问、馈赠以至吊唁等多种礼节。具体做法是在名片的左下角写上一行字或一句短语,然后装入信封送交他人。如果是本人亲自递交或托人带给他人,要用铅笔书写;如果采用邮寄方式,则应用钢笔书写。书写时多采用法文缩略语。

> **小贴士**
>
> **名片上常见的法文缩略语及其含义**
>
> p. f. 意为"祝贺",庆祝节日时用;p. c. 意为"谨唁",凭吊、追悼时用;p. r. 意为"感谢",接受礼物、款待之后,或者收到别人庆祝、吊唁之类名片后使用;p. p. 意为"介绍",向对方介绍某人时用;p. m. 意为"备忘",提请对方注意某事时使用;p. p. c. 意为"辞行",在调离和离任时,向同事告别时使用;p. p. n. 意为"慰问",问候病人时用;p. p. n. a.(可以大写)意为"恭贺新年"。

一、名片的制作

名片在当今社会中的作用已经不言而喻,从某种程度上讲名片就相当于人的另一张"脸面"。因此,一张名片制作得是否规范,往往会影响交往对象对自己的看法,进而影响双方的进一步交流与合作。制作名片时应当认真考虑下述问题。

(一)规格材料

目前我国通行的名片规格为 9 cm×5.5 cm,国际上较为流行的名片规格则为 10 cm×6 cm。名片通常以耐折、耐磨、美观、大方、便宜的纸张作为首选材料,如白卡纸、再生纸等。

(二) 文字版式

名片上文字的排列版式大体有两种：一是横式，即文字的行序自上而下，字序自左而右；二是竖式，即文字排列的行序为自右而左，字序自上而下。当两面的内容相同时，不可一面选择横式，而另一面为竖式。名片排列版式如图4-9所示。

用汉字印制名片时，字体一般采用楷体或仿宋体，尽量不要采用行书、草书、篆书等不易识别的字体。用外文（主要采用英文）印制名片时，一般采用黑体字，在涉外交往时使用的名片亦可采用罗马体，但很少用草体。名片上的文字印刷要清晰易识，不宜自行手写名片，也绝不能在印刷的名片上随意增减、修改内容。

不论采取哪种版式，规范的名片内容主要包含：归属信息（包括组织标识、单位名称、部门名称三部分）、称谓信息（包括本人姓名、职务职称、学术头衔三部分）、联络方式（包括单位地址、办公电话、传真号码等，本人手机号码、电子信箱等可根据自己的实际情况来确定是否提供）。

(a) 竖式名片

(b) 横式名片

图4-9　名片排列版式

（三）色彩图案

名片宜选用单一色彩的纸张，并且以米白、米黄、浅蓝、浅灰等庄重朴实的色彩为佳。一般而言，名片上除了文字符号外不宜添加任何没有实际效用的图案。如果本单位有象征性的标志图案，则可将其印于名片的一面，但不可过大或过于突兀。

（四）名片的类型

①应酬名片：一般用于交际应酬，名片上内容简单，只提供姓名，甚至只提供姓氏；也可加上本人的籍贯与字号。这种名片主要用于社交场合的一般性应酬，比如酒会上彼此的称呼与交流，拜会他人时说明身份，馈赠时替代礼单或作为便条、介绍信、备忘录之用等。

②社交名片：用于社交时的自我介绍和保持联络，名片上一般只提供姓名和简单联系方式等，一般不印办公地址，以示公私分明。

③公务名片：用于公务交往，名片上内容全面、正式，主要包含单位名称、部门名称、姓名、职务、职称、详细联系方式，以及业务范围介绍等。

项目四 秘书礼仪接待

④单位名片：用于业务交往和单位宣传，名片上主要提供单位名称、详细联系方式、业务范围等。

二、名片的交换

名片礼仪的核心内容是名片的交换。接待人员如何交换名片不但是其个人修养的一种反映，也是对交往对象尊重与否的直接体现。

视频：名片的交换

（一）携带名片

接待人员在接待活动或者参加正式的交际活动时，都应随身携带自己的名片。

①足量适用。接待人员携带的名片一定要数量充足，确保够用。所带名片要分门别类，根据不同交往对象使用不同名片。

②放置到位。名片应统一置于名片夹、公文包或上衣口袋之内，在办公室时还可放于名片架或办公桌内。切不可随便放在钱包、裤袋之内。

③完好无损。名片要保持干净整洁，切不可出现褶皱、破烂、肮脏、涂改的情况。

（二）递出名片

递出名片时应注意以下礼仪要点。

①观察意愿。除非自己想主动与人结识，否则名片务必要在交往双方均有结识对方并欲建立联系的愿望的前提下递出，否则会有故意炫耀、强加于人之嫌。

②把握时机。发送名片要掌握适宜时机，发送名片一般应选择初识之际或分别之时，不宜过早或过迟。不要在用餐、观剧、跳舞时送名片，更不要在大庭广众之下向多位陌生人发送名片。

③放置有礼。要事先将名片准备好，放在外套上衣左胸内侧口袋里或提包的专用名片夹里，一般随身携带20张左右，其余的应放在公文包或挎包内。

④位卑先行。递出名片应该讲究顺序，一般在两人之间相互交换名片时应该地位低者、年轻者、职务低者等先递出名片。在接待活动中，应由接待人员首先向接待对象递送名片。若接待对象不止一人，则应按职务的高低由高至低来决定发送顺序，切勿跳跃式发送，更不能遗漏其中某些人。最保险的方法是由近而远、按顺时针或逆时针方向依次发送。

⑤双手递出。递名片时需起身微笑欠身，一般用双手的食指和拇指捏住名片上端两角，正面朝向对方，先注视对方，再将对方的目光引导到名片上来，如图4-10所示。

图4-10 交换名片

⑥话语谦恭。在将名片递给对方的同时，应微笑着说："你好，这是我的名片。以后还请多多关照（联系）。"

（三）接收名片

接收名片是否有礼，直接体现着一个人的教养和对发名片者的尊重程度。应注意以下礼仪要点。

①起身迎接。当对方递过名片时，一定要立即放下手中的事，双手顺势接过，用双手的食指

·123·

和拇指分别捏住名片下端两侧（如互递名片，要右手递，左手接），并点头致谢。

②认真阅读。接过名片后应该当着对方的面，仔仔细细地默读一遍，最好将对方的职务、职位以及其他尊贵的头衔诵读一遍，以示敬仰。

③寒暄交流。一般接过名片后，应适当地寒暄交流。比如，"××总经理，久仰，久仰"。

④妥善放置。绝对不能接过他人名片后一眼不看，或是漫不经心地随手把它一扔，甚至掖进裤袋或裙兜里，更不能随手放在桌上，还在名片上面乱放东西，这是对人不尊重的表现。规范化操作应是当着对方的面阅读交流后将名片放入自己的名片夹内，再放入自己的公文包或挎包内，如图 4-11 所示。

客人递过来名片时（1）

双手接收（2）

认真仔细地阅读名片（3）

然后放进上衣上部的口袋（4）

双方索要没有名片时，委婉说明（5）

近镜头：用双手的食指和拇指分别夹住名片的左右端递过去

图 4-11　接受名片程序图①

三、索要名片

依照惯例，接待人员最好不要直接开口向他人索要名片。但若想主动结识对方或者因其他原因有必要索取对方名片时，可采取下列办法。

①互换法，即以名片换名片。在主动递上自己的名片后，对方按常理会回送给自己一张他的名片，或者可在递上名片时明言："能否有幸与您交换一下名片？"

②激将法。有时遇上比自己身份地位高的交往对象或异性时，可在递上名片时说："××，对您早有耳闻，这次很高兴有机会可以认识您，不知能不能有幸跟您交换一下名片？"

③谦恭法。这是指在索取对方的名片时，稍作铺垫。例如，"王总您好，早就知道你是 IT 界的专家，在各方面都极有建树，不知以后有没有机会向您请教一些问题？"

④联络法。面对平辈或晚辈，可以采用此法。例如，"认识您太高兴了，希望能跟您保持联络，不知道怎么跟您联系比较方便？"

---

① 图片来源：商务礼仪——精品资源共享课 http://123.150.254.34:2200/web/CourseColumnCenter.aspx? courceColumn_guid=f6f7332e-6ab6-4c96-b101-a56cf3a80751

项目四　秘书礼仪接待

> **课堂活动**
>
> 1. 完成本节开始设置的情景任务：分组交流；归纳并将内容写在白板上；教师点评与总结。
>
> 2. 案例分析
>
> 　　两位商界的老总，经中间人介绍，相聚谈一笔合作的生意，这是一笔双赢的生意，而且做得好还会大赢，看到合作的美好前景，双方的积极性都很高。A老总首先拿出友好的姿态，恭恭敬敬地递上了自己的名片；B老总单手把名片接过来，一眼没看就放在了茶几上。接着他拿起了茶杯喝了几口水，随手又把茶杯压在名片上，A老总看在眼里，明在心里，随口谈了几句话，起身告辞。事后，他郑重地告诉中间人，这笔生意他不做了。当中间人将这个消息告诉B老总时，他简直不敢相信自己的耳朵，一拍桌子说："不可能！哪儿有见钱不赚的人？"B老板立即打通A老总的电话，一定要他讲出个所以然来，A老总道出了实情："从你接我名片的动作中，我看到了我们之间的差距，并且预见到了未来的合作还会有许多的不愉快，因此，还是早放弃比较好。"闻听此言，B老总放下电话痛惜失掉了生意，更为自己的失礼感到羞愧。
>
>
> 课堂练习
>
> 思考：B老总违反了哪些礼仪规范？B老总应该怎么做？

任务五　位次礼仪

情景任务

某4S店要举办一次试乘试驾活动。客户张先生与朋友应邀来到该店参与活动，销售顾问小陈很热情地接待了他们。在办理了试驾手续后，小陈引导客户来到试驾车旁，待客人上车后，小陈将副驾驶车门打开后，先将脚和头伸进车内，然后再将身体挪入车内。这个不雅观的动作，让从事营销工作的王先生看了，不太舒服。

请思考：作为销售顾问，在乘坐车辆等交通工具时，应该注意哪些礼仪规范呢？

理论知识

一、位次礼仪基础

（一）中国传统方位礼仪

我国古人喜欢南方，把南向视为尊。古代宫殿、官府、庙宇都要面向正南，帝王的座位也面向南。古人同时还喜欢东方，把东视为上、为主、为首。比如后妃的寝殿，正宫娘娘在东，为正、为大；嫔妃住西宫，为偏、为次。古代还有尚左之风。皇帝面南，东为左，西为右。由于古人尚东，所以左为上，右为下，因此有"文左武右"的习俗。中国古代还有"虚左"的讲究，即把左视为上，主人与客人并乘一车，主人要把客人让座在左边的位置，表示对客人的尊敬，因为这样可以减少驭手驾车时挥动鞭子的打扰。这些礼仪习俗对于现代礼仪仍有着重要的影响，比如国内重要会议讲究左高右低、会客时主位最好面门朝南等①。

（二）现代基本位次礼仪

随着时代的发展，现代位次礼仪考虑到对中国古代位次礼仪的扬弃和国际惯例，发生了一些变化：

前后：行进时，前为上，后为下；静态座位安排，前排为上，后排为下。

左右：右为上，左为下。

中间和两侧：中间为上，两侧为下；两侧又以右为上，左为下。

二、会客的位次

（一）相对式

相对式的具体做法是宾主双方面对面而坐。这种方式显得主次分明，往往易于使宾主双方公事公办，保持距离。它多适用于公务性交往中的会客。它通常又分为两种情况。

一种是"面门为上"，即离门较远、面对正门之座为上座，应请客人就座；离门较近、背对正门之座为下座，宜由主人就座，如图4-12所示。

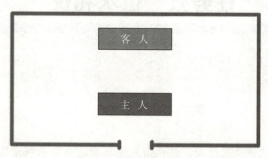

图4-12 相对式会客排位之一

另一种是"以右为上"，即进门后右侧之座为上座，应请客人就座；左侧之座为下座，宜由主人就座，如图4-13所示。

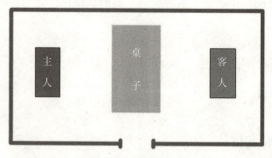

图4-13 相对式会客排位之二

---

① 赵关印. 中华现代礼仪 [M]. 北京：气象出版社，2002.

当宾主双方不止一人时,情况亦是如此,如图 4-14 所示。

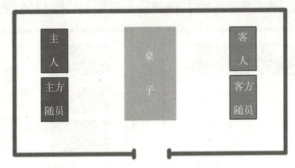

图 4-14　相对式会客排位之三

(二) 并列式

并列式的基本做法是主客双方并排就座,以暗示双方"平起平坐",地位相仿,关系密切。它具体分为两类情况。

一类情况是双方一同面门而坐。此时讲究"以右为上",即主人宜请客人就座在自己的右侧面(见图 4-15)。若双方不止一人时,双方的其他人员可各自分别在主人或主宾的侧面按身份高低依次就座(见图 4-16)。

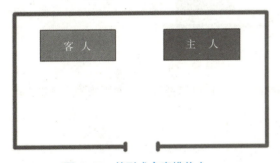

图 4-15　并列式会客排位之一

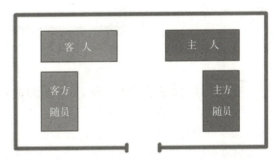

图 4-16　并列式会客排位之二

另一类情况是双方一同在室内的右侧或左侧就座。此时讲究"以远为上",即距门较远之座为上座,应当让给客人;距门较近之座为下座,应留给主人,如图 4-17、图 4-18 所示。

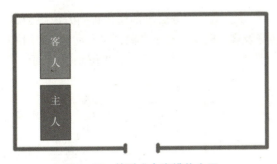

图 4-17　并列式会客排位之三

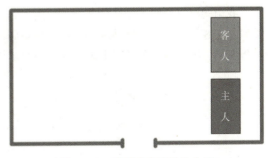

图 4-18　并列式会客排位之四

(三) 居中式

所谓居中式排位,实为并列式排位的一种特例。它是指当多人并排就座时,讲究"居中为上"，即应以居于中央的位置为上座，请客人就座；以两侧的位置为下座，由主方人员就座，主客双方面对门、位于进门的右侧或左侧时均如此（如图4-19、图4-20、图4-21）。

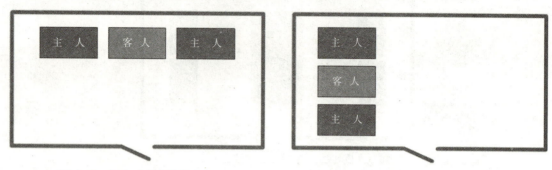

图4-19　居中式会客排位之一　　　　图4-20　居中式会客排位之二

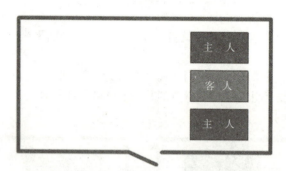

图4-21　居中式会客排位之三

在一般性的商务会客中，除了上面介绍的几种情况外，还可以通过以下原则来确定座次。
①接近入口处为下座，对面是上座。
②有椅子与沙发两种座位，沙发是上座。
③如果有一边是窗，能看见窗外景色的为上座。
④西洋式的房间，有暖炉或装饰物在前的是上座。

三、会见的位次

我国的会见一般安排在会客厅、会客室或大中型办公室，商务会见的座次排列方法跟会客类似：主客双方的座位呈马蹄形或半圆形布局，主宾及客方陪同人员坐右侧，主人及主方陪同人员坐左侧，主宾及主人各坐上座，译员与记录员分别坐在主人与主宾的后面，如图4-22所示。

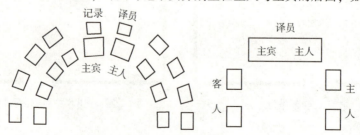

注：左方为其他客人，右方为主方陪见人

图4-22　会见座次图

四、会谈的位次

会谈是由主客双方或多方就共同关心的问题交换意见和看法、寻求解决办法的一种沟通形式。一般座次要求严格，氛围严肃，礼仪性很强，具体座次排列有三种形式。

（一）相对式

相对式是指在室内主方和客方分别位于谈判桌两侧依序而坐的位次排列方式，具体有两种形式。

一是横排法，是指谈判桌在室内面对门口横放，主客双方相对而坐。面对门的一方为上座，由客方就座；反之为下座，由主方就座。各方人员的位次根据身份职位的高低采取居中为上、先右后左的顺序排列；若是涉外会谈，翻译人员应坐在双方主谈者的右侧，如图4-23所示。

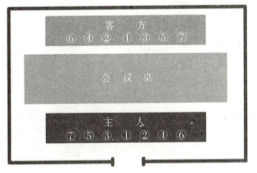
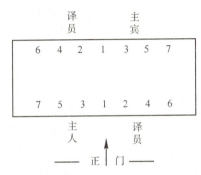

图4-23 横桌式会谈排位图

二是竖排法，是指谈判桌在室内面对门口竖放，则进门的右侧为客方，左侧为主方。其他人员的位次跟横排法相同，如图4-24所示。

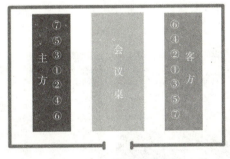

图4-24 竖桌式会谈排位

（二）主席式

主要用于三方或三方以上的多边会谈，具体排列方法是在会谈室内面向正门设置一个主席台，由各方代表轮流发言时使用；其他各方人士则一律背对正门，面向主席台就座。

（三）自由式

主要适用于三方或三方以上的多边会谈，即各方人士在谈判时自由就座，不排列顺序，显示出各方平等的关系和友好的氛围。

五、行进时的位次

秘书与客人并排行进和单行行进时,有不同的做法。并排行进的要求是中央高于两侧,右侧高于左侧;如果在过道内行走,则内侧(即靠墙的一侧或私密性较强的一侧)高于外侧。一般情况下,应该让客人走在中央或者右侧。与客人单行行进,即成一条线行进时,标准的做法是前方高于后方,以前方为上,这样就能够把选择前进方向的权利交给客人,即如果客人熟悉路线,应该让客人在前面行进。如果客人不认路,秘书则要陪同引导客人行进。陪同引导的标准位置是在客人左前方1 m至1.5 m处,一步之遥,别离太远,也别离太近,太近容易发生身体上的碰撞。原则上,应该让客人走在右侧,陪同人员走在左侧。如果引导的客人过多,秘书则可以选择与第一行的客人处于同一排,身体微侧向中前部客人的方式来进行引导。当引导客人经过走廊或过道时,应将内侧留给客人,这样可以避免客人受到过多的干扰;在进入螺旋楼梯时,秘书应加快步伐走在外侧进行引领,这样也可以尽量保证客人的安全。

上下楼梯是在商务交往中经常遇到的情况,简单地说,上下楼时应靠右侧单行行进,以前方为上。这样就可以把楼梯左侧作为快速通道或应急通道(见图4-25)。具体而言,男女同行上下楼时,宜女士居后。当引导客人上楼梯的时候,应尽量让客人走前面;下楼梯的时候,应尽量让客人走后面,这都是为了保护客人的安全和给客人带来方便。

图4-25 乘电梯时的正确位置

出入有人控制的电梯,陪同者应后进后出,让客人先进先出。出入无人控制的电梯时,陪同人员应先进后出,并负责按按钮。

引领来客到上司办公室门口时,秘书理应站停在门外,敲门请示,通知上司来客已经到达,在得到上司明确的请进指示后秘书才能开门,把来宾礼让进去。没有特殊原因,出入房门的标准做法是位高者先进或先出房门。但在秘书工作中一般应遵循"外开门客先入,内开门己先入"的原则(图4-26)。

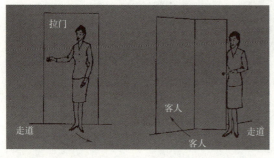

图4-26 引领客人进入房间的礼仪顺序

六、乘车的位次

乘车位次的尊卑是乘车礼仪中最重要的方面。在商务活动或交往中,一般分为以下两种情况。

(1)当专职司机驾车时,上座指的是后排右座,也就是司机对角线位置,因为后排比前排安全，右侧比左侧上下车方便。其他座次如图 4-27 所示。

（2）当主人亲自驾车时，则上座是副驾驶座，通常由第一主宾就座，表示与主人平起平坐、患难与共。其他座次如图 4-28 所示。

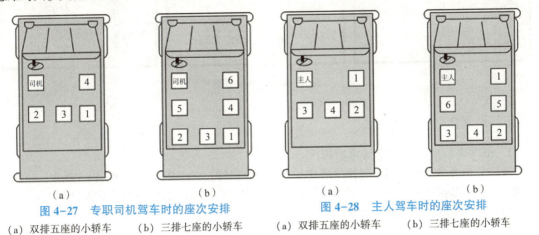

    （a）   （b）   （a）   （b）

  图 4-27 专职司机驾车时的座次安排   图 4-28 主人驾车时的座次安排

（a）双排五座的小轿车 （b）三排七座的小轿车 （a）双排五座的小轿车 （b）三排七座的小轿车

注：图中数字由小到大表示座次由高到低。

> **课堂活动**
>
> 完成本节开始设置的情景任务：分组交流；每组安排代表发言；教师点评与总结。

七、会议座次礼仪

商务交往时的会议按规模划分，可分为大型会议和小型会议，座次排列有下面一些规则。

国际惯例是以右为尊，商务礼仪遵守的是国际惯例，一般以右为上，坐在右侧的人为地位高者。而在国内的政务交往中，往往采用中国的传统做法，以左为尊。

大型会议应考虑主席台、主持人和发言人的位次。主席台的位次排列要遵循三点要求：前排高于后排，中央高于两侧，右侧高于左侧（政务会议则为左侧高于右侧）。主持人之位，可在前排正中，也可居于前排最右侧。发言席一般可设于主席台正前方或者其右方。

举行小型会议时，位次排列需要注意两点：讲究面门为上，面对房间正门的位置一般被视为上座；小型会议通常只考虑主席之位，同时也强调自由择座。例如，主席也可以不坐在右侧或者面门而坐，而坐在前排中央的位置，强调居中为上。

八、宴会位次礼仪

正式宴会和比较讲究的一般宴会都需安排好桌次和席位。其中桌次指不同餐桌位置的安排；席次指每张餐桌上具体的尊卑位次。

（一）宴会桌次排列基本要求

按照国际惯例，桌次高低以离主桌位置远近而定，桌次排列的基本要求是：居中为上、以右为上、以远为上（即离房间正门越远，地位越高）。桌次具体排列形式如图 4-29 所示。

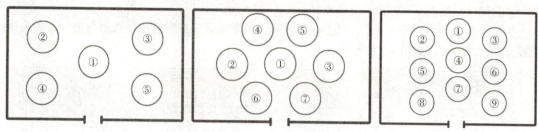

图 4-29　桌次排列图

(二) 宴会桌次排列方法

1. 由两桌组成的小型宴请桌次排序

可以分为两桌横排和两桌竖排的形式。当两桌横排时,桌次是以右为尊,以左为卑。这里所说的右和左,是根据进入房间,面对正门的位置来确定的。当两桌竖排时,桌次讲究以远为上,以近为下。这里所讲的远近,也是以距离正门的远近而言。如图 4-30 所示。

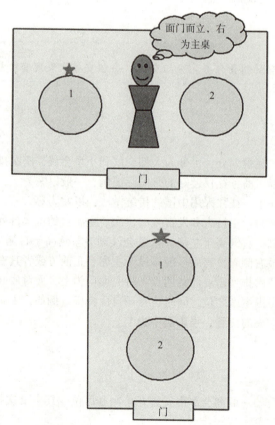

图 4-30　两桌桌次图

2. 由多桌组成的宴请桌次排序

在安排多桌宴请的桌次时,除了要注意"面门定位""以右为尊""以远为上"等规则外,还应兼顾其他各桌距离主桌的远近。通常,距离主桌越近,桌次越高;距离主桌越远、桌次越低。在安排桌次时,所用餐桌的大小、形状要基本一致。除主桌可以略大外,其他餐桌都不要过大或过小，一般在实践中按照箭头型排序法和挑担型排序法来进行桌次排序（见图4-31）。为了确保在宴请时赴宴者及时、准确地找到自己所在桌次，可以在请束上注明对方所在的桌次、在宴会厅入口悬挂宴会桌次排列示意图、安排引位员引导来宾按桌就座，或者在每张餐桌上摆放桌次牌（用阿拉伯数字书写）[①]。

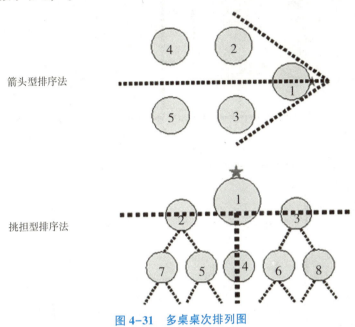

图 4-31　多桌桌次排列图

（三）宴会席次排列的基本要求

正式宴会一般都事先安排好席位座次，并且要在入席前通知每一位出席者。在安排席位时应注意以下几点。

以主人为中心，面门居中者为上。一般坐在面对房间正门位置上的人是主人，称为主位。若有女主人出席，则以主人和女主人为中心，以靠主人位置远近来体现主次。

以右为上。即主人右侧的位置是主宾位。

把主宾和主宾夫人安排在显要位置。按国际惯例，主宾常安排在女主人右边，女主宾安排在男主人右边。

夫妇一般不相邻而坐。西方国家习惯把女主人安排在男主人对面，男女穿插安排。女主人通常面向上菜的门，是宴会的中心位置。我国和其他一些国家一般都以男主人为中心，将主宾夫妇分别安排在男主人的右边和左边，女主人则安排在女主宾的左边。

在涉外交往中，译员一般安排在主宾的右边，便于翻译。

主宾双方人员应穿插安排，并注意礼宾次序。如遇特殊情况，如某人本该出席因故未出席，而座次已事先排好，此时应灵活调整。

席次的具体排列形式如4-32所示。

[①] 参考：天津商务职业学院商务礼仪精品资源共享课 http://123.150.254.34:2200/web/mokuai/mo4/zc%EF%BC%8Dzhuoci.html。

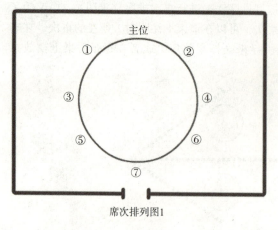
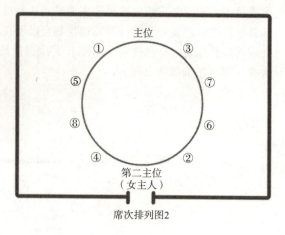

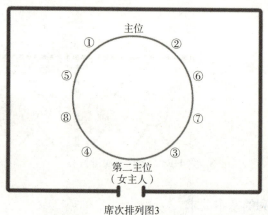

图 4-32　宴会席次排列的基本要求

（四）宴会席次排列具体方法

1. 单主人宴请时的席次排序

在本排法中，以主人为主心，主方其余座位和客方人员各自按"以右为尊"原则依次按"之"字形飞线排列，同时要做到主客相间，如图4-33所示。

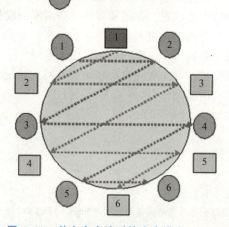

图 4-33　单主人宴请时的席次排序

2. 男女主人共同宴请时的席次排序

这是男女主人共同宴请时的排序方法，是一种主副相对、以右为尊的排列。男主人坐上席，女主人位于男主人的对面。宾客通常随男女主人，按右高左低顺序依次对角飞线排列，同时要做到主客相间。国际惯例是男主宾安排在女主人右侧，女主宾安排在男主人右侧。这里的左右是以当事人的左手面和右手面为准，如图4-34所示。

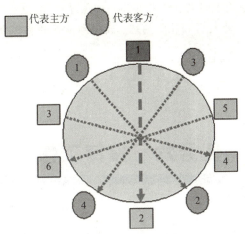

图 4-34　男女主人共同宴请时的席次排序

3. 同性别双主人宴请时的席次排序

这是第一、第二主人均为同性别人士在正式场合下宴请时用的方法，基本排法是主副相对、按"以右为尊"的原则依次按顺时针排列，同时要做到主客相间，如图4-35所示①。

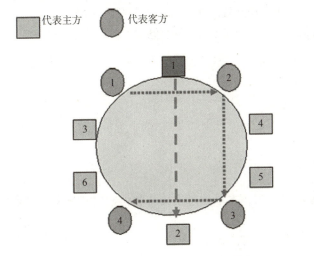

图 4-35　同性别双主人宴请时的席次排序

课堂练习

---

① 天津商务职业学院商务礼仪精品资源共享课 http://123.150.254.34:2200/web/mokuai/mo4/zc%EF%BC%8Dzuoci.html。

> **课堂活动**
>
> 根据下列情况，进行见面礼仪训练，一部分同学演示，另一部分同学观察并评价交流。
> 活动材料
> （1）"点名即应，微笑相迎"：分组训练，每组轮流选一名代表，点到其他同学的姓名时，该同学即走上前来做自我介绍并相互握手。
> （2）3个同学一组，自拟情景，进行居间介绍练习。
> （3）分组自拟情景，进行引领礼仪训练。情景所涉及的空间分别为电梯、走廊、员工办公区、经理办公区等。

任务六　接待工作

情景任务

重庆同声速记服务有限公司近期需接待深圳速记服务有限公司的领导和相关人员，共同交流两地速记服务事宜，洽谈购买速录机事宜。深圳速记服务有限公司是亚伟速录机的全国总代理商，公司陈副总经理和办公室王主任前来重庆。双方已在电话里进行了沟通，本次由重庆同声速记公司的张总负责接待，将安排一天进行交流访问，一天进行会谈和签约，一天进行参观考察。

理论知识

一、接待准备

（一）收集和掌握来访者的情况

可以通过汇总回执、报名表和申请表、本单位过去接待的档案以及有关部门提供的情况等途径来收集商务来访者的情况。

来宾的基本情况：主要包括来宾的国别、地区；单位、人数、姓名、性别、年龄、职务、民族、宗教信仰、生活习俗、健康状况等。

来访的目的、性质和要求：分析判断来访用意的方法：根据已经收集到的来宾情况判断；根据上级有关部门的接待通知判断；根据来访者出示的有关证件和介绍证明信函判断。来访的目的、性质和要求是制订接待方针和接待方案的重要依据，对此，秘书应当通过多种途径加以了解和掌握。

来访者抵离时间和交通工具：应主动了解来访者抵达的具体时间、航班号、机场名称、列车车次、具体车站等，便于做好接站准备；应对来访者预计的离开时间和选乘交通工具做好登记，以便为对方提前订票。

对方的资信情况：主要指来访者的法人身份、资信条件、经营能力、经营方式、客商所在公司在市场上所处地位等方面的情况。

（二）接待环境准备

在来宾到达之前，秘书部门首先应协助上司协调好有关的部门，成立专门的工作组。要把来宾的接待处和参观区域做好清洁、妥善布置、贴上相关的线路标识，还应准备好接待过程中所需要的设备和设施，保证数量齐全、质量优化，比如接待用车、接待桌椅、麦克风、多媒体设备、标识牌、文具用品等。其次是人文环境的准备。应注意通过对企业CIS形象设计展示、宣传橱窗、宣传标语、气球拱门等展现企业的文化理念、管理理念、企业特色等。最后，秘书还要协同有关部门和上司针对接待对象，组织调配好专业、记录、翻译、礼仪、导游、驾驶、勤杂等各类接待工作人员，对有关的人员进行礼仪、接待知识等方面的培训，避免在接待过程出现一些不必要的失误。

（三）接待材料准备

准备介绍性材料。如工作报告、情况简报、经验总结、统计报表、参考文件等。这类材料的准备要做到情况真实、事实准确、数据严密。

准备专业技术性材料。如产品鉴定报告、产品说明书、工艺流程图、产品市场推广简介等。这类材料的准备要求做到简洁明了、通俗易懂、内外有别。

准备礼仪宣传性材料。如欢迎词、欢送词、祝酒词、答谢词以及宣传视频、赠送给客人的企业概览、纪念手册、纪念礼品等。这类材料的准备要求做到语言热情得体，符合交际礼仪。纸质材料还要注意语言生动活泼、图文并茂、印制精美。

商务成果性材料备案。如会议或会谈纪要、合同或协议书、联合声明或公报等，往往是在双方领导正式会谈后确认的，但会谈各方可以事先拿出草案。

> **课堂活动**
>
> 根据本节开始设置的情景任务，做好接待准备。分组讨论项目任务中需要准备的相关材料，代表发言，教师点评及书面记录。
>
> 活动提示：应准备好接待方案、公司简介、公司宣传材料、公司速记服务成果材料、洽谈合同等。

二、制订接待方案

（一）接待方案的内容

1. 接待方针

即接待工作的总原则和指导思想。接待方针应当由上司来确定，秘书人员可就来访者的身份、来访意图、双边关系和接待目的向上司提出具体建议。

2. 接待规格

即确定本次接待工作中应该由哪位管理人员出面接待、陪同，以及接待时用餐、用车、活动安排等一系列活动的规格等。接待规格实际上就是来宾所受到的礼遇，它体现出接待方对来宾的重视程度和欢迎程度。接待规格的高低，往往根据接待的目的、性质、方针以及来宾的身份、地位、影响、宾主双方的关系等实际因素来综合确定。秘书人员要能够根据来访者的身份确定接待规格。接待规格主要有三种类型。一是高规格：主要陪同人员比主要来宾的职位高，例如某一公司的副总经理接待一位重要的客户，而对方不过是一位部门经理。采取高规格接待的目的是要表示对对方的重视和礼遇；二是对等接待：主要陪同人员与主要来宾的职位相当，这种接待规格最为常用；三是低规格：主要陪同人员比主要来宾的职位低，常用于基层单位，如：国家领导人到某公司视察，其董事长不过是副厅局级，即属于低规格接待。低规格接待主要用于事务性的接待或者非常特殊情况的接待，选用时应当特别慎重。

接待规格主要由上司决定，秘书仅提供参考意见。接待规格主要考虑以下因素：对方来宾最高身份；对方与我方的关系；以前接待过的来宾参照上次标准；突发性情况，规格降低时需向对方解释清楚并道歉。

3. 接待日程安排

根据来访者的来访时间长短、来访的目的，安排好每日的活动。日程安排要周到、具体。包括日期、时间、活动内容、地点、陪同人员等内容。日程安排要紧凑、合理。一般以表格的形式列出（见表4-1）。

表 4-1 接待日程表式样

××公司来访团接待日程（×月×日——×月×日）					
时间安排			内容安排	地点	陪同人员	备注
×点×分			接站	火车站	××	
×月×日	上午	8:30—9:30				
		10:00—11:30				
	中午	12:00	用餐	餐厅		
		12:30—1:30	休息	房间		
	下午	1:40—15:30				
		16:00—17:30				
	晚上					
...					

4. 接待责任安排

重要团体来访，秘书一个人无法完成所有接待前的准备工作，必须根据接待规格和活动内容组织一定数量的工作人员，成立专门的工作组，明确分工和注意事项，保证接待工作顺利进行。一般可制订相应的表格，印发各有关人员，在接待之前组织相关人员培训学习（见表4-2）。

表 4-2 工作人员安排表

工作组别	工作项目	时间安排	责任人	主要工作人员
接待文案组	接待计划拟写			
	会谈文案筹备			
	欢迎词			
	……			

续表

工作组别	工作项目	时间安排	责任人	主要工作人员
接待宣传组				
接待事务组				
接待联络组				
接待后勤组				
……				

5. 接待经费安排

接待经费预算主要是根据接待规格、人员数量、活动内容做出接待费用的预算。明确经费来源。如属来宾自负部分的，要提前告知对方；如几个单位联合接待的，应分清所占比例；了解来宾饮食和生活习惯。注意与宗教有关的饮食忌讳；不得擅自更改接待标准，严格执行公司有关规定；做好保密工作，注意内外有别。方案中应对接待经费的来源（接待方全额提供、客人自理、双方共同担负）和支出做出具体说明。力求从简务实、反对铺张浪费。接待经费列支包括以下内容。

①工作经费。为使接待活动顺利开展产生的一些工作费用，如制作文件资料、文件袋、证件票卡的印刷费用，会议设备的购置或租用费用，会议室、大会会场等会议场所的租金，购买会议所需办公用品的费用，会场布置等所花费的费用等。

②住宿费。住宿费主要是为来访人员和接待人员提供住宿产生的费用。住宿费不能简单地按人头或床位计算，要根据不同的住宿标准计算。一般情况下，主要陪同人员和主要来宾的住宿标准要高一些。

③餐饮费。接待期间的餐饮费通常由接待方补贴一部分，由来访人员承担一部分。

④劳务费。主要是接待活动中请有关专家、学者等讲课或演讲产生的费用，还有一部分是有关工作人员为了做好接待工作而加班产生的费用。

⑤交通费。外地来访人员乘交通工具往返的费用，如果由接待方承担，则可列入预算；此外还包括在接待期间各项活动使用车辆发生的开支，如租车费、燃油费等相关费用。

⑥参观、游览、娱乐费用。

⑦礼品费。为了使访问活动更有纪念意义，接待方一般都会赠送一些礼物。礼品费依据人数计算。

⑧宣传、公关费用。在一些大型的活动中，接待方为了扩大影响，往往会在媒体上进行宣传报道，由此会产生现场录像费用、版面费用及在媒体宣传涉及的公关费用等。

⑨其他费用。主要是各种不可预见的临时开支等。有时，来访人员的住宿费、交通费等由来访一方支付，这就需要把费用数量与日程安排表一起提前寄给对方。接待经费来源也是要落实的问题。特别是由两个以上单位联合接待时，在开始筹划时就要确定好经费来源。

（二）接待方案的格式

①标题一般写为："××（单位）关于××来访的接待计划"。

②正文主要包含两个部分：开头说明来访者的基本情况以及来访的起因、背景和来访的目的意图；主体部分分项写明接待方针、接待规格、接待内容、接待日程、接待责任分工落实情况、接待经费以及其他要说明的问题。

③尾部：写明提交方案的部门名称和提交日期。

现代秘书办公实务

  技能训练

根据本节开始设置的情景任务，拟写接待方案。分组讨论项目任务中接待计划的内容；分组拟写及代表发言；教师点评及书面记录。

活动提示：接待计划的内容包括：接待规格；人员、时间、地点及事项安排表；经费列支。

深圳速记服务有限公司接待计划

三、接待程序

视频：临时接待

（一）接待个别来访

1. 热情迎接问候

当来访者走近时，要以站立姿态面带微笑主动问候，这一系列的动作、表情，我们简称为"3S"：Standup（站起来）、See（注视对方）、Smile（微笑）。对于来访的客人，无论是事先预约的，还是未预约的，都应该亲切欢迎，给客人一个良好的印象。最初的迎客语言一般为："您好，欢迎您""欢迎光临！""您好，我能为您做些什么？""您好，希望我能帮助您。"如果当时秘书正在接电话、与其他的客人交谈、打印文件或是查找资料，都要应用眼神、点头、伸手表示请进等身体语言表达你已看到对方，先向来客致意，请来客稍候，然后迅速放下手里的工作，进行接待，而不应不闻不问或面无表情。

如果客人进门时秘书正在处理紧急事情，可以先告诉对方："对不起，我手头有紧急事情必须马上处理，请稍候"，以免对方觉得受到冷遇。遇有重要客人来访，秘书需要到单位大门口或车站、机场、码头迎接，且应提前到达。当客人到来时，秘书应主动迎上前去，有礼貌地询问和确认对方的身份，如，"请问先生（小姐），您是从××公司来的吗？"对方认可后，秘书应做自我介绍，如"您好，我是××公司的秘书，我叫××"或"您好，我叫××，在××单位工作，请问您怎样称呼"。介绍时，还可以互换名片。如果客人有较重的行李，还要伸手帮助提携。要给客人指明座位，请其落座，迎接以客人落座而告终。

2. 查对预约登记

搞清来访者是有约来访还是无约来访。

已预约的接待程序：若是如约前来，应立即通知被访者。来访者早约前来，应请对方在休息区稍候，递送书报资料以排遣时间，或轻松地与其交流，使对方感到不被冷淡。来访者若迟到，应亲切地表示问候及关心、体贴与谅解；请宾客稍作休息后再引导其去与主管见面。

未预约的接待程序：核实对方身份并询问来意。请对方稍候，通报主管办公室，请示上司是否方便接待或在不在。若要求当下见面，设法联系，按预约来访者的工作程序进行。若不可以，向来访者说明情况，主动请对方留言或留下联系方式，尽可能快地安排会见时间并通知对方。根据来访者需求机敏应对（为领导挡驾）。如果来访者要见领导，而领导不愿见，秘书需找借口委婉拒绝，或请示领导能否指定他人代替，并给予安排；也可请对方留下电话和会面时间要求，表示将及时禀告领导，领导决定后立即通知对方。如果是秘书授权范围内的事情，秘书也可以直接处理。

3. 进行来访登记

请来访者登记，发放宾客卡，并提醒来访者离开前返还宾客卡。

4. 通报引领见面

向上司通报有来访者到来。引领客人到上司办公室或会客室。引领的基本规范是这样的：在走廊上引领客人时，秘书应走在访客侧前方两至三步。当访客走在走廊的正中央时，秘书要走在走廊上的一旁。偶尔向后望，确认访客跟上；当遇转弯拐角时，要招呼一声"往这边走"。引领客人上下楼梯时，应先告知客人具体的楼层房间号，然后开始引领访客到楼上。上楼时应该让访客先走，因为一般以为高的位置代表尊贵。在上下楼梯时，不应并排行走，而应当右侧上行，左侧下行。引领客人进入电梯时，首先，秘书要按动电梯的按钮，同时告诉访客目的地是在第几层。如果访客不止一个人，或者有很多公司内部的职员也要进入电梯并站在一角，按着开启的键，引领访客进入，然后再让公司内部职员进入。访客先进入，以示尊重。离开电梯时则刚好相反，按着开启的键，让宾客先出。如果上司也在时，让上司先出，然后秘书才步出。进入会客室后，接待人员站在门的侧面，说："请进。"请客人进去。请客人进入会客室后，便请他坐上座。并说声："请稍等一会。"当客人在会客室入座后，秘书要立即准备茶水或饮料。进门后随手关门。

5. 做好接待记录

秘书在接待完毕后应礼貌送别客人。通常情况下，当客人正要离去时，向他们说一声："谢谢您的来临。"需特别的送客，则带领客人到电梯前，替客人按钮，当客人进入电梯后，在门未关闭前，向客人告别。

利用车辆接送客人时应注意以下两点。

如果客人需要帮助叫出租车，应先将客人带至门前等候。截停车后，替客人打开车门，然后一手固定车门，一手示意他们进入，说："请！"客人入座后，把车门关上。这时，最好不要立即离去，应站在原地，与客人挥手告别，直到汽车远去。

如果需要亲自送客时，应遵守乘车的位次规范。为安全起见，应根据法律规定，坐在司机旁边座位上的人，必须系上安全带。所有接待工作结束之后，秘书应做好本次接待来访的工作记录。

（二）接待来访团体

1. 计划性内宾接待

①接受任务。秘书从领导处接受接待任务。

②了解来宾。秘书了解来宾的人数、身份、性别、来意、要求、日期、交通工具的班次与具体时间、内容和日程的初步要求、何时返回、返程交通工具等。

个别接待特殊情况处理

③制订计划。秘书按来客和领导的要求制订计划，包括接待规格、内容、日程、经费、人员、任务分配等，经领导批准后逐项准备。

④预订食宿。秘书按计划在招待所或宾馆预订膳食、客房或床位、准备车辆等。

⑤迎接来宾。秘书在规定日期、时间随车到机场、车站、码头去迎接客人。

⑥商议日程。秘书将客人接至招待所或宾馆后，即与对方秘书或相应人员商定日程安排。

⑦安排会谈。秘书将商定日程汇报领导，接着安排双方会见或会谈事宜，并应准备好会谈需要的资料。

⑧陪同参观。如安排参观访问，秘书应陪同、介绍、并负责交通、餐饮、休息、安全等。

⑨送别客人。客人访问结束返回时，秘书应提前代办车、船、机票并将客人送至车站、码头、机场。

⑩接待小结。重要的接待结束后，秘书及经办人员应认真进行小结并向领导汇报。

2. 计划性外宾接待

①接受任务。接待任务由秘书接受，或由外事部门主办，秘书协办。

②了解来宾。对来宾的了解除了人数、身份、性别、来意、要求等外，还应注意国籍、民族、生活及风俗习惯等。

③制订计划。制订计划应该更周密细致。政府机关的外宾接待计划需报上一级领导批准，重要外宾还需通报交通和安全部门配合。

④预订食宿。按计划规格在宾馆预订标准客房或套间，预订中式或西式餐饮，说明特殊要求或指定菜谱。

⑤欢迎来宾。按计划由主管亲自迎接或由秘书代劳，或需组织一定的欢迎仪式。

⑥商议日程。秘书到宾客下榻处和客方商定日程。

⑦礼节性拜访。主方负责人去客方下榻处进行礼节性拜访，秘书随同。

⑧宴请。主方宴请客方，一般用固定席位的正宴、晚宴、不用酒会、自助餐等。

⑨正式会谈。双方主管进行正式会见或会谈，秘书应做好资料和物质准备，默契配合。

⑩签订协议书。如双方达成协议并签订协议书，秘书应事先拟写协议书草稿，并安排好签约仪式。

⑪陪同参观游览。秘书陪同外宾参观、游览，弘扬民族文化，宣传建设新貌。

⑫互赠礼品。秘书准备礼品，要选有纪念意义的，经济价值不必高，并登记在册。如宾客是再度来访的，礼品应有变化。

⑬欢送来宾。以与欢迎来宾相应的规格及仪式欢送宾客。

⑭接待小结。一般应做书面小结，阅卷存档备查。

四、接待事项落实

视频：接待活动

（一）迎接客人

1. 室外迎接

①介绍

双方初次见面可由身份最高的主人、秘书或翻译人员进行介绍，介绍时应注意以下几点：顺序适当：应按照先主后宾的原则介绍双方，再按职务和身份从高到低的顺序介绍双方成员；介绍应清楚准确：对被介绍人的基本情况应清楚准确地进行表达。

②握手

握手是一种常见的见面致意礼节，握手时应注意以下几点。顺序适当：尊者优先伸手的原则；力度适当：为了体现迎接客人时的热情，应稍许用力；神态谦恭：在握手的同时应面带微笑，双目注视对方，略做寒暄；时间适当：对于久别重逢的客人握手的时间可长一些，一般性的客人（尤其是当对方是女性时）握手时间不能太长。

2. 室内迎接

当看到客人进来时，应立即站起来，向客人微笑致意，即见到客人第一时间做到"三S"，请客人就座，奉上茶水或饮品；询问客人来意，根据客人的合理要求尽力做出安排。如不能满足客人愿望，应耐心向客人说明原因，请客人谅解。

3. 引领客人

配合客人的步幅在客人左侧前一米处左右引导；

穿越走廊、拐弯、上下楼梯时均应回头招呼客人，以手示意；

乘电梯时，若有电梯工，则让客人先进先出；无电梯工时，则秘书先进后出，并按住按钮以防客人被门夹住；

到达会客室时，向客人指明"这是会客室"，先敲门通报再开门。

进入会客室后，秘书为宾主做介绍，请客人就座，奉上茶水或饮品便可告退。退出时不要背部对着客人，而应以正面倒走方式退出。

（二）商议日程

客人到达的当天，秘书应陪同单位领导人前往客人下榻处看望，一是表示欢迎和问候；二是共同商定活动日程。如客人对事先准备的日程安排表有不同意见和要求，在不违背大原则的前提下，可以进行适当调整，并尽快通知有关部门重新准备。秘书应将调整后的日程安排表发给每位客人。

（三）会见会谈

按照大体对等的礼仪原则，由适当的负责人出面正式会见客人。这种会见是礼节性的会晤，时间较短，通常是半个小时左右。会谈，是指双方或多方就某些实质性的问题交换意见、洽谈业务等，时间一般较会见长，内容比较正式，而且专题性较强。

会见会谈之前秘书应安排好时间和地点，会见会谈时则应安排好座次。会见时，主宾坐在主人右边，译员、记录员坐在主人和主宾后面，座位通常为半圆形。会谈时，一般用长方形桌子，宾主相对而坐。会见会谈时，均要做好记录，根据谈话内容、性质做摘要记录或详细记录。正式会谈都要做详细记录，将双方的谈话原原本本记录下来，并及时整理。

会见会谈结束时，如有合影安排，秘书应提前通知摄影师按时到场，并安排好宾主排列顺序。

（四）安排宴请

对重要客人来访，一般应安排宴请活动。宴请一般由领导出面主持，秘书协助领导者组织安排宴会。秘书要事先通知来宾宴请时间、地点和主要宴请人员。宴请时要根据来宾的具体情况确定宴请环境、菜单和座次。对于外宾和少数民族来宾，要注意他们的饮食和生活习惯以及宗教信仰方面的禁忌。宴请活动既要符合礼仪，又要符合政策，不能铺张浪费。

（五）开展活动

按照日程安排表组织来宾的参观学习、洽谈工作、游览娱乐等活动，秘书部门的任务主要是组织协调和督促检查，并协助做好接待中的辅助工作，如安排场地、车辆、引见、记录等。每项活动前，要通知有关方面做好必要的准备，以保证每项活动的顺利进行。

（六）送别客人

中国有句俗话：身迎三分，目送七分。送别客人有着十分重要的礼仪规范。如果是团体来访，应根据客人的需要为客人代购返程车船票或飞机票，并将票及时送到客人手中。要同客人商量好具体出发时间，以便提前安排好送客车辆和人员。按照约定时间，将客人送到机场、车站或码头，与客人话别。如有单位领导送行，秘书要当好随从。此外，必要时可按规定向客人馈赠有意义的小礼品，但要注意外宾和少数民族来宾的禁忌。

如果是个别临时来访，则应注意以下事项：当客人起身离开时，主动替客人取衣帽等物，并扫视一下桌面、座位，看客人是否有遗忘的东西；为客人开门；送客人到电梯时，要为客人按电梯按钮，在电梯门关上前道别，如送到大门口，要一直等到客人所乘坐的汽车驶出视线后再离去；和上司一起送客时，要比上司稍后一步。

课堂活动

根据本节开始设置的任务情景模拟商务接待。分配角色和准备材料；模拟接待；教师点评。

五、接待沟通技巧

接待礼宾次序

（一）热情问候

情景：有客来访，见面怎么说？

标准式：您好，请问您有什么事需要我帮助？

一般式：您好，请问您有什么事？

（二）礼貌引见

①情景：××工商职业学院的李院长如约来××城市管理职业学院拜访罗院长，秘书确认事实后应该如何引见？

事先有约："您好，我是秘书×××，罗院长按照与您约定的时间，现在会客室等您，请您安排。"

②情景：重庆亚通集团的王总经理来××城市管理职业学院拜访罗院长，事先未曾预约，秘书应该如何引见？

事先无约："您好，对不起，请问您事先有约吗？"或"您好，您可以告诉我您来联系什么事吗？"

联系接待人："您好，罗院长，我是秘书×××，现在重庆亚通集团的王总经理来访，请问您是否有时间并且愿意给予接待？"

（三）合理挡驾

情景：如果来访者坚持要见你的上司，却又不愿说出理由，你该怎么说？

标准式："我很抱歉，我的上司明确授权我，他只会见事先有约的来访者。在我安排您之前，他要求我搞清楚您拜访他的真实意图和要求，我必须履行我的职责。"

一般式："我很愿意帮助您，但是现在我的上司正在开会，会议十分重要，短时间内不会结束，因此我建议您给他写张字条，我会设法交给他，请他安排具体时间。"

课堂活动

1. 案例分析。

××外贸公司的美国客人到公司洽谈业务，秘书陈小姐到机场接回了客人。正值当天气温很高，陈小姐把客人直接带到会议室就座，并按照中国的习俗给每位美国客人倒了热茶。然后离开会议室到老板办公室向老板汇报了情况。老板随即过来，和客人做了简短的交谈。客人索要订单汇总表和生产计划，陈小姐马上打印了一份交给客人。接着老板安排副总经理陪同客人出去用餐。到了中餐厅，陈小姐为了翻译方便，坐在副总经理和外国客人中间的座位上。用餐期间，陈小姐为了显示东道主的热情，不停地给客人夹菜和倒酒，向客人解释每道菜的原料和做法，并教客人使用筷子。用餐结束，陈小姐又询问客人第二天的日程安排。最后送客人回宾馆休息。

项目四　秘书礼仪接待

> **思考题**：陈小姐在接待过程中有哪些做法是不妥当的?
>
> 2. 请根据下面的情景拟写一份接待计划。
>
> 重庆立鼎公司是一家大型的档案数字化加工的民营公司。该公司王总经理、李副总经理、办公室蔡主任以及秘书小赵将于××××年6月5日到××城市管理职业学院洽谈有关档案管理人才定单式培养合作办学事宜。××城市管理职业学院罗院长、文化产业管理系李主任、文秘专业教研室陈主任等负责参与会谈，由该院办公室主任及秘书小孙负责接待。

技能训练

请柬制作

技能训练项目——请柬制作

一、实训任务：完成请柬设计。

二、实训目标：掌握请柬的基本格式及内容；熟悉 Word 格式排版相关操作。

三、实训要求：

1. 利用 Word 设计 1 份带封面的请柬。
2. 注意请柬内容要素的完整和敬语的使用。
3. 完成后保存为后缀为 .pdf 的格式文档。

实训示例：

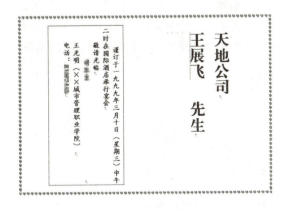

项目能力测试题

一、单项选择题

1. 握手时表现出某种支配、驾驭感的一种掌势是（　　）。
   A. 掌心向下　　　B. 双手相握　　　C. 掌心向上　　　D. 手掌呈垂直状态
2. 在我国一般商务交往场合，鞠躬礼最常见的角度约为（　　）。
   A. 15°　　　B. 30°　　　C. 45°　　　D. 90°
3. 交际应酬中最简单的常用礼节是（　　）。
   A. 握手　　　B. 点头　　　C. 致意　　　D. 微笑
4. 在跟女士握手时，一般不采用的形式是（　　）。
   A. 以双手相握　　　B. 掌心向下　　　C. 掌心向上　　　D. 只握手指部分
5. 以下各种场合中，最适宜用致意的方式向交往对象表示问候与尊敬的是（　　）。
   A. 异性相遇　　　　　　　　　B. 与位尊者见面
   C. 初次见面　　　　　　　　　D. 多次见面
6. 在递出自己的名片时，以下各项中不符合礼仪规范的是（　　）。
   A. 双手递出　　　　　　　　　B. 右手递出
   C. 在人群中散发　　　　　　　D. 字体正对接受者
7. 上楼梯时，男士一般应该走在女士的（　　）边，下楼梯时，男士应该走在女士的（　　）边。
   A. 前，后　　　B. 后，前　　　C. 前，前　　　D. 后，后
8. 下列呈递名片的说法中，不正确的是（　　）。
   A. 只能用右手呈递
   B. 要将名片正面朝向接受方
   C. 接受的名片应放到名片夹或上衣口袋中
   D. 应该用双手呈递
9. 正确握手的时长一般为（　　）。
   A. 3~4秒　　　B. 5~6秒　　　C. 7~8秒　　　D. 越久越好
10. 在机场、商厦、地铁等公共场所乘自动扶梯时应靠（　　）站立，另一侧留出通道供有急事赶路的人快行。
    A. 左侧　　　B. 右侧　　　C. 中间　　　D. 随人流而定

二、多项选择题

1. 在人际交往中，一般被他人介绍到的人应起立致意，可以例外的情形有（　　）。
   A. 上级　　　B. 女士　　　C. 客人　　　D. 长辈
2. 会客时位次排列的形式主要有（　　）。
   A. 自由式　　　B. 相对式　　　C. 并列式　　　D. 居中式
3. 会谈时位次排列的形式主要有（　　）。
   A. 自由式　　　B. 相对式　　　C. 主席式　　　D. 居中式
4. 名片索取的方法主要有（　　）。
   A. 互换法　　　B. 激将法　　　C. 谦恭法　　　D. 联络法
5. 致意是最简单的常用礼节，适宜使用的场合有（　　）。
   A. 不宜交谈　　　B. 多次见面　　　C. 一面之交　　　D. 不戴帽子
6. 握手礼人们常用，一般情况下哪些做法不符合礼节规范（　　）。

A. 交叉握手　　　　　　　　　　　B. 戴着帽子握手
C. 戴着礼服手套握手　　　　　　　D. 边走边握手

7. 致意是交际应酬中最简单的礼节，在向对方致意时，要避免（　　）。
A. 男士主动　　　　　　　　　　　B. 在对方的侧面
C. 在对方的后面　　　　　　　　　D. 不出声

8. 在递交名片时，应注意的礼节是（　　）。
A. 应由下级先递出名片
B. 来宾人数比较多时只递给年长者和身份高者
C. 应由女士先递出名片
D. 递交名片时一般应双脚立正双手递出

9. 在正式宴请时，以下哪些做法是正确的（　　）。
A. 请女主宾坐主人位　　　　　　　B. 请年长者坐主人位
C. 请上级坐主人位　　　　　　　　D. 请主宾坐主人右边

10. 握手是社交常用礼节，双手并用的"外交式握手"不宜用于哪些国家来宾（　　）。
A. 日本　　　　　　　　　　　　　B. 印度
C. 伊朗　　　　　　　　　　　　　D. 泰国

11. 在行鞠躬礼时，以下做法中符合礼节规范的有（　　）。
A. 礼毕应注视对方　　　　　　　　B. 女士戴着无檐帽
C. 边走边鞠躬　　　　　　　　　　D. 用左手脱帽

12. 致意是最简单的常用礼节，适宜使用的场合有（　　）。
A. 不宜交谈　　　　　　　　　　　B. 多次见面
C. 一面之交　　　　　　　　　　　D. 同事见面

13. 在人际交往中，一般被他人介绍到的人应起立致意，可以例外的情形有（　　）。
A. 在户外场合　　　　　　　　　　B. 在宴会桌上
C. 在主席台上　　　　　　　　　　D. 在会谈桌上

三、判断题

1. 按照国际惯例，在职场交往中应该把男士介绍给女士，把下级介绍给上级。（　　）
2. 点头礼是社交活动中使用频率最高、适用范围最广的一种礼节。（　　）
3. 礼节性握手应该特别注意坚持对等、同步的原则。（　　）
4. 鞠躬礼应在距离对方 2m 左右时进行。（　　）
5. 致意在很多情况下是不出声的问候，通常仅限于熟人之间。（　　）
6. 鞠躬礼是社交活动中使用频率最高、适用范围最广的一种礼节。（　　）
7. 被他人介绍时，身份高的一方一般不必与对方行握手礼，点头致意显得更有风度。（　　）
8. 有客来访的情况下，在迎送客人时，主人应该主动跟客人握手。（　　）
9. 交往双方中有一方行鞠躬礼时，另一方应该以鞠躬回礼才显得更有礼貌。（　　）
10. 女士一般不可以首先向异性朋友致意。（　　）

项目五　秘书会议管理

项目能力标准

学习领域	能力目标	知识要求
会前筹备	1. 能够拟写会议筹备方案 2. 能够拟定会议议程和日程 3. 能够制订会议经费预算 4. 能够制作和发送会议通知 5. 能够布置会议场所 6. 能够装饰会场 7. 能够准备会议文件资料和会议所需物品设备 8. 能够安排会议食宿	1. 了解会议的含义、功能和企业会议的类型 2. 掌握会议筹备方案的写作内容、特点和要求 3. 掌握确定会议主题与议题、会议名称、会议时间、会议地点、与会人员、会议议程和日程的内容和要求 4. 掌握制订会议经费预算的内容和要求 5. 掌握制作和发送会议通知的内容和要求 6. 掌握布置会议场所和装饰会场的内容和要求 7. 掌握准备会议文件资料、会议所需物品设备以及安排会议食宿的内容和要求
会中服务	1. 能够组织会议报到与签到 2. 能够做好会议记录 3. 能够制作会议简报 4. 能够做好会场服务 5. 能够按照礼仪规范安排合影	1. 掌握会议报到、签到的程序和要求 2. 掌握会议记录的准备工作和写作方法 3. 掌握会议简报制作内容和方法 4. 掌握会场服务的内容和方法 5. 掌握合影安排的礼仪规范
会后落实	1. 能够安排与会代表返程工作 2. 能够协助相关人员整理会场工作 3. 能够结清与会人员的会议账目 4. 能够收集和清退会议文件材料 5. 能够拟写会议纪要 6. 能够协助领导做好会议总结工作和效果评估工作	1. 掌握与会人员返程安排的要求和方法 2. 了解会后会场整理的相关工作 3. 掌握为与会人员结清会议账目的要求和方法 4. 掌握收集与清退会议文件材料的要求和方法 5. 掌握拟写会议纪要的要求和方法 6. 掌握会议工作总结与效果评估的要求和方法

项目五 秘书会议管理

续表

学习领域	能力目标	知识要求
网络会议管理	1. 能够根据需要选用网络会议平台 2. 能够做好网络会议的各项准备工作 3. 能够做好网络会议的会中服务和保障工作	1. 了解网络会议的含义和特点 2. 理解网络会议的软硬件配置 3. 掌握网络会议的会务准备事项

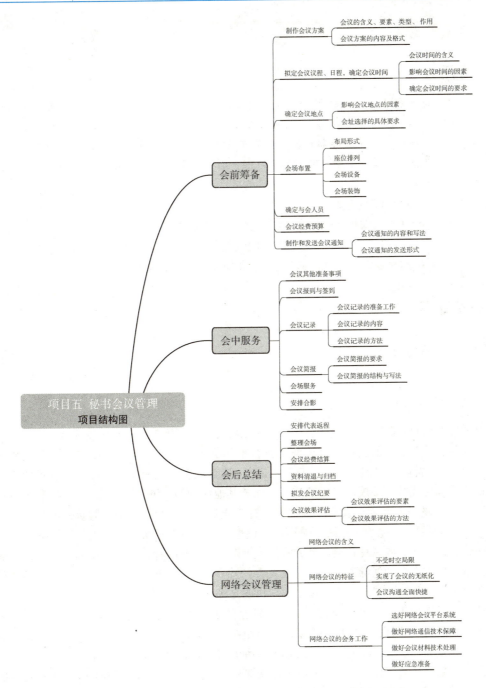

现代秘书办公实务

任务一 会前筹备

情景任务

重庆江韵文化传播有限公司计划于 2015 年 3 月 31 日至 4 月 3 日在太平洋广场（重庆上清寺邮政局旁）会议中心召开关于电脑速录软件使用的培训会议。会议要求总公司综合部、信息化部、销售部、会议服务部、速记服务部和客户服务部以及重庆市内各分公司的相关人士参加。

任务 1：该会议筹备交给公司总经理办公室负责，由王秘书负责会议预案的拟制，她应该注意哪些方面的问题？

任务 2：拟写一份该会议的通知。

任务 3：会议选择在重庆太平洋广场会议中心召开，该会议中心有 5 个会议室，其中主会议室可以容纳 200 人，会议室空间为长方形。请为此次会议的主会场和分会场设计座位布局图。

任务 4：为开好此次会议，秘书还应做好哪些方面的准备？

理论知识

一、会议基础知识

（一）会议的含义

会议是人类社会自古就有的一种社会行为。在原始社会，部落首领召集氏族议事、选举酋长等均使用会议的方式。我国的史籍中也记载着尧召集部落酋长用会议形式决定继承人和治水人选的事情。《尚书·周官》："议事以制，政乃不迷。"随着社会的飞速发展和社会信息量的不断增长，会议已成为现代社会开展政务、经济、文化及其他活动的一种重要方式。《韦氏新大学词典》关于"会议"的解释是：会议乃一种会面的行为或过程，是为了一个共同目的的集会。从字义上讲，"会"是聚合、会合；"议"是商议、议事，即讨论和研究问题；"会议"即是把人组织起来讨论和研究问题的一种社会活动方式。"会议"一词有两种含义。一种是指有组织、有领导地商议事情的集会，如领导办公会、代表大会；另一种是指一种经常商议并处理重要事务的常设机构或组织，如外国的议会等。这里主要探讨的是第一种。

无论是人类早期的氏族议事会议，还是当代社会的国际性会议，都是为了解决一定的实际矛盾和问题而举行的。而且，自古以来会议就是有组织、有领导地商议某种事情的集会，是按照规定的时间、地点和程序，组织有关人员活动的一种方式，是各级机关、企事业单位、各种社会团体商讨问题、部署检查工作、总结经验和进行决策的重要活动形式。会议往往是事先约定、有组织、有目的的，那些没有组织的聚合和议论，不能称之为会议。由此可见，会议形成的基本条件：三人以上（包括三人）、有目的、有组织、有领导、商议事情、集会。

·150·

项目五　秘书会议管理

从现代意义上讲，会议的含义主要包括以下方面：会议是人类社会活动、政治经济生活中相互交往必不可少的一种形式，是通过有组织、有领导地集中商议某种事项来进行沟通的方式；是按照规定的时间、地点和程序，组织有关单位人员协商事宜、交流信息、沟通感情、达成共识的一种重要的行为过程；是各级各类机关、企事业单位、各种社会团体商讨问题和部署、检查工作以及总结经验和进行决策的重要活动形式；是领导机构进行决策和管理，实现领导职能的一种重要方式，被广泛地应用于政治、经济、科学文化及社会生活的各个领域。

会议的形式要素主要有：会议名称、会议时间、会议地点、与会人员、会议方式等。会议内容要素主要有：会议指导思想、会议议题、会议目的、会议任务、会议作用、会议结果等。会议程序要素主要有：会议准备、会议开始、会议进行、会议结束、会议决定的贯彻落实等。其中最基本的会议要素有：会议时间、会议地点、与会人员、会议议题、会议程序。

（二）会议的作用

1. 决策功能

会议是通过民主做出决策的一种重要手段。决策功能是会议活动的基本功能。随着社会的不断发展，行业与行业之间、部门与部门之间的联系比历史上任何时候都更加紧密、更加重要，在这种情况下，会议的功能更是不断得到充分体现。如各组织、权力机关的代表会议，机关单位的行政会议，都具有这种决策功能。

2. 执行功能

会议可以传达公司和决策者的信念，可以传达公司的经营理念，统一上下员工的步调，改进公司的缺失，让公司能够更好。同时通过会议，集思广益，把大家的意见统一起来使之成为公司即将遵循的一个方向，这样才能众志成城，又快又好的将目标变为现实。

3. 沟通职能

会议的沟通就是在会议进行过程中，与会人员相互之间通过直接地交换意见，实现相互间信息的瞬间共享。在这方面，会议的功能是其他任何形式都难以比拟和取代的。如各种形式的交流会、情况通报会。

4. 协调功能

会议的协调功能就是通过会议消除与会者相互之间的差异，并在共同的目标指导之下，达到认识的统一和行动的一致。如各种形式的汇报会、协调会。

5. 监督功能

许多公司或部门的常规会议其主要目的是为了监督、检查员工对工作任务的执行情况，了解员工的工作进度；同时，借助会议这种"集合"的、"面对面"的形式，有效协调上下级以及员工之间的矛盾。如各种形式的总结会、评比会，都能起到监督的作用。

（三）企业会议的类型

1. 经理例会与特别会议

经理例会是指由本企业的经理们参加，研究经营管理中重大事项的办公会议。这类会议是例行的，通常每月一次或每周一次，与会者和会议地点都相对固定。经理特别会议是在企业的外部环境或内部运转机制面临重要问题，急需领导集体研究，立即拿出解决方案时召开的会议。这类会议的主要任务就是研究和解决新问题，做出相应的对策。

2. 部门例会

部门例会是某一部门定期召开，由本部门全体员工参加的会议，如生产部门例会、销售部门例会等。这种会议一般起到通报情况、交流信息、解决问题、融洽感情的作用。

3. 股东大会和董事会会议

股东大会是股份制企业定期召开的例行性会议，一般每年召开一次，由股东参加，决定股份公司的最高执行方针。秘书通常在会前三到四个星期就要将会议通知邮寄给参会人员。董事会会议分例会和特别会议。

4. 公司年会

公司年会用于各部门报告一年来的工作业绩，确定下一年的工作计划。公司年会往往在年终举行，不仅总结表彰，而且可能开展一系列的庆祝活动。

5. 客户咨询会

这类会议主要是邀请企业的客户代表、合作单位代表参加，听取客户对企业经营管理方面的意见、建议，对客户提出的问题集中给予解答。这类会议的与会者来自方方面面，有本地区的，也有外地的；有本国的，也有外国的。这类会议规模比较大，工作难度较大，对会议要求较高。

6. 产品展销订货会

这类会议是企业经营中经常使用的一种有效手段，一般由销售部门负责人操办。

7. 业务洽谈会

业务洽谈会是企业中一项重要的活动，是企业提高经济效益的关键。企业的领导人常常亲临此类会议。

8. 新产品新闻发布会

企业研制出新产品并准备将其推入市场时，常常采用新闻发布会的形式进行宣传。

二、拟订会议筹备方案

（一）会议预案的主要内容

会议预案是会议的筹备方案，是召开会议的大体设想。会议筹备方案是在大中型或重要会议召开之前对与会议相关的人、财、物、信息、流程等要素资源进行有序整合，做出统筹安排、周密部署，以促进会议顺利进行、取得预期效果的会议文书。一份考虑周全的会议筹备方案往往也反映出会务部门和秘书人员筹办会议的能力和水准。会议预案主要由以下内容构成：会议主题和议题；会议名称；会议议程；会议的时间和日期；会议所需设备和工具，要满足会议的需要；会议文件的范围，并做好文件的印制或复制工作；会议经费预算；会议住宿和餐饮安排；会议筹备机构与人员分工。

（二）会议筹备方案的特点

1. 预演性

会议筹备方案是会议过程的预演，为了确保会议顺利举行，需要会议工作人员通过设想和策划，将会议计划全过程可能发生的事项预先安排出来，形成相对严谨周密、可资指导实施的文字方案，以便统筹布置会议各项事宜。

2. 周全性

会务工作是一项复杂的系统工作，一个会议特别是大中型会议往往涉及的点多面广，筹备组织工作稍有疏忽就会出现不可控因素而发生难以弥补的错误，造成不良影响。因此，在制订会议筹备方案时，要充分考虑方方面面的内容，只有细节考虑具体、安排到位，在做会务准备工作时才能有条不紊、主动从容。可以说，拟定一份考虑周全、细致缜密的会议筹备方案，是做好一切会务工作的前提和基础。

3. 操作性

制订会议筹备方案的目的是通过明确会议所需的人、财、物以及时间、地点等要素,细化具体事项及责任人、完成时间等,用以指导做好会议筹备工作。会议方案应当是具体翔实的、操作性强的,否则就失去了方案的作用和意义。

4. 系统性

制订会议筹备方案一定要有宏观视角,站在会议组织的全局来进行统筹安排,特别是要注意各个事项与会议全局的关系,要随时用会议的主题和目标来指导会议筹备的各个环节,使其环环相扣、前后照应。

(三)会议筹备方案的写作要求

会议筹备方案一般由标题、正文、尾部组成。

1. 标题

标题一般由会议主办单位名称、事由和文种构成,如例文标题《××集团公司2015年工作会议筹备方案》,再如《××学院三届一次职工代表大会筹备方案》;也有的标题省去单位名称,由事由和文种构成,如《××会议筹备方案》。

2. 正文

正文部分是方案的核心。一般因会议性质、规模等的不同,会议筹备方案的内容也有所区别和侧重,但主体要素不能缺少。至少要包括但不限于写明会议目的、任务、主题、时间、地点、参会人员范围、日程、议程、会议设备、文件资料、会务分工、会议经费等,一般分条列项写出。如下文的例文中,方案对会议主题、时间、地点、规模、主持人、日程、会场布置、会议材料准备、餐饮住宿及接送站安排、会议通知、会务工作分工及进度、会议经费预算等做了详细计划,对单位领导、会议筹备人员和参会人员都具有较强的指导作用。有的大型会议还可以建立专门的会议筹备领导机构及工作机构,制订会议安全保卫工作及应急处置措施、媒体接待计划和宣传报道方案等。

3. 尾部

落款处一般署上拟定会议筹备方案的单位名称和签署日期,必要时应加盖单位公章。

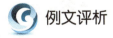 例文评析

××集团公司2015年工作会议筹备方案

根据集团公司安排,集团公司2015年工作会议将于2015年2月初举行。为办好这次会议,特制订本方案。

一、会议主题:贯彻落实全省经济工作会议精神,认真总结2014年度工作,全面部署2015年任务指标,以改革创新精神推进集团公司各项工作再上新台阶。

二、会议时间:2015年2月8日、9日,会期2天。

三、会议地点:××酒店

四、会议规模:1. 参加会议人员:集团公司2015年工作会议正式代表;2. 特邀代表及列席人员。共计220人。

五、会议主持:×××

六、会议日程及主要议程

日期	时间	内容	出席对象	地点
2月8日	上午8:30—9:00	大会预备会议	全体代表	××酒店多功能厅
	上午9:00—12:00	第一次全体会议	全体代表	××酒店多功能厅
	下午2:00—4:30	分代表团讨论	各代表团成员	××酒店第一、二、三、四、五、六会议室
	下午4:30—5:00	大会主席团会议	大会主席团成员	××酒店圆桌会议室
2月9日	上午9:00—12:00	第二次全体会议	全体代表	××酒店多功能厅
	下午2:00—4:00	参观集团公司新办公大楼	全体代表	集团公司新办公大楼

七、会场布置

1. 会场整体布置采用礼堂式，可以最大限度地摆放桌椅，容纳200人。会场两侧前后各摆放2台投影仪，以方便与会人员观看投影内容。

2. 主席台布置：主席台制作背景墙，背景墙以大红色为主，烘托会场气氛，显得简朴、大气、热烈；布置一排桌椅及立式报告席，摆放好主持人及主席台就座领导的座席卡；主席台上方悬挂会议横幅，以红底白字标识会议名称。

3. 会场入口处布置：在会场入口处设置好会议签到台或报到处，摆放会议主要日程安排、会场及周边公共区域布局图等展架，便于参会人员观看和了解相关信息。

4. 酒店大厅布置：在酒店门口或大厅处要设置指示牌，帮助引导参会人员准确、快捷地进入会场。会场距离大厅较远时，在电梯间或楼梯过道处可以增设指引牌。

5. 音响、话筒、电源插座等要提前准备到位，确定好各设备的摆放位置，并调试好设备。无线话筒要有备用电池，照相机、摄像机、录音笔等要提前充足电，确保会议顺利进行。

八、会议材料准备

1. 行政工作报告、工会工作报告、经济运行情况报告等材料；

2. 会议日程表、参加会议人员名单、主席台座次安排、作息时间表、会议须知等；

3. 业绩管理目标责任书、安全生产责任书等其他文件。

九、餐饮住宿及接送站安排（略）

十、会议通知（略）

十一、会务工作安排：由集团公司办公室负责（具体分组分工及进度计划略）。

十二、会议经费预算

1. 场地租用费：××酒店会议室租金2天，共计××元。

2. 摄像设备租用费：拟租摄像机1台，租金××元。

3. 会场布置费：会议横幅标语制作××元、会场清洁××元，共计××元。

4. 会议文件资料费：印制资料袋、制作牌匾、打印会议文件等，共计××元。

5. 会议食宿费：住宿费××元，餐费××元，交通费××元，共计××元。

6. 其他不可预计费：××元。

以上合计××元。

××集团公司办公室

2015年1月10日

项目五　秘书会议管理

简析：这则会议筹备方案由标题、正文、尾部三部分构成，正文对会议的主题、时间、地点、参会人员、会议日程等基本信息和会场布置、会议资料准备、餐饮住宿及接送站、经费预算等会务工作做了详细筹划，日程安排紧凑有序，气氛喜庆热烈，可操作性较强，对会议顺利筹备召开、会议任务圆满完成具有指导和保障作用。而要拟制一份高质量的方案，要求起草者对会议筹备方案的基本特点、格式规范、注意事项等做到了然于胸、运用自如。

三、会议筹备的主要工作

（一）确定会议主题与议题

视频：会前准备及座次安排视频

会议主题是指会议要研究的问题、达到的目的。确定主题的主要方法：一是要有切实的依据；二是必须结合本单位的实际；三是要有明确的目的。议题是对会议主题的细化，是指根据会议主题来确定的需要会议讨论或解决的具体问题。商务会议议题的产生通常有三种情况：一是上司根据需要制订的；二是秘书经调查研究、综合信息之后反馈给上司，再由上司审批决定的；三是下级部门根据企业发展进程或商务活动需要而制订的。

（二）确定会议名称

1. 会议名称的构成

会议名称的结构根据具体情况有多种形式，但一般要求能概括并显示会议的内容、性质、参加对象、主办单位，以及会议的时间、届次、地点、范围、规模等。会议名称的结构主要有：①由单位+内容两个要素构成，如"江韵公司第一次职工代表大会"，其中"江韵公司"即组织名称，也可称单位；"第一次职工代表大会"即会议内容。②由单位+年度+内容构成，如"××市秘书学会2010年学术年会""××电器2010年年度股东大会"；③由时间+会议内容+会议类型构成，如"2009年××省公路春运票价听证会""××公司2009年产品销售定价听证会"；④由单位+内容+会议类型构成，如"××集团公司经贸洽谈会"。

2. 拟定会议名称的要求

一般根据会议的主题或议题来确定会议的名称，并用确切规范的文字表述。会议名称的最终确定权在上司那里，秘书在拟订会议名称之后，要报请主管上司批准后，会议名称才能正式确定。

会议名称应与会议的内容相符，使人一目了然地了解会议所涉及的学科领域。有些会议为了能够吸引更多交叉学科和相关学科的人员参加，会议名称涵盖的学科范围可以适当放宽一些。

会议名称不允许冠以"中国"或"中华"等称谓。我国有关部门规定，国际会议不再允许冠以"中国""中华"的称呼。如不得使用"中国国际××会议"的名称。

会议名称不允许冠以"全球华人"或"华人"等称谓。国际科学联盟理事会规定："国际科学活动中倡导、制订和实行科学普遍性原则，即各国科学家不论其国籍、宗教、信仰、政治主张、种族、肤色、语言、年龄和性别，都有结交和表达的自由，获取信息和资料的自由，交流和行动的自由，不得有任何歧视"，后来称之为ICSU原则。有些国际会议冠以"全球华人××大会""华人××会议"等称谓，这与ICSU原则是相违背的，在我国举办的会议不允许冠以此类名称①。

---

① 孟庆荣，李辉主编. 秘书理论与实务［M］. 北京：北京大学出版社，2009.

(三) 确定会议时间

会议时间：一是指会议召开的时间；二是指整个会议所需要的时间、天数；三是指每次会议的时间限度。

1. 影响会议时间确定的因素

①会议的准备时间。准备不足、仓促开会，会影响会议效果。

②赴会条件。与会者分散、交通不便、路途遥远，需要提前准备，避免匆忙赴会。

③有关领导是否已通知到，能否保证出席，要考虑这些领导的日程安排。

④会议时间限度。考虑议题的多寡；考虑议程的安排；考虑会议的松紧度；要预留一定的机动时间。

⑤行业特性。每一个行业都有一定的运行规律，例如采购、订货会议，必须算好产品上市时间、生产和运输周期等来确定采购和订货会议的日期；财务人员需要参加的会议，就要考虑避开其需要年终决算或财务报表集中上报的时间①。

2. 确定会议时间的要求

要根据会议的主持人或主办会议单位的主要领导人及被邀请的主要领导人或贵宾是否能够出席会议来确定时间。

主要领导人出差、旅行的当天或返回的当天最好不召开会议，紧急会议除外。

会见、会谈性会议，应当事先同主宾双方商议之后，再确定会议召开的时间。

确定召开的时间后，要考虑同期是否有相似会议召开，以避免发生冲突。考虑召开会议的时机是否成熟（根据会议的内容而定）。考察会议期间是否与大型的活动发生冲突（国际、国内都要考虑）。

考虑天气状况、节假日、当地风俗习惯、政治性影响等。

安排会议时间要考虑人们的生理规律。据心理学家测定，成年人能集中精力的平均时间为45～60分钟，超过45分钟，人就容易精神分散，超过90分钟，人就普遍感到疲倦。因此，每次会议时间最好不超过1小时。如果需要更长时间，应该安排中间休息。

会议议题应集中，日程安排应高度紧凑，尽量缩短时间。会议连续进行的最佳时间是3小时之内，超过这一限度，会议效果会呈下降趋势。一般上午9:00—11:00，下午2:30—4:30，人们办事的效率较高。

(四) 确定会议地点

主要应结合该城市的政治因素、经济因素、环境因素等方面进行综合考察确定会议召开的城市。

国际性或全国性会议，要考虑政治、经济、文化等大的因素，一般应在首都北京或其他中心城市，如上海、广州、武汉、重庆等地召开。

专业性会议，应选择富有专业特征的城乡地区召开，以便结合现场考察。假如棉花种植会议到深圳去开，钢铁生产会议到青岛去开，就不合适了。

小型的、经常性的会议就安排在单位的会议室。会议室尽可能不要紧靠生产车间、营业部、教室等人声嘈杂的地方，以免受到干扰。

会址选择的具体要求有以下几个方面。

①交通方便。会场位置必须让上司和与会者方便前往，应选择在距上司和与会者的工作地

---

① 常云编. 大型会议组织与管理 [M]. 北京：中国商务出版社, 2011.

点均较近的地方。

②空间适中。会场的大小要与会议的规模相适应。会场过大，显得空旷，落座分散，与会人员不易集中精力；会场过小，又会显得拥挤局促，有压迫感。如有可能，应该有一些活动空间供休会时使用。

③环境安静。会场应当设在没有外界干扰的地方，没有噪音源和污染源。一般不宜设在闹市区。

④设备齐全。会场的设备包括桌椅、视听器材、照明设备、空调设备、扩音设备等。有些会议要求会场还要有安全保密设施。

⑤成本适当。商务会议应尽量选择单位内部会议室，如需租借其他会议室则只要空间大小与会议规模相适应，会场设施和服务能够满足会议要求即可。

（五）确定与会人员

会议由哪一级人员参加，由哪些单位派人出席，由哪些单位派人列席，事先都应全面考虑好。秘书部门平时应掌握本地区或本系统的机关和干部人员的基本资料。在确定会议规模和人数之后，应进一步分配会议人数及名单。大型会议设有"组织部门"负责考虑这些工作。

（六）确定会议议程和日程

会议议程是对会议所要通过的文件、所要解决的问题的概略安排，并冠以序号将其清晰地表达出来，会前发给与会者。

议程安排的顺序要考虑：议程所涉及的各种事务的习惯性顺序和本公司章程有无对会议程顺序的明确规定；尽量将同类性质的问题集中排列在一起；保密性较强的议题一般放在后面。根据会议的性质和议题的具体情况，一般商务会议议程顺序的安排可以采用以下方法。

先主后次。这是会议最常见的议程安排顺序。最重要的议题排在最前，次要的排在议程后面。这种方法的好处在于讨论主要议题时，与会者能精力充沛、头脑清醒；同时主要议题讨论的时间比较充足。

先次后主。如果会议次要议题数量比较少，而主要议题可能要花较多时间讨论，可采用此方法。会议先解决次要议题，再集中精力讨论主要议题。

大中型会议议程的一般内容有：开幕式、领导和来宾致辞、领导做报告、分组讨论、大会发言、参观或其他活动、会议总结、宣读决议、闭幕式等。

下面是某会议议程示例。

某厂建厂五十周年庆祝、表彰大会暨厂史陈列馆揭牌仪式议程

1. 宣布大会开始。
2. 上级领导讲话。
3. 来宾致辞。
4. 本厂领导致答词。
5. 职工代表发言。
6. 表彰先进集体和个人。
7. 厂史陈列馆揭牌仪式，领导剪彩。
8. 宣布大会结束。

课堂活动

根据本节开始设置的情景任务,利用 Word 制作一份带封面的格式规范的会议议程。成果参考样例:

会议日程是指会议在一定时间内的具体安排。一般采用简短文字或表格形式,将会议时间分别固定在每天上午、下午、晚上三个单元里,使人一目了然。如有说明可附于表后,会前发给与会者。

下面是会议日程示例。

天海公司第三季度销售总结会日程表

时间		地点	主要内容	负责人	参加人员	备注
10月10日	9:00—10:20	公司第一会议室	本季度实际销售情况与预测的比较	销售经理	张总、赵副总、销售部李经理和销售部全体人员	
	10:20—10:30		会间休息			
	10:30—12:00	公司第一会议室	本季度销售工作列举	销售经理	张总、赵副总、销售部李经理和销售部全体人员	
	12:00—14:00	公司员工餐厅及酒店	午餐及午休			
	14:00—14:50	公司第一会议室	新季度目标预测	张总	张总、赵副总、销售部李经理和销售部全体人员	
	15:00—15:50		新季度的最高目标及目标分析	赵副总		
	15:50—16:00		会间休息			
	16:00—17:00	公司第一会议室	新季度的最低目标及目标分析	赵副总	张总、赵副总、销售部李经理和销售部全体人员	

续表

10月11日	9:00—9:50	公司第一会议室	新季度行动计划	销售经理	张总、赵副总、销售部李经理和销售部全体人员
	10:00—10:50		风险预测和对策	销售经理	
	10:50—11:00		会间休息		
	11:00—12:00	公司第一会议室	销售人员招聘和培训计划	赵副总	张总、赵副总、销售部经理及助理
	12:00	公司员工餐厅	午餐		

（七）制订会议的经费预算

除单位内部的一些例会外，组织会议会有一定的开支，特别是大中型会议，事先做出会议经费预算是保证会议顺利进行的重要一环。会议预算应本着节约、精简、实用、周到的原则，严禁铺张浪费、滥发钱物、以会谋私。

会议开支的项目有如下几种。

交通费用。主要包括出发地至会务地的交通费用，会议期间会务地交通费用，会议结束后欢送交通及返程交通费用等。

会场费用。

会场租金。通常情况，场地租金已经包含某些常用设施，如音响系统、桌椅、黑白板、油性笔、粉笔等，但有一些非常规设施不在其中，如投影设备、临时性的装饰物、展览架等，如果会议需要则要另算租金。

会场设备的租赁费用。主要是租赁一些特殊设备，如投影仪、笔记本电脑、移动式同声翻译系统、会场展示系统、多媒体系统、摄录设备等。这些会议设备由于品牌、产地及新旧不同，租金可能有很大差异。

会场布置费用。一般的会议可能不需要专门布置，但对于有特别布置要求的会场，如产品发布会、联谊会、庆祝会等，则需要根据会议主题进行专门布置。由于布置的档次、内容、气氛各不相同，这笔费用一定要事先做出尽可能精确的预算。

其他支持费用。包括广告、印刷、礼仪、秘书服务、运输、娱乐、媒体、公共关系等。

住宿费用。住宿费有些是完全价格，有些需要另加收政府税金，还有些可以通过各种渠道获得较好的折扣。不同价格和档次的宾馆所提供的服务也不一样，事先应了解清楚。住宿费根据会议情况可选择全部由代表自行承担、会议主办单位承担一部分、会议主办单位全部承担等几种形式。不管采用哪种形式，会前一定要告知与会代表并在会议通知中清晰说明。

餐饮费用。餐饮费根据会议的档次、规模、目的的不同而有很大的区别。早中晚三餐通常是自助餐形式，也可以采取围桌式就餐，费用按人数计算即可。如果需要安排专门的宴会，则需对菜单、程序、方式进行专门的设计，其费用也根据档次、内容的不同而不同。酒水及服务费如果在高星级酒店就餐会收取一定比例的服务费，而且餐厅一般谢绝主办方自带酒水。会场茶歇费用基本是按人数预算的，预算时可以提出不同时段茶歇的食物、饮料组合，再加上一定比例的服务费。

游览费用。会议结束后，通常安排与会代表参加一些有特点的游览活动，费用根据游览内容、人数、天数来定。最好与当地旅行社联系，以便为代与会表提供专业服务。

宣传交际费。包括与新闻部门联系、现场录音、录像、采访、宣传，召开新闻发布会，与有关协作方交际的费用。

各种耗材费用。如胶卷、磁带、光盘、磁盘、纸张、文具等。

会议纪念品。一些会议会为与会代表准备纪念品，纪念品的选择要与会议主题相关，同时体现当地特点，费用一般不宜太高，但一定要有纪念意义。

工作人员劳务费。

各种临时费用。如卫生勤杂、临时采购、临时司乘、打印复印、临时运输、临时道具、传真通信、快递服务、临时翻译、礼仪司仪等。

经费预算做好后，除向有关领导部门汇报外，还要及时归档，以备会议过程中随时查阅以及会后审计。有一些公开性的会议也可以通过吸引社会赞助的方式来筹集资金，但要注意不要过分强调其经济目的，否则就会改变会议本身的性质。

（八）制发会议通知

1. 小型会议通知的写法

①标题。一般写"会议通知"，或"关于召开××××会议的通知"，不宜只写"通知"甚至不写标题。

②正文。写明会议时间、地点、内容、出席（列席）人及与会要求。

下面是会议通知示例。

会议通知邀请函

尊敬的客户：

为了进一步加强与贵公司的协作关系，听取客户对我公司产品和服务的意见，我公司拟于 2010 年 8 月 15 日上午 9:00 至下午 5:00 在燕丰宾馆召开客户咨询联谊会。

敬请回复及光临。

附：会议日程/路线图

××公司印章
×年×月×日

回执

请于 7 月 30 日以前将回执寄至：北京市朝阳区天地大厦××公司销售部王萌小姐，邮编：100110，电话：8765××××。

☐我公司参加此次会议，参加人数：

☐我公司不能参加此次会议。

姓名：
公司：

2. 大型会议通知的写法

大型或重要会议会期长、内容丰富、告知事项比较多，通知的写法就相对复杂一些。其内容一般应包含以下几个部分。

①标题。标题的一般写法是："××××（主办单位）关于召开××××会议的通知"。

②正文。正文由开会缘由、赴会应知事项和要求构成。"开会缘由"写明召开会议的原因、目的、任务；"应知事项"写明会议内容、议程、时间、会期及地点，出席会议人员，

报到时间、地点、方式、应带材料、注意事项等。有些会议还要说明代表资格、名额分配等。

③说明。说明要写明有关联系方式，如电话、联系人等。有埠外与会者，要说明接待方法。随着现代信息技术的发展，很多会议主办方都有自己的网站，他们往往会把会议通知挂在网上，便于会议宣传和与会者下载相关资料。这样的通知往往内容更加丰富，一般还要说明会议宣传主页，联系人的电子邮箱，电子地图和是否需要网上报名、网上缴费等要素。

3. 会议通知的发出

①明确会议通知发送对象。在发送会议通知之前，一定要明确被通知的单位、部门和人员范围。有针对性地发送会议通知，可以有效地控制会议规模、节约会议成本和提高会议效率。

②选择通知发送形式。应根据会议的重要程度和不同内容等因素选择有效的发送形式。比如单位内部重要会议通知应当面送达与会者，并请对方签收；外部会议通知则可以邮寄。实行了办公自动化的单位，其内部通知还可以选择利用 OA 系统发送的方式，但要注意对签收情况的跟踪落实，对于这种电子通知的发送和签收最好实行相关的制度来保证通知的有效性。某些重要的学术性会议则应提前三个月发预备性通知，等收到相关参会单位的回执后，再发正式通知。对于受众较广的通知则可以采取有针对性的发放和网上通知相结合的方式。

③控制通知发送时间。会议通知的发送一定要注意时效性，一般应及时发送，但要注意给与会者留出参会确认和会议准备的时间。

④准确书写通知封筒。书面会议通知的地址、邮编一定要填写正确。装信封和邮寄时应注意不要错装、漏装或漏寄。通知的封筒应醒目标出"会议通知"字样。对于经常参加某类会议的部分人员，可用计算机打印出标签或准备多套邮寄标签，以免重复打印。对于计算机中保存的地址要注意随情况变化不断更新。

⑤落实回复确认环节。应注意通过电话、口头询问、书面回执、回复传真及电子邮件、传真回复等方式检查核对通知发送是否落实，以确保会议组织相关工作环节的顺利实施。

> **课堂活动**
>
> 完成本节开始设置的情景任务中的任务2，拟写一份带回执的书面通知。

（九）布置会议场所

1. 会场整体座位布局

选择适当的座位布局形式。会议类型不同，座位布局也不同。

（1）相对式

突出了主席台的地位。这种布局形式显得比较严肃和庄重。会议地点一般选在礼堂、会堂、体育馆等。

相对式布局可分为礼堂型、"而"字型，如图5-1所示。

这种布局的优点是场面开阔，较有气势，能最大限度地摆放座椅，可以摆放桌子，也可以不摆放桌子，但座位一般是固定的，无法做适当的调整。适合召开大型报告会、总结表彰会、代表大会等。

（2）全围式

这种布局的主要特征是不设专门的主席台，会议的领导人和其他与会者围坐在一起。一般在会议厅、会议室或会客室召开。

视频：会场布置

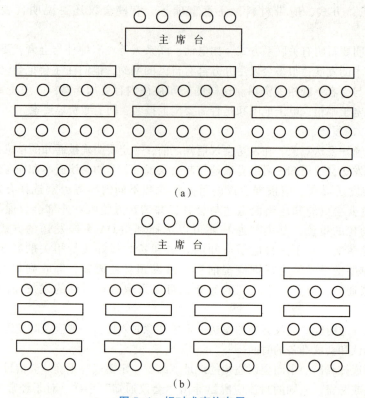

图 5-1 相对式座位布局

（a）礼堂型　（b）"而"字型

全围式布局形式适合各种小型会议及座谈会、协商会等类型的会议。其形式有多边形、椭圆形、圆形、长方形、八角形、回字形等，如图 5-2 所示。

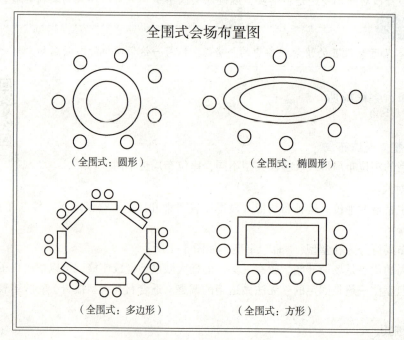

图 5-2 全围式座位布局图

(3) 半围式

这种布局即在主席台的正面和两侧安排与会者座位，形成半围的状态，既突出了主席台的地位，又增加了融洽的气氛，适合中小型的工作会议。其形式有马蹄形、"T"字形、桥形、五边形、"出"字形等，如图5-3所示。

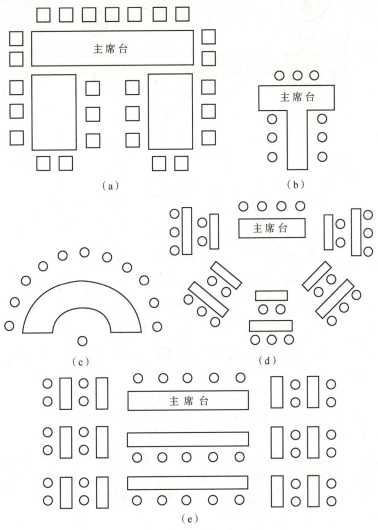

图 5-3　半围式座位布局图

（a）马蹄形、（b）"T"字形、（c）桥形、（d）五边形、（e）"出"字形

(4) 分散式

这种布局是将会场分解为若干个中心，每个中心设一桌，与会者根据一定的规则安排就座，其中领导人和主持人就座的桌称为主桌。

这种布局在一定程度上突出了主桌的地位和作用，也给与会者提供了谈话、交流的场合，使会议气氛更加轻松和谐。这种布局适合召开规模较大的联欢会、茶话会、团拜会等。

这种会场布局要求会议主持人有较强的组织能力和控制会议的能力，其座位摆放形式有"V"字形、众星拱月形，如图5-4所示。

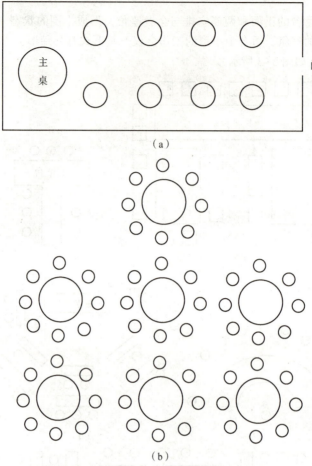

图 5-4 分散式座位布局图

(a)"V"字型 (b)众星拱月型

较大型的会议一般在礼堂、会堂、体育馆举行,采取半圆形、大小方形等布局形式。中小型会议一般在会议厅、会议室或会客室召开,采取方拱形、半月形、椭圆形、圆形、"T"字形、长方形、"回"字形等布局形式。座谈会或小型茶话会、联欢会多选择马蹄形、六角形、八角形或半圆形等布局形式。

【课程思政案例】

2016 年 G20 杭州峰会会场布置

2. 主席台的座位布局

依职务的高低和选举的结果安排座次。职务最高者居中,按先左后右、由前至后的顺序依次排列。正式代表在前居中,列席代表在后居侧。为工作便利起见,会议主持人有时需在前排的边座就座,有时可按职务顺序就座。在主席台的桌上,于每个座位的左侧放置姓名标签。

首先,请领导确定在主席台就座人员的准确名单;其次,确定其中身份最高的人员就座于主席台前排中央，其他人员按先左后右、一左一右的顺序排列，如图5-5所示。

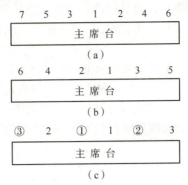

图5-5　主席台的座位排列

（a）主席台的人数为单数　（b）主席台的人数为双数　（c）双方共同主持的会议

注：1、2、3代表甲方领导人；①②③代表乙方领导人

党务政务会议位次安排的基本原则有以下几点。

①前排为上、居中为上、面门为上、背景为上。这是第一原则，也是国际通用原则。

②左为尊原则（党政机关内部会议座次安排）。古人坐北朝南，左为东，右为西，以东为首，以西为次。比如供奉祖宗牌位的太庙，也是建在皇宫的东侧左为尊，沿袭至今。

③右为上原则。依照国际惯例，右为上。即以右为上，以左为下；以右为尊，以左为卑；以右为客，以左为主。但这个原则只在涉外场合适用。

涉外场合适用（1）（3）原则，对党政机关内部会议适用（1）（2）原则，具体实施时分成单主位和双主位两种情况。

一是单主位。

①主席台人数为单数。

第一种情况，主席台第一排人数为单数时，地位最高的人居中。比如某市开大会，市委书记居中。有外来领导时，如果外来领导级别高于本单位、本地区最高领导级别，或者外来领导所在单位级别高于本级级别且两领导级别相同时，外来领导居中，一般设单主位，以示对上级领导的尊重。

②主席台人数为双数。

地位最高的人仍然居中。这是中办秘书局会务处定的原则。

以前会议安排，主席台人数为双数时，1号领导和2号领导两人居中，1号领导在2号领导的左侧，这种排法是把1号和2号领导并列起来，没有着重突出。后来，中办秘书局会议处确定一个做法，无论出席领导的人数是单数还是双数，均实行单主位的排位原则，即第1位领导居中，第2位领导安排在第1位领导的左边，第3位领导安排在右边。若要判断是适用"左为上"还是"右为上"原则，应撇开居主位的1号领导看2号和3号领导，2号领导在3号领导的左侧，所以适用的原则仍然是"左为上"原则。

另外，如果人数是双数，座次可排单数时，也可以最右侧的座位空出来不放椅子不坐人，以使1号领导完全居中。

二是双主位，即有两人地位相当时，座次就应为双主位，适用"左为上"原则，上级来人坐左侧。

3. 场内其他人员座次的安排

横排法，是以参加会议人员的名单以及姓氏笔画或单位名称笔画为序，从左至右横向依次排列座次的方法。选择这种方法时，应注意先排出会议的正式代表或成员，后排列席代表或成员。

竖排法，是按照各代表团或各单位成员的既定次序或姓氏笔画从前至后纵向依次排列座次的方法。选择这种方法也应注意将正式代表或成员排在前面，职务高者排在前面，列席成员、职务低者排在后面。

左右排列法，是以参加会议人员姓氏笔画或单位名称笔画为序，以会场主席台中心为基点，向左右两边交错扩展排列座位的方法。选择这种方法时应注意人数。例如，一个代表团或一个单位的成员人数若为单数，排在第一位的成员应居中；一个代表团或一个单位的成员人数若是双数，那么排在第一、二位的两位成员应居中，以保持两边人数的均衡，如图 5-6 所示。

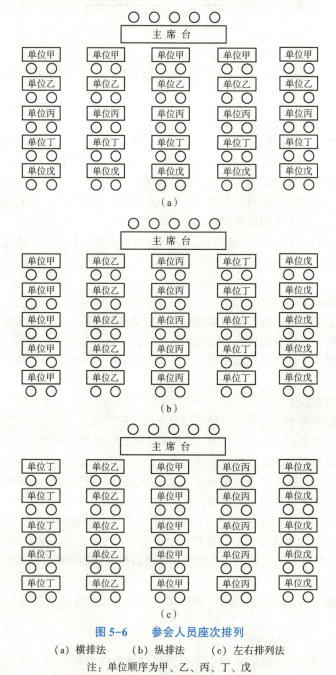

图 5-6　参会人员座次排列
（a）横排法　　（b）纵排法　　（c）左右排列法
注：单位顺序为甲、乙、丙、丁、戊

技能训练

1. 制作会议姓名台签。

实训任务：根据提供素材制作会议姓名台签。

实训目标：明确会议姓名台签的功能；掌握 Word 表格及文字排版的操作。

成果示范：

P1 制作姓名台签

2. 制作自动排列会议座次表。

实训任务：根据指定材料制作会议座次表。

实训目的：掌握 VLOOKUP 函数的使用；熟悉会议位次安排。

实训步骤：

第一步，在《人员名单》选项卡中，收录所有参加会议的人员，并按照既定的规则从前往后依次编号。

★请注意：当姓名为两个字时，要在两字中间加 1 个空格，而不是 2 个空格。

★请特别留意："编号"在"A 列"，"姓名"在"B 列"。

第二步，在《数字布局图》选项卡中画出会场座位摆放图。依据一定的规则对这些座位进行编号。

第三步，在《座次图》选项卡中，将《数字布局图》内容完全复制过来，去掉其中的编号。在原来编号区域（B4 到 T9）使用 VLOOKUP 函数定义公式。

最后，进行必要的格式调整，可看到我们所需要的《座次图》。

实训成果示范：

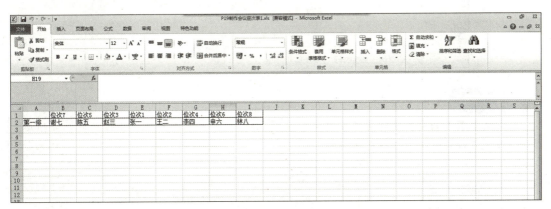

实训素材1：

[Excel表格图片：A列编号1-8，B列姓名张一、王二、赵三、李四、陈五、申六、谢七、林八；下方标签页：人员名单、数字布局图、座次图]

实训素材2：

[Excel表格图片：第1行A-I列，B列起依次为位7、位5、位3、位1、位2、位4、位6、位8；第2行A列为"第一排"，B列起依次为7、5、3、1、2、4、6、8；下方标签页：人员名单、数字布局图、座次图]

> **课堂活动**
>
> 完成本节开始设置的情景任务中的任务3：分组讨论并在白纸上画出设计图；分组展示与学生互评；教师点评与总结。

（十）会场装饰

①色调。包括地毯、窗帘、桌布等的颜色。法定性、决策性会议，以褐红色、墨绿色为主，

显示隆重、庄严的气氛；庆典性会议则以暖色调为主，显示喜庆、热烈的气氛。

②会标。会标一般要标明会议的全称，多用宋体，红底白字。有的会议，如追悼会，则用黑底白字。主席台底幕上有时需加挂徽标，如国徽、党徽等。

③标语。会场内及会场入口处可适当挂一些鼓动性、庆祝性的标语。标语应该是口号式的，字数不宜过多，也可以用气球悬挂。

④旗帜。大型会议在底幕会标两边要摆挂 10 面红旗。会场外也可竖一些彩旗，以烘托气氛。

⑤花草。在主席台底幕下、主席台与代表席的隔离处、讲台和会场四周可适当摆放花草等植物。不同的植物其象征意义不同：铁树、棕榈代表庄严；万年青、君子兰表示友谊长存、万事如意；菊花表示高洁；月季、玫瑰表示喜庆；牡丹表示富贵。一般性会议选择月季、扶桑等花卉，可以使人心情愉快，气氛轻松；比较庄重的会议，最好摆放君子兰、棕榈、万年青等，可使人情感镇静，不易冲动。

（十一）准备会议文件资料

1. 会议文件的类型

会议文件主要包括以下几种。

主旨性文件。主旨性文件指会议的主要文件，包括开幕词、闭幕词、大会报告、讲话稿、代表发言材料、专题报告材料等。

程序性文件。程序性文件是为规范会议成员的行为、保障会议活动有序进行而形成的文件信息，包括会议议程与日程安排表、议事规则、选举程序及表决程序安排表等。

信息性文件。信息性文件是记录和反映会议概况和进程的文书，包括会议记录、会议简报等。

管理性文件。管理性文件是对会议活动实行有效管理的文件信息，包括会议通知、会议细则、代表须知、保密规定等。

2. 会议文件的准备分工

重要文稿由专门的写作班子起草；一般会议文件由会议筹备机构和秘书部门负责；专业性和涉及部门业务工作的文件由职能业务部门负责；发言稿和各类交流材料由发言单位或个人准备。

3. 会议文件的准备程序

会议文件一般先由领导根据会议内容、目标的要求确定要点，授意给秘书。秘书按照领导授意，收集资料，写成初稿，呈送给领导审阅。领导审阅后提出修改意见，秘书修改后由领导最后审定。秘书最后将领导审定的文稿打印、装订成会议正式文件。

（十二）准备会议所需物品设备

1. 必备用品

必备用品是指各类会议都需要的用品和设备，包括文具、桌椅、茶具、扩音设备、照明设备、空调设备、投影和音像设备等。

视频：会前检查

2. 特殊用品

特殊用品是指一些特殊类型的会议，如谈判会议、庆典会议、展览会议等所需的特殊用品和设备。例如，张贴画、花卉、充气模型、巨型屏幕、展台展板、签字用具等。

（十三）安排会议食宿

1. 安排会议餐饮

根据会议的经费和人员情况确定会议餐饮的标准。该标准要在预算范围内本着节俭的原则，要适当照顾少数民族代表和年老体弱者，还要考虑到国内外、南北方等不同代表的口味差异。

提倡实行自助餐制和分餐制。重要会议可以在开头和结尾的宴会上采取包桌形式，主要起到接风洗尘和送别的作用；大型会议还可以在会议进程的某些重要阶段举办一些较高规格或带有地方特色的宴会，加深会议代表间的感情交流。

要慎重确定菜单，保证菜肴的精致可口、赏心悦目、特色突出；要照顾不同国家、不同民族的与会人员的饮食习惯、风俗、禁忌；要注意冷热、咸甜、色香味的搭配等。

重要的宴会还应安排席位和制发请束。

2. 安排会议住宿的要求

①应安排环境干净、交通方便、相对集中的招待所、饭店、宾馆等作为会议的住宿地。②应适当照顾长者、尊者、领导、妇女等。③应尽量由主办单位集体预订房间，因为这样容易拿到较为优惠的价格。④应合理分配不同标准的房间，一般由主办方根据房间的不同规格并根据代表的具体情况，列出住宿表。

3. 安排会议住宿的程序

①提前通过会议通知、电话核实等方式确认来宾的数量、性别、住宿要求等具体事项。②向选定的宾馆预订房间。③对于同一接待规格的会议代表按照先来后到的原则安排住宿房间。④配合宾馆酒店落实房间号、发放房间卡。⑤安排专门人员帮助客人拿取行李、入住房间。

> **课堂活动**
>
> 完成本节开始设置的情景任务中的任务1和任务4，做好会前事项的准备，撰写会议预案。

技能训练

实训任务：拟订会议议程和会议日程

实训目的：理解会议议程和日程的区别；掌握会议议程和日程的编制方法及格式。

实训步骤：

1. 阅读实训材料。

2. 小组讨论。

3. 分别拟写会议议程和日程。

实训材料：天海公司将召开季度销售会，会议的主要内容是进行本季度销售情况的总结与分析，商讨下一季度销售目标及销售策略，并且讨论销售人员的招聘和培训事宜。秘书孙俪收集了公司总经理和销售部经理提出的会议议题并进行整理归纳如下：

(1) 本季度实际销售情况与预测的比较；

(2) 本季度重要工作列举；

(3) 新季度行动计划；

(4) 风险预测和对策；

(5) 新季度目标预测；

(6) 销售人员招聘和培训计划；

(7) 新季度的最高目标及目标分析；

(8) 新季度的最低目标及目标分析；

如果你是秘书孙俪，请你拟订本次会议的议程表和日程表。

课堂练习

项目五 秘书会议管理

任务二 会中服务

情景任务

重庆江韵文化传播有限公司计划于2016年3月31日至4月3日在太平洋广场会议中心召开关于计算机速录软件使用的培训会议。会议代表如期前来开会,他们主要是公司综合部、信息化部、销售部、会议服务部、速记服务部和客户服务部的部门负责人和技术骨干,与会代表一共62人。

任务1:如何安排好与会代表的报到和签到工作?
任务2:如何做好会议记录?
任务3:如何制作会议简报?
任务4:秘书进行会场服务时主要做哪些工作?
任务5:安排与会代表合影时,在位次上有哪些礼仪要求?

理论知识

一、会议报到与签到

1. 组织会议报到

会议报到一般是针对会期较长、会议内容丰富且需要集中住宿的大中型会议,与会代表从工作单位或住宿地到达开会地点时所办理的登记注册手续。会务组在做好会议报到工作时要注意以下几点。

①查验证件。查验证件的目的是确定与会人员的参会资格。需要查验的证件有会议通知、单位介绍信、会议代表证、身份证等。

②登记信息。会务组应提前制作好参会人员基本信息登记表,主要用于登记参会者的姓名、性别、年龄、单位、职务、职称、联系地址、联系电话、电子邮箱等相关信息。

③接收材料。会议秘书应统一接收与会者随身带来的需要在会上分发的材料,经审查后再统一分发,以保证开会的正常秩序和会议的严肃性。

④预收费用。会务组应安排专人收取会务费、食宿费、资料费、培训费等,以便会议期间的工作和活动的开展。

⑤发放资料。会务组应将会议文件、宣传资料、住宿地点周边情况介绍、当地地图等能提前分发的资料事先用规范的文件袋装好并在报名时分发给与会代表。

⑥安排住宿。应依据与会者的身份和要求,协调好各方面的关系,尽可能地合理安排。

2. 组织会议签到

会务秘书到宾馆或会场入口处迎接与会者,组织与会人员签到和登记,是会议期间的一项

· 171 ·

重要工作，其目的是及时了解到会人数。签到对于各类有选举、表决内容的法定性会议尤为重要，它关系到是否达到法定人数，选举、表决结果是否有效等，所以必须坚持签到制度，认真负责地做好签到工作。

会议签到有多种方式。

①秘书代签。人数较少的小型会议或例会，一般采取秘书点名或在会议名单上签到的方式，这样可以随时掌握到会人员的情况，且不必打扰与会者。当然要采取这种签到办法，会务秘书必须认识全部或绝大多数与会者。

②簿式签到。富有纪念意义的会议或一般会议的贵宾可采用簿式签到方法，与会人员到会时在会务秘书准备好的签到簿上签名。一般与会者应注明姓名、单位、职务和联系方式等。

③卡片签到。重要或大型会议可以采用签到卡签到的办法，与会者要在胸卡及其存根上签上自己的名字才能进入会议场所。签到工作结束之后，会务秘书应及时将与会者到会情况报告给会议主持人，发现未到会的要及时催请。

④电子签到。电子签到一般采用专门为政府及企业高效、有序、可管理化地组织实施规模化会议而定制的会议电子签到系统。所有与会人员的编号、姓名、身份证号、单位、职位、近照等信息事先录入系统和制成电子卡片，与会代表在开会时只需要刷卡入场，系统就可以自动统计与会代表的基本情况并及时在会场前方的显示屏上显示。

> **课堂活动**
>
> 完成本节开始设置的情景任务中的任务1：学生准备相关材料，然后分组模拟进行会议报到和签到工作；学生自行制作会议报到表，学习报到时发放资料、办理收费等工作；播放相关的视频资料，让学生分析其中正确或错误的原因。
>
> 二维码视频：观看视频，讨论秘书在会议签到过程中正确和错误的地方。
>
>
>
> 签到视频

二、做好会议记录

（一）会议记录的准备工作

准备足够的钢笔、铅笔、笔记本和记录用纸。准备好录音机和足够的磁带以补充手工记录。要备有一份议程表及其他相关资料和文件，以便在需要核对相关数据和事实时随时使用。

（二）会议记录的内容

1. 会议描述。主要介绍会议的基本情况，包括会议名称、会议类型、时间、地点、与会者姓名（主席的名字在最前面，记录员的名字在最后）、会议主题等。具体要求如下：

①会议名称。要求写出全称。

②会议开始时间。具体到时、分。如果有休会，应予以注明。
③会议地点。尽可能详细到会场名称或会议室名称。
④会议主持人。写明主持人姓名、职务，如果是联席会议、多边性会议应注明主持人所在单位、职务。
⑤会议出席人。写明出席人姓名或范围。
⑥会议列席人。写明列席人姓名或范围。
⑦会议缺席人。写明缺席人姓名。既可以统计缺席情况，又可为日后查考做基础。
⑧会议记录人。写明记录人姓名、职务、所在单位。

2. 会议过程。这是会议记录的主体部分，主要包括宣读上次会议记录、由会议记录中产生的问题、一般事务、其他事务等。这个部分应包含会议议题、针对每个议题的具体发言内容与决议以及会议上的临时动议。这个部分的具体写作要求如下。
①会议议题。如果有多个议题，可以在议题前加序号。
②会议议程。清楚地记录议程的顺序。
③发言人的发言内容。凡需详细记录的要有言必录；摘要记录的则记要点。
④会议决定、决议。决定、决议事项要分条列出。
⑤表决情况。包括表决事项的名称、表决方式、表决结果。
⑥会场的其他情况。会场的其他情况是指会议期间会场内所发生的与会议进程有关的并具有记录价值的情况，包括与会者的鼓掌声、笑声；与会者迟到、早退、中途退场以示不满的情况等。记录会场情况可以全面反映会场的气氛和与会者的情绪和态度。

3. 主席、记录员签名。在签名后应在会议记录上写上会议日期。

（三）会议记录的方法

会议记录的方法最常见的有两种：一是详细记录；二是摘要记录。不同性质的会议采用的记录方法不同。详细记录即有言必录，一字不漏。通常决策性会议等重要会议需用详细记录。为了保证记录的准确完整，可以配备两个以上的记录人员或使用录音设备辅助，以便会后核对、修正、补充。摘要记录是指只摘取与会者讲话、发言的重点和要点。采用这种方法要求记录人能对讲话发言内容做出迅速地分析判断，适当归纳，记下重点。但注意绝不能歪曲原意，不可遗漏主要观点。一般事务性会议多采用此法。

会议记录时具体要注意以下几个方面。
①会议记录的重点应为主要讨论的观点、决议、决定、修正案内容等，而其他的内容可简要概括地记录，不用有言必录。
②如果当时漏记了内容，可事先做出记号，然后对照录音修改。
③不管是谁提出了一个动议，或附议了一个动议，或提出了任何意见，都应把人名记录下来。

（四）会议记录的格式

为使会议记录规范、清楚，一般都有统一的格式和结构。会议记录的结构是：标题+正文+尾部。
①标题。一般会议记录的标题应由会议名称和会议记录组成。
②正文。正文包括首部、主体和结尾。
首部。包括会议的概况，主要有会议时间、地点、出席人、主持人、记录人、缺席人。
主体。记载会议的过程，包括会议的议题、发言人、发言内容；对会议决议事项应分条列出；有表决程序的要记录表决的方式、结果。

结尾。写明"散会"，并注明散会时间。

③尾部。包括主持人、记录人签名。

示例，如图5-7所示。

视频：中央经济工作会议
部署明年六大任务

××××××会议记录

时间：××××年××月××日×午××时××分
地点：×××××××
出席人：×××、××、×××、××、×××
列席人：×××、××、×××
主持人：×××
记录人：×××
一、主持人宣布议程
1.×××××××××××××××××
2.×××××××××××××××××
3.×××××××××××××××××
二、×××讲话
三、发言
1.×××：××××××××××××，×××××××××
××××××××××××。
2.×××：××××××××××××，×××××××××
××××××××××××。
四、决议事项
1.×××××××××××××××××。
2.×××××××××××××。
3.×××××××××××××××。
五、散会（×午×时××分）

主持人签字：×××
记录人签字：×××

图5-7 会议格式示例

课堂活动

完成本节开始设置的情景任务中的任务2：准备会议记录材料；学生分配角色模拟开会，两人一组进行会议记录；交流展示；教师点评。

三、制发会议简报

会议简报是迅速反映会议活动的动态、进程和主要成果的内部性简要报道，要及时反映出会议的新情况、新观点、新经验，可以更好地指导会议的进程和反映会议的成果。

（一）会议简报的基本内容

会议全局或局部进展情况，往往由编写者综合会议情况，选取有价值的部分，用消息报道的形式给予反映。与会人的有启发的发言、倡议、意见，某个专题的各种观点、各种新认识的内容可以采取节录或辑录的方法，以专题的形式给予反映。

（二）会议简报的要求

①会议简报是会议的交流性和指导性文件，要求及时、准确地编写。人数多、会期长的大型会议才要求编写会议简报，人数少、会期短的会议一般不用编写会议简报。

②编写会议简报的基本要求：快、新、实、短。

③编写会议简报应注意使用会议文书专用语。

（三）会议简报的结构与写法

①报头。报头一般约占首页上方三分之一版面，用间隔线与报核部分隔开，主要包括简报名称、简报期数、编印单位、编印日期等。注意会议简报的名称可为会议全称、文种，也可只标"会议简报"字样。编印机关一般是会议秘书处。

②报核。报核也叫报身，即简报所刊登的文章部分，在与报头相区别的间隔线之下，主要包括按语、标题、正文和署名等。报核通常的写法有三种。

综述法，即由编者采集各方面的言论、意见加以概括而成，相当于会议的综合报道，将会议的进程、出席情况、会议的发言和议程一一加以反映。

重点报道法，重点反映会议某个重要议题的内容、小组讨论情况或若干人的发言。

摘要法，摘录代表发言的概要，供与会者参阅。

③报尾。一般占最后一页正文三分之一版面，用间隔线与报核部分隔开，主要包括发送范围、印发份数等。

会议简报的格式如下所示。

××××会议简报

第×期

××大会秘书处　　　　　　　　　　　　　××××年××月××日
　按语

标题

（撰稿人：×××）

报：
送：
发：

（共印×份）

【课堂活动】

完成本节开始设置的情景任务中的任务3：根据项目情景，自拟会议简报的内容；在Word中进行规范排版；分组讨论并进行学生互评。

四、做好会场服务

会场服务的内容很多，主要的事项有以下几个。

①引导就座。签到后，会务工作人员要适当引导与会人员就座，以维持会场秩序，使会议按时召开。

②分发会议材料。会议材料可以在会议准备阶段装入材料袋，在与会人员报到时领取，也可在与会者进入会场时分发，或摆放在座位上。需要回收的文件材料，可在材料封面上写明收文人姓名。回收时要登记，以免遗漏。

③维持会场秩序。要防止无关人员混入会场，如果在会议进行中出现突发事件，发生意外情

况，引起混乱，会务人员要及时采取有效措施出面制止和调停，或第一时间报告给相关领导和部门，紧急处理，避免事态扩大，产生严重后果。

④内外联系，传递信息。会务工作人员还要承担联络员的工作，负责会内和会外的联络，如传递文件资料、转达紧急情况、接转电话等。

⑤处理特殊情况。会议进行过程中，随时可能出现一些临时变动的情况，如日程、议程、议题、地点、人员的变动，这就要求会务工作人员随机应变，采取应急措施，灵活调度，妥善处理。

此外，根据会议的性质，还要做好代表大会的选举投票、计票工作，表彰大会的奖品准备、领奖顺序排列和组织工作，室外集会的现场组织工作，集体合影的组织工作等。

> **课堂活动**
> 完成本节开始设置的情景任务中的任务4：分组讨论秘书在进行会场服务时主要应从事哪些工作；各组派一个代表发言；教师进行各组代表发言点评和总结。

五、安排合影

在正式的交往中，宾主双方通常要合影留念，以示纪念。尤其在涉外交往中，合影更是常见。然而，在合影中宾主如何排位，是一个比较复杂的问题。

正式的合影，既可以排列位次，也可以不排列位次。需要排列具体位次时，应首先考虑到方便拍摄与否。与此同时，还应兼顾场地的大小、人数的多少、身材的高矮、内宾或外宾等。

正式合影的人数，一般宜少不宜多。在合影时，宾主一般均应站立。必要时可安排前排人员就座，后排人员梯级站立。通常不宜要求合影的参加者蹲着参加拍照。

合影时，若安排参加者就座，应提前在座位上贴上便于辨认的名签。

具体涉及合影的排位问题时，关键是要知道内外有别。

（一）国内合影的排位

国内合影时的排位，一般讲究居前为上、居中为上和居左为上。具体来看，又有单数与双数的分别（见图5-8）。通常，合影时主方人员居右，客方人员居左。

图5-8　国内合影的排位

（二）涉外合影的排位

在涉外场合合影时，应遵守国际惯例，宜令主人居中，主宾居右，令双方人员分主宾左右依次排开。简言之，就是讲究以右为上（见图5-9）。

图 5-9　涉外合影时的排位

课堂活动

完成本节开始设置的情景任务中的任务5：观看国内合影的照片或视频，分组讨论其站位特点；教师结合实际案例分析点评。

课堂练习

任务三 会后落实

情景任务

重庆江韵文化传播有限公司计划于2016年3月31日至4月3日在太平洋广场会议中心召开关于计算机速录软件使用的培训会议。会议如期结束，与会代表各自要离开重庆太平洋会议中心，他们当中还有很多是来自重庆区县的分公司的与会代表。

任务1：如何安排与会代表返程？
任务2：会后秘书应如何整理会场？
任务3：如何拟发此次会议的会议纪要？
任务4：秘书应如何配合领导做好此次会议的会务工作总结和效果评估？

一、安排与会人员的返程

（一）提早做好与会人员车、船、飞机票的登记预订工作

应根据会期长短、外地与会人数多少等实际情况，提早安排好外地与会人员的返程事宜。

要事先了解外地与会人员对时间安排、交通工具的要求，尊重他们的意愿。一般情况下，要按先远后近的次序安排返程机票、车票的预订事宜，要掌握交通工具的航班、车次等情况，尽早与民航、铁路、公路、港口等部门沟通联系，提前预订好飞机、火车、汽车、轮船票。

届时应编制与会人员离开的时间表，安排好送行车辆，派人将外地与会人员送到机场、车站、港口，待他们乘坐的交通工具起程后再返回，如有必要，还应安排有关领导同志为与会人员送行。

（二）帮助与会人员提前做好返程准备

秘书应提醒与会人员及时归还向主办方或会议驻地单位借用的各种物品；帮助与会人员及时与会务组结清各种账目，开好发票收据；帮助与会人员检查、清退房间，避免遗忘各种物品；准备一些装资料的塑料袋和捆东西的绳子等物品，以备急用；帮助部分与会人员托运大件物品。

二、整理会场

会议结束后，秘书应会同会务组工作人员整理好会场。如果是单位内部的小型会议，整理会场主要包括检查会场有无物品遗漏，还原桌椅，清洗会场配备的水杯、茶具、烟灰缸等用具，关闭投影仪、麦克风、音响等视听设备，全面打扫会场，关闭电源和门窗等。

项目五　秘书会议管理

如果是租借会场，则需要做好以下两项工作。

整理自带物品：应拿走会标、通知牌和方向标志，一次性的应当销毁，可以重复利用的则应归类入库；注意收拾好会议上使用的手提电脑、移动投影仪等重要设备；清理并取走所有剩余的与会议有关的文件；注意检查与会人员有无遗失文件、物品。

归还租借用品：应收拾整理放置在会议室的茶杯、桌椅、烟灰缸等，将其同借用的重要设备和器材及时归还给借用单位，办理好相应的归还手续，将会议室设备整理恢复到备用状态。另外，秘书人员还应及时与会场出租方结清会议的各项费用，主要包括会议室租借费、重要设备的使用费、会场服务费等。

三、结清参会人员的会议账目

会议结束后，需要尽快进行的工作就是将各种工作支出的费用结清。

（一）费用结清的项目

①落实租借设备的费用和购买供应品的费用。
②为大会请来的相关专家、贵宾支付酬金或旅费。
③为与会人员结清会议费用并开具相关票据，以便与会人员回所在公司报销。开具会议住宿费发票时，需要向宾馆酒店索取盖有宾馆酒店章的正式发票，保证开具的发票与收取的会务费相等。住宿费一般不包括使用房间的长途电话、客房小酒吧及在酒店签单的费用。

（二）收款的方法和时机

有些会议要由与会代表向主办方支付一些必要的费用（如资料费、培训费、住宿费、餐饮费等）这些费用应在会议通知或预订表格中，详细注明收费的标准和方法。应注明与会人员可采用的支付方式（如现金、支票、信用卡等）。如用信用卡收费，应问清姓名、卡号、有效期等。开具发票的工作人员，事先要与财务部门确定正确的收费开票程序，不能出任何差错。如果有些项目无法开具正式发票时，应与会议代表协商，开具收据或证明。

（三）会议付费的要求

会议经费的名称要规范；讲课费一般事前确定费用标准，活动后直接用现金支付给演讲者；会议场地租借费一般事先商定费用，预定时交定金，活动之后按实际支出用支票或现金结账；文具和打印费在活动前申请和安排，用零用现金偿付；食品饮料费一般事先商定费用，预定时交定金，活动之后按实际支出用支票或现金结账；音响辅助设备费在活动前确定租借费用，活动后结账；其他费用一般在活动后开具账单，收到账单经批准后用支票付款；在会议结束后，将所有收款、付款的凭证进行汇总结算；遵守公司零用现金、消费价格及用品报销的各种财务制度和规定；保证会议收支平衡。

 案例分析

开具发票时有出入怎么办？

公司员工小张去某城市参加全国电子产品交流会，会期一周。按照会议通知，他交了800元的会务费，组织方开具了发票。小张回来报销时，财务处说发票无效不予报销，原因是发票上缺少财务章。小张马上与会务组织方联系，几经周折才联系上。对方称他们的发票是正式的，不可能没有财务章，让小张将发票寄给他们，如果确实有问题愿意承担责任。

四、会议文件材料的收集与清退

会议文书材料的收集工作在会议期间就要进行,如会前、会中发放的一些文件的讨论稿以及其他涉及机密的材料,按规定在离会前要如数交回。会议结束后,要将会议材料尽可能收集齐全。

会议文书材料收集的重点是:会议各种文件的各种稿本;会议重要发言的原稿;会议记录(包括录音、录像资料);会议的选举材料,如选票、候选人介绍材料、选举结果等;重要会议的签到簿、会议方案、会议日程表、会议简报等;反映会议情况的材料。

(一)小型内部会议文件清退的方法

会议主持人在宣布会议结束的同时,请与会者将文件放在桌上,由秘书人员统一收集;由秘书人员在会议室门口收集;由秘书人员单独向个别已领取文件而未到会的人员收集。

(二)大中型会议文件清退的方法

提前发出文件清退目录,先由与会者个人清理,再统一交给大会秘书;对会议工作人员下发收集目录,限时交退;正规的组织,一般都会将自己每次会议,特别是大型会议的一些资料进行归档整理。例如,现场的会议记录、与会者名单、发言稿原件和打印件、会议决议等文字资料,与会议的一些现场录音、录像资料一起,统一整理后归入专门的档案管理部门。

> **案例分析**
>
> 某公司日常管理比较混乱,秘书没有将公司会议记录立卷归档,经常发生找不到会议文件资料的事情。一次,公司与合作方经过几次协商,双方签署了一个项目的合作意向书。不久,双方约定再次商谈并签订正式文本。然而,当需要签订正式文本时,秘书在自己所保存的文件中无论如何也找不到该意向书了。合作方听说此事后,终止了与该公司的合作。

五、拟发会议纪要

会议纪要是记载和传达会议情况及其议定事项的书面材料,是在会议记录的基础上分析、综合、提炼而成,用来概括反映会议精神和会议成果的文件。会议纪要有两个目的:一是让与会者带回去作为传达贯彻会议精神的依据;二是上报,使上级主管部门和有关单位了解会议的情况或予以转发。

(一)会议纪要的内容

会议纪要的内容主要包括两个部分。

一是会议情况简述。包括召开会议的根据、目的、时间、地点、与会人员、会议讨论的问题以及会议的成果。

二是对会议主要精神的阐发。这是会议纪要的主体部分。

(二)会议纪要的拟写要求

1. 实事求是,忠于会议实际

纪要应忠实于事实,要认真分析研究会议发言者的某些观点,不可掺杂纯属撰写者个人的意见，更不可随意增减发挥。为使纪要阐述的道理有较强的说服力，可以引用会上使用的一些材料和数字，但引用之前要认真加以核对。

2. 内容集中概括，提炼归纳

会议纪要应当围绕会议主旨及主要成果来整理、提炼、概括。着笔重点不是会议过程，而是会议的决议和成果；不是罗列会议结果内容，而是对结果进行归纳概括；不能空泛落套地议论，而要求有实质内容地表述；不能记流水账，而是要集中写好会议重点内容。会议明确和解决的问题，凡是与会议主题有关、联系紧密的，要尽量写充分，反之可少写或不写。会议纪要的撰写应该在充分了解会议内容、掌握会议精神的基础之上提纲挈领，写出会议召开的重大事项和议决事项，突出反映会议效果。

3. 条理清楚，语言简明扼要

首先，要根据会议内容确定采取哪种整理方法，以利于最清楚地表达会议主要精神。其次，语句要尽可能简短，切忌长篇大论；每段文字不可过长，可适当多分层次。有的会议纪要需写决定事项，虽然只有三两句话，也最好单独成为一个自然段。

（三）会议纪要的结构与写法

"会议纪要"一般由标题和正文（正文又包括前言、主体和结尾三部分）组成。会议纪要一般不落款，成文时间可写在标题下。

1. 标题

会议纪要的标题有三种形式，位置都在正文上方正中央。

一是会议名称加"纪要"，如《××省第一次防火责任人会议纪要》《××省农村爱国卫生运动现场经验交流会纪要》。如属办公会、例会纪要的标题，只要求标明哪个单位、什么性质的会议。这种标题，在一个单位内是固定的。如《省委常委会议纪要》《××省人民政府专题会议纪要》。

二是由发文机关、事由、文种组成，如《××省人民政府关于加强少数民族地区文化艺术交流问题的会议纪要》。

三是正副标题式，如《全球化进程中的中国文化——××市市民保护传统文化座谈会纪要》《贯彻党的十六大精神　开创三农工作新局面——××省农村工作会议纪要》。

上面列举的一些座谈会纪要的标题，主要是把会议讨论的问题简要地标出来，每次的会议不同，标题也不同。总之，无论什么样的标题，都要起到使人一目了然的作用。

2. 前言

前言是会议纪要的开头部分。主要是简介会议概况。即以简短的文字把会议概貌叙述出来，给人以总体印象，对会议有一个总的了解。

3. 主体

主体，是正文的主要部分，也是整个会议纪要的核心部分。概述会议的内容、决议、主要精神和任务。也有会议纪要开头不写会议概况，很快就进入主体内容的情况。

会议纪要的正文部分，是根据会议的中心议题，按主次、有重点地写出会议的成果，包括对会议所讨论的问题的现实情况的分析和认识；其重要性、已有成就和有待解决的事项；对会议所讨论的问题今后应采取的方针、政策、解决办法；组织领导和措施；需要向上级机关反映或提请注意的问题等。内容部分主要介绍会议形成的共识、会议讨论议定事项，一般用"会议"做主语，即"会议认为""会议决定""会议指出""会议强调""会议听取了""会议讨论了""会议原则同意"等规范用语。

主体的写法有以下几种。

①概括式。也称综合式。即把会议所讨论和议决的事项进行综合概括，按性质归纳成几个方面逐一写出。这种写法的好处是主次分明，有利于突出主要内容，有利于从原则高度把问题说深说透。一般不反映意见性、要求性的内容，主要记载会议情况和结果。这种写法多用于小型会议，讨论的问题比较集中、单一，意见比较一致。

②分项式。会议规模比较大，讨论问题比较多，涉及面比较广时，可采取这种写法。即将会议讨论和议决的事项分条列项，按主次轻重有序地写，使之条理化，一目了然。这部分内容常使用"会议认为""会议指出"等导语，以此引领下文。这种写法的好处是写作结构眉目清晰，事项读来也清晰，便于理解执行。

③发言记录式，也称摘要式。即按会上发言的顺序或内容性质分类，把与会者的重要发言摘录出来。注意先写发言者姓名，后记录其发言；且仅摘要点，不可原话全录；在记其第一次发言时，应在其姓名之后用圆括号注明其单位、职务或职称。这种写法的好处是尽量保留发言人谈话内容的完整性和风格，既如实地反映了会议讨论的情况和每个人的意见，又避免了一般化和千篇一律，比较客观、真实、具体。有些座谈会，如学术讨论会、市民论坛的纪要常用这种写法。

④条款式，也称条项式。有些重要工作会议围绕会议主旨形成的意见、确定的事项比较多，带有决定性质，而且每条意见、事项可以单列成文，可采取条款式写法。把会议讨论的内容分列为若干条，一条写一个意思或一件事情；每条的开段领句，即是该条的中心意思。这种写法的好处是条理分明。

4. 结尾

这部分有的提出一般性的希望、号召；有的要求有关单位认真贯彻执行会议精神，努力完成会议提出的各项任务。也有些会议纪要，写完会议精神和决定部分就结束全文。

有些纪要的尾部还写明会议纪要整理单位和纪要整理时间，标识主题词，注明上报下发单位、印发机关和日期以及印发份数。一些工作例会的纪要的结尾，有时还将出席人、列席人、缺席人姓名写上。

下面是会议纪要示例。

阳光公司第十一次办公会议纪要①

2009年11月8日上午，公司第十一次办公会议在公司第七会议室召开。会议由总经理王桥主持，公司各部主任及二级企业经理出席了会议。总经理王桥传达了上级文件精神，副总经理林名通报了公司目前的经营情况。会议就2010年公司经营计划展开了深入讨论，制订了具体目标。

会议认为，根据当前市政府创汇创利的工作要求，各公司要结合实际情况制订切实可行的计划，充分认识该创利工作的重要性。

会议指出，时近年底，从公司经营业绩来看，创汇指标已经超额完成，但创利工作尚不理想。各企业要把重点放在创利上，狠抓经济效益，增产节支，保证实现全年的创利目标。

会议决定，公司要加强内部管理，挖掘内部潜力，严防经营失误。一是财务部要加强对资金的调控管理，真正行使检查、监督的职能作用。现规定二级企业动用50万元以上的资金必须报公司批准，固定资产（车辆、住房、高等通信器材及办公用品等）的投资要履行必要的审批申报手续。二是总经理室牵头研究一套公司费用管理办法，切实加强企业费用开支管理，特别是对高消费、二级企业工资奖金发放等从严审批、报批程序。三是加强车辆管理，取消领导专车，司机必须服从调动并不得擅自用车。四是公司业务应酬开支必须事先请示，经批准后才能用款，不

---

① 郭冬. 秘书写作[M]. 北京：高等教育出版社，2007.

允许先斩后奏，款项支付一律使用转账支票。

会议还对下一步工作做了具体安排。（略）

二〇〇九年十一月八日

六、会务工作总结与效果评估

会议结束后，秘书人员应当协助领导做好会务工作的总结。会务工作总结应当及时、全面、客观、准确。应通过回顾会议组织实施过程，分析会议组织和服务过程中所采取的措施、办法是否合适，从而发现问题、分析原因、总结经验，激励工作人员不断提高办会水平。

如何运用罗伯特议事规则提高会议质效

会议主办方可以结合会议总结对会议管理工作效果进行系统评估，评估指标可涵盖会议工作的方方面面，包括考虑会议目标是否实现、会议成本效益如何、会议工作者表现如何等。

最后，主办方应该布置会议精神贯彻执行情况的检查、反馈工作，以确保会议目标最终能较好地实现。

提高会议效率十大要领

【课程思政】

古人是怎样开会的

（一）会务工作总结的主要内容

①检查会议预案所制订的各项会务工作是否准确到位，有无遗漏与重复之处。
②检查会务工作机构之间及与相关部门、单位的协调状况。
③根据工作任务书检查每个会务工作人员的工作是否完成及完成的质量。
④适当进行量化评估，总结进一步提高会议的效率与效益的方法。

（二）会务工作总结的方法

①通报整个会议的开展情况、总体效果和对重要事件的处理情况。
②会务工作人员会后进行个人书面小结。
③各会务工作部门或相关部门分别进行小组总结和相互评议。
④必要时进行大会交流、总结与表彰，以起到激励与鼓励的作用。

（三）会议效果评估的主要因素

①是否具有召开会议的必要。
②会议准备是否充分。
③议程是否科学合理。
④主持人是否胜任。
⑤是否严格控制了会议人数。
⑥与会人数是否达到了有效交流信息和形成有效决议的最低限度。
⑦与会者的能力和态度。

⑧使用、维护会议设备的技术水平。
⑨环境卫生情况。
⑩决议是否得到有效实施。

（四）会议效果评估表格的设计方法

①表格的长度——表格过长可能会很难完成，表格过短可能无法提供充足的数据。

②填写的难易程度——复杂的表格会降低完成的可能性。

③所问的问题——决定表格的目的和要收集的信息，在提问题之前应该删去无关的问题。

④问卷的方式——使用开放式的或封闭式的问题。用在方框中打钩来回答封闭式的问题的方式比较容易并能快速填写。填写开放式的问题需较长时间，它要求代表考虑对会议的反应，提出他们反馈的原因。综合性反馈既可以收集数字数据信息，如对会议地点的回应，也可以使代表写下会议的内容是否满足他们的需要。

⑤分析数据方式——如果会议上有许多代表，可使用计算机分析数据。计算机更适合分析封闭式问题。

下面是会议效果评估示例。

会议效果评估表

视频：会议效果评估
——会议管理

（一）目标

1. 此次会议的目标是什么？

2. 会议目标是否达成？
是□　否□　部分达成□

3. 哪些目标没有完全达成？为什么没有完全达成？（确切理由）
_____
_____

（二）时间

1. 会议目标是否在最短时间内达成？
是□　否□　不能确定□

2. 倘若目标并非在最短时间内达成，为什么没有在最短时间内达成？（确切理由）
_____
_____

（三）与会者

1. 列举每一位与会者的姓名并评估会议结束后他们的满意程度。
_____
_____

2. 为"不满意"或"极不满意"的与会者找出使他们"不满意"或"极不满意"的原因。
_____
_____

（四）假如再主持同样的会议，哪些事项将继续维持？哪些事项将有新的举措？
_____
_____

项目五　秘书会议管理

> **课堂活动**
>
> 　　完成本节开始设置的情景任务中的任务4：分组讨论会务工作总结的主要内容和方法，并根据材料设计会议效果评估表；教师点评。

 技能训练

　　实训任务：根据实训情景进行会议演练并撰写会议纪要。
　　实训目的：掌握撰写会议纪要的一般方法和要求。
　　实训步骤：
　　1. 由3名或4名学生进行角色扮演，自拟内容根据实训情景模拟开会。1名学生扮演上司，另外几名学生分别扮演秘书。由1名学生做好会议记录。
　　2. 将设计、制作好的会议纪要录入计算机，并按照规范的会议纪要的格式进行排版。
　　3. 任务完成后，学生必须参加实训成果汇报。汇报后，先由学生之间互评，接着由教师进行点评，最后教师根据学生实训任务完成情况，并结合学生成果汇报时的表现综合评分。
　　实训情景：
　　由于公司产品滞销，销售业绩大幅度滑坡，公司决定12月13日至15日在南京钟山宾馆召开客户联谊会，听取客户对公司产品的意见和建议，并确定次年产品订购情况。在召开会议期间，秘书的主要工作就是做会议记录，并且根据会议进展情况，制发会议简报，会后及时进行会议总结，撰写会议纪要①。

课堂练习

任务四　网络会议管理

一、网络会议的含义

　　网络会议就是运用现代网络技术和通信技术，利用网络会议系统或会议平台来组织召开会议，会议的组织者和参与者分布在不同的会议地点，共同围绕会议议题进行讨论和决策的行为过程。
　　宽带技术的出现，使通过IP同时传送单向或双向的音频、视频和数据成为可能。从此，网络会议变得越来越流行。这项技术能让任意数量的在线观众或参与者观看到同一个计算机界面，同时能加入聊天室、进行投票、进行在线问答和资源（演讲材料、PDF文档、案例学习、研究及其他相关资源）下载等。我们可以使用这项技术在会议的过程中融入一个同时拥有现场观众和网络观众的活动环节，或者把上一届的会议内容进行在线记录存档，抑或单独举行一个只有在线观众的实时网络会议②。

---

①　雷鸣，吴良勤. 秘书日常工作实训 [M]. 北京：中国人民大学出版社，2008.
②　[美] TonyRogers. 会议业：一个全球化产业 [M]. 北京：中国旅游出版社，2015.

· 185 ·

二、网络会议的特征

（一）不受时空局限

网络会议最大的好处就是不受时空限制而使会议可以随时随地召开。传统的会议必须集中时间和地点举行，远程电话会议和电视电话会议尽管不需集中地点，但也必须约定同一时间举行。而远程计算机网络会议完全没有这些会议对时间和空间的限制。会议主席可随时将自己的意见通过计算机网络传送到与会各方的网络终端，各方的终端都会自动存储记录。与会者可在任何时候查阅记录并以同样的方式向会议主席以及其他各方反馈自己的意见。发送信息时，如果与会者正在接收，双方还可以使用显示终端直接参加讨论；如果在旅途中，可使用便携式终端自动接通其他与会各方。因此，这种会议召开一次可以短则几小时，长则几个星期。

（二）实现了会议的无纸化

在远程计算机网络会议中，由于实现了计算机的自动化管理，所有的会议信息都将由计算机自动传递和存储，完全可以实现会议的无纸化[1]。会议的所有文件不需要纸张作为载体，报告、讲话、议程、观点、意见都可以通过会议系统直接传递沟通、记录存储。

（三）会议沟通全面快捷

现在的网络会议平台提供了丰富多样的在线交流工具，使会议信息沟通呈现出会议沟通信息全面、客观，会议反馈更加及时、快捷，会议交流更加充分、广泛等特点。

一是获得的会议信息全面。在网络会议中，与会者可以同时在各自独立的电脑屏幕上表达自己的意见、观点，提出方案。

二是获得的信息更客观。允许匿名发表意见，这样可能会出现更多的坦率和真实的信息反馈。

三是信息交流广泛。不同地位的与会者在网络会议形式中都是平等的，这样能提高不同行政层级人员的参与度，能够在更大的范围内交流信息，加深探讨问题的深度。

四是信息交流充分。每位与会者都在同一时刻"发言"，即使是性格内向的与会者也可不受干扰地充分陈述自己的观点。会议不会产生"冷场"的情况，与会者可以在不受影响的情况下各抒己见[2]。

三、网络会议的会务工作

网络会议的会务工作要求与相关类型会议大多相同，可参见前述相关方面内容。此外要针对网络会议的特点，做好以下相关工作。

（一）选好网络会议平台系统

目前市面上的网络会议平台或网络会议系统很多，在选用时主要考虑以下三个因素。

第一，易用性。不管是哪种网络会议系统，简单易用是首先要考虑的因素。对于日渐复杂的系统，公司不可能对每个员工进行系统操作的培训，选择的网络会议系统最好有良好的用户体

---

[1] 陈培英. 国际商务秘书实务考试题解［M］. 上海：上海财经大学出版社，2008.
[2] 姜磊编. 会议管理实务［M］. 北京：中国物资出版社，2011.

验,让人一看就懂,第一次使用就能操作。

现在的会议形式越来越多,会议对系统的要求也越来越复杂,如果只是一台电脑,升级不是一件困难的事情,但一个公司或企业少则有几十台电脑,多的能达到成千上万台,升级这些电脑里的网络会议系统是非常耗费人力物力的,因此软件的升级方便是对易用性的另一个要求。

第二,稳定性。如果你正在一个网络会议中做重要的发言,突然网络会议系统出了问题,不管你怎么点击或者拍打电脑,系统仍然无法恢复正常,面对这一切你一定会瞬间崩溃。我们使用网络会议系统是为了更加便捷,谁也不愿意系统在关键时刻出现问题,因此网络会议系统的稳定性是至关重要的。

稳定性高的网络会议系统可以承载大量用户访问。不管与会的人是几十个还是几百个,系统都应该保证有足够的能力容纳。目前最好的系统可以支持上千人同时开会,基本可以满足公司的大部分需求。选择好的网络运营商,购买足够的带宽是对系统稳定性更好的要求。足够的带宽可以保证多人同时开会时画面不停滞,声音和画面对得上,同时音频和视频也有较好的质量。一般来讲,带宽越宽费用就越高,公司负责人可以根据本公司的情况购买,这样既能物尽其用,又不会浪费。

第三,保密性。如果会议中的机密泄漏出去,对于某些公司来说或许是灭顶之灾,因此网络会议系统要有较好的保密性。有些网络会议系统看上去很牢固,实际上漏洞百出,黑客使用一个很简单的伎俩就可以潜入其中,获取会议信息而不被人察觉。因此公司负责人对引进的网络会议系统不可不查,以保证公司机密不被盗取。

2003年"非典"成为网络会议系统行业发展的催化剂。从那时开始,简单易用、价格低廉的网络会议系统发展迅速,它们逐渐走进每家公司和企业,展现独特的生命力。可以预见,未来将会有更多的实体会议被网络会议取代,而网络会议系统也会成为企业的标准配置而被千千万万个公司使用①。

(二)做好网络通信技术保障

要安排专业技术人员做好线路及设备的调试、维护。会议前要对网络会议的软硬件设备进行反复的调试,确保会议进行时网络信号的正常,要对会议系统的功能十分熟悉,能熟练操作会议平台系统。

(三)做好会议材料技术处理

会议讲话、发言材料要做好技术处理,适应网络传输和视频演示;用于会议展示和交流的材料更要注意制作精美、便于演讲、富有表现力等。另外还要特别注意相关材料的安全保密工作,做好会议的安全保密工作,涉密会议不能采用网络会议方式。

(四)做好应急准备

有关设施保障应有应急预案。做好技术培训。对参会领导和有关人员要事先做好使用网络通信设备的培训②。

 技能训练

将近期班会内容,自选网络会议平台,组织同学召开一次线上班会。

---

① 李宗厚.开会开不好,怎么做公司领导[M].北京:北京时代华文书局,2015.
② 叶黔达.办公室工作实务规范手册[M].2版.成都:四川人民出版社,2014.

四、网络会议的发展趋势

随着信息化和通信技术的不断发展，远程会议、网络会议将成为未来商务会议的主流。人们的生活节奏不断加快，市场信息也随时变化，网络会议能够应对市场需求，随时召集人们开会。

（一）智能化

智能化是未来网络会议发展趋势的主要特征，主要体现在会场布置的智能化、信息提供的智能化、内容处理的智能化、事项跟踪的智能化等方面。

智能化会议系统可以满足讨论、会议、演讲、培训等要求；有良好的现场直播，扩大（放）录音功能；可随时下载文件等，随着计算机多媒体播放，可对现场图像回放，有录像存储等功能；能满足远程视频会议功能；系统操作简单。智能会议系统与过去传统会议相比，具有明显的优点，大大丰富了整个会议功能，提高了效率。

会议系统的主要功能已实现了从人工到电子智能化的跨越，会议系统也已从最初的模拟系统发展到现在的全数字会议系统。通过集中的控制器，配合会议需要，对话筒、音响、灯光、投影等设备进行便捷管理，实现对会场各类设备的智能化控制；通过统一的软件系统，实现对会议流程、信息发布、会务信息的统一管理，已成为客户需求的主流。

智能会议系统和远程视频会议系统的融合度将进一步提高。近年来随着我国基础设施的日益完备，原来制约视频会议系统发展的带宽瓶颈被突破，远程视频会议系统获得了快速的发展。但面对面的讨论交流仍然是最有效率和最为可靠的沟通方式，因此，会议系统的产品和技术升级势在必行。而两者之间融合度的提高，可为行业内拥有自主核心技术的企业提高市场占有率创造更多的商机。

（二）场景化

网络会议将充分发挥计算机的功能营造以适应不同会议主题的场景氛围，这些场景包含会议主题场景、主持场景、演讲场景、展示场景、各类座位布局场景等，实现丰富多样的线上会议场景需求。还有沉浸式会议系统，能够制造出各种风格的虚拟会议场景，还可以进行在线大合照，让与会者有不同的会议体验。

（三）多功能化

未来的网络会议系统将更加智能化和多功能化，可以实现电话及视频会议、多语言字幕、机器同声传译、实时生成会议纪要，具有人工智能技术、统一通信平台等功能。其核心目的是让使用者只需要关心会议的内容，而会议的其他一切管理工作交给系统去完成。

五、智能会议室

未来的智能会议室可以实现一键预订，可以使通知开会更有序；通过预订会议室，会议室的闲忙状态一目了然；轻松实现会议邀约，一键通知参会人；会议室审批使用，管理更轻松，可以一键开通会议室审批、灵活设置会议室可见部门，管理员轻松管控使用权限；扫脸签到开门，无线投屏，更高效；会议门禁：参会人员扫脸开门、签到一气呵成；会议盒子：会中无线投屏，会议沟通更高效（图5-10）。会议室预订支持审批，避免开无效的会议，大屏内容自定义，无纸化宣传企业文化会议纪要即时分享，会议任务及时跟进。

项目五　秘书会议管理

图 5-10　智能会议室

课堂练习

项目能力测试题

一、单项选择题①

1. 会议简报是单位内部编发的（　　）文书。
   A. 商务性　　　　B. 事务性　　　　C. 章程性　　　　D. 决策性
2. 会议值班工作关键是要（　　）。
   A. 执行记录制度　　B. 坚守岗位　　　C. 及时联络　　　D. 做好服务
3. 会议信息的分类，按照会议信息的保密性划分为内部会议信息、公开会议信息和（　　）。
   A. 保密性会议信息　　　　　　　　　B. 核心会议信息
   C. 领导会议信息　　　　　　　　　　D. 落实会议信息
4. 为了压缩会议的时间，提高会议的效率，对于代表的口头报告一般要求（　　）。
   A. 与提交的书面报告完全一致
   B. 比书面的报告更充实
   C. 只讲书面报告的提纲
   D. 只涉及最重要的项目或者需要集体进行讨论的事项
5. 小型会场内座位的安排，常以离会议主持人或主席位置近的座位为上座，而会议的主持人或会议主席的座位应在（　　）的位置。
   A. 接近入口处、正对门　　　　　　　B. 远离入口处、正对门
   C. 接近入口处、背对门　　　　　　　D. 远离入口处、背对门
6. 会议纪要的主体部分是（　　）。
   A. 会议精神　　　　B. 会议规模　　　C. 与会人员　　　D. 会议成果
7. 在进行会议值班时，为了应对突发事件，值班秘书要特别注意（　　）。
   A. 为领导做好食宿服务　　　　　　　B. 安排好接站的车辆
   C. 控制与会议无关的人进入会场　　　D. 掌握所有领导的联络方式
8. 会议接待的基本程序应为（　　）。
   A. 会议签到和引导—迎接—安排合影—引领会议嘉宾进入会场或登上主席台—会议结束后

---

① 公炎冰. 秘书考级导学与测试 [M]. 西安：西安电子科技大学出版社，2008.

的送别

B. 迎接—会议签到和引导—安排合影—引领会议嘉宾进入会场或登上主席台—会议结束后的送别

C. 引领会议嘉宾进入会场或登上主席台—迎接—安排合影—会议签到和引导—会议结束后的送别

D. 迎接—安排合影—会议签到和引导—引领会议嘉宾进入会场或登上主席台—会议结束后的送别

9. 在会议沟通中，秘书所面对的对象（　　）。
　A. 是一个群体　　　　　　　　　B. 是主持会议的领导
　C. 是主要的发言者　　　　　　　D. 是会议的发起者

10. 会议文件分发传递的正确步骤是（　　）。
　A. 清点、登记、装封、发出　　　B. 登记、附清退目录、装封、发出
　C. 附清退目录、清点、登记、装封　D. 登记、装封、发出

11. 会议档案整理一要及时，二要（　　）。
　A. 完整　　　B. 准确　　　C. 保密　　　D. 丰富

12. 与会者的信息包括：与会者的基本情况信息、背景信息和（　　）。
　A. 业余爱好　　B. 行业信息　　C. 专业信息　　D. 抵离信息

13. 度假型酒店与商务型酒店相比具有（　　）。
　A. 较强的服务能力　　　　　　　B. 地方和季节特色
　C. 高效、快捷的服务　　　　　　D. 提供先进的通信工具

14. 会议记录原稿通常要（　　）。
　A. 予以销毁　　B. 开架阅览　　C. 进行复制　　D. 统一编号

15. 研讨会、汇报会、座谈会等小型会议最好用（　　）记录法。
　A. 完全　　　B. 补充　　　C. 精要　　　D. 精详

16. 传达会议决定事项必须（　　）。
　A. 遵循实用原则　　　　　　　　B. 体现本位要求
　C. 建立承办制度　　　　　　　　D. 及时到位

17. 收集会议文件的基本要求是（　　）。
　A. 及时收集，严格履行登记手续　B. 不断改进收集方式
　C. 文件归档时注意保密　　　　　D. 跟踪落实会议精神

18. 会议决定事项的传达要求是（　　）。
　A. 建立催办制度　　　　　　　　B. 及时、准确、到位
　C. 利己主义　　　　　　　　　　D. 实用主义

19. 会议信息从内容方面划分可分为（　　）。
　A. 保密性信息　　　　　　　　　B. 公开性信息
　C. 指导性、宣传性信息　　　　　D. 内部性信息

20. 会议主办方要善于处理新闻媒体的负面报道，首要的是（　　）。
　A. 不扩大影响　　　　　　　　　B. 控制事态
　C. 不要隐瞒事实真相　　　　　　D. 事后召开新闻发布会

二、多项选择题

1. 确定工作会议的地点应考虑（　　）。
　A. 选择有较好娱乐设施的地方　　B. 选择设备齐全的地方

C. 选择离上司和与会者均较近的地方　　D. 选择食宿条件较好的地方

2. 会议开始前，秘书应在会议主席的桌位上放置（　　）。
   A. 会议会标　　B. 会议日程　　C. 会议文件　　D. 上次会议的记录

3. 对于会议决定事项的综合反馈要求是（　　）。
   A. 注重信息来源　　B. 总结经验教训
   C. 实事求是　　D. 建立催办登记簿

4. 传达会议决定事项的方式取决于（　　）。
   A. 会议性质　　B. 会议内容　　C. 执行部门　　D. 会议议程

5. 会议催办的方式主要有（　　）。
   A. 发文催办　　B. 领导催办　　C. 派员催办　　D. 电话催办

6. 值班工作制度有（　　）。
   A. 信息处理制度　　B. 岗位责任制度
   C. 检查制度　　D. 交接班制度

7. 会议简报的导语多用（　　）。
   A. 说明式　　B. 叙述式　　C. 顺序式　　D. 摘要式

8. 安排会议日程，应尽量（　　）。
   A. 采用表格的形式　　B. 将同类性质的问题集中安排
   C. 将保密性较强的问题排在最前　　D. 做到内容和时间具体

9. 进行会议信息沟通要注意（　　）。
   A. 加强保密审查　　B. 内外有别
   C. 营造声势　　D. 统一宣传口径

10. 工作会议纪要具有较强的（　　）。
    A. 政策性　　B. 灵活性　　C. 决策性　　D. 指示性

11. 会议记录的写作要求是（　　）。
    A. 准确完整　　B. 应反映会议的全部过程
    C. 对会议的内容应适当的提炼和概括　　D. 记录时必须及时迅速

12. 下列选项中正确的表述是（　　）。
    A. 开具发票时应符合与会人员的要求　　B. 准备专门账册详细记录会议的各项开支
    C. 会议经费的名称要规范　　D. 组织会议时应减少不必要的开支

三、操作题

背景介绍：你是宏达公司秘书钟苗，下面是行政经理苏明要你完成的几项工作。

（一）便条

钟苗：

　　最近，在公司新址搬迁过程中出现了财务部与研发部之间因使用办公用房发生矛盾的情形，总经理办公室要求我们召开会议协调解决。请你就选择会议地点和布局以及会议议程的安排提出相应建议，供会议筹备过程参考。

　　请于明天下班前将建议交给我。

　　谢谢。

行政经理　苏　明
2004 年 3 月 25 日

（二）

备忘录

　　发自：行政经理苏明

　　发给：秘书钟苗

　　主题：关于安排2004年公司年会会址之事

　　内容：公司将于2004年12月15日至20日召开公司年会，各分公司经理以上人员全部参加，会议规模150人，会期5天。王总经理希望安排在一处安静、封闭且环境较好的会议中心开会。请你给我发一封电子邮件，介绍一下选择会址的技巧，并介绍一至两家好的开会场址（请说明你的理由）。

行政经理　苏　明
2004年9月10日

（三）便条

钟苗：

　　为了让公司新聘的几位秘书尽快胜任工作，公司决定下星期对他们进行培训。在培训中，请你重点讲解做好会议记录应进行的准备，并介绍会议记录应包括的内容，请事先将讲稿提纲送我过目。

　　谢谢。

苏　明
××××年×月×日

项目六 秘书事务管理

项目能力标准

学习领域	能力目标	知识要求
办公环境管理	1. 能够识别办公室安全隐患 2. 能够对办公环境进行安全检查 3. 能够对办公环境进行合理布局 4. 能够按照办公室优化的要求对办公环境进行维护管理	1. 了解办公环境的含义和识别安全隐患的方法 2. 熟悉办公环境的管理和维护的方法 3. 掌握办公环境布局的形式和要求 4. 掌握办公环境优化的要求
办公室电话接发	1. 能够正确接发电话，符合程序和礼仪要求 2. 能够做好电话记录	1. 理解电话接发的要求 2. 掌握电话接听的要领 3. 掌握电话拨打的要领
文案编辑与校对	1. 能够对文献材料进行归纳和整理 2. 能够正确使用编辑校对符号 3. 能够熟练运用文案校对方法	1. 熟悉编辑校对符号的类型和用途 2. 掌握常用的校对方法和使用范围
印章管理与使用	1. 能够正确识别印章的基本属性 2. 能够正确地使用印章 3. 能够规范地保管公章	1. 了解公务印章的种类 2. 熟悉公务印章的种类和式样 3. 掌握印章的管理与使用 4. 掌握印章的颁发与启用、停用与缴销
介绍信管理与使用	1. 能够正确规范地出具和使用介绍信 2. 能够规范地保管介绍信	1. 了解介绍信的含义及作用 2. 熟悉介绍信的种类 3. 掌握介绍信的管理与使用方法
值班工作	1. 能够正确地执行值班制度 2. 能够规范填写值班相关表格 3. 能够具备值班工作的责任意识 4. 能够认真执行值班制度	1. 了解值班工作的类型 2. 掌握值班工作的任务 3. 掌握值班工作表的制作 4. 理解值班工作的要求

续表

学习领域	能力目标	知识要求
零用现金管理	1. 能够正确地管理办公室零用现金 2. 能够正确地进行商务报销	1. 掌握零用现金管理的含义、要求和一般程序 2. 掌握商务报销的要求和一般程序
邮件管理	1. 能够正确熟练地进行各类邮件收发 2. 能够对公务邮件进行规范处理 3. 能够撰写和处理电子邮件	1. 掌握邮件收发的常识 2. 掌握电子邮件的编辑和处理规范

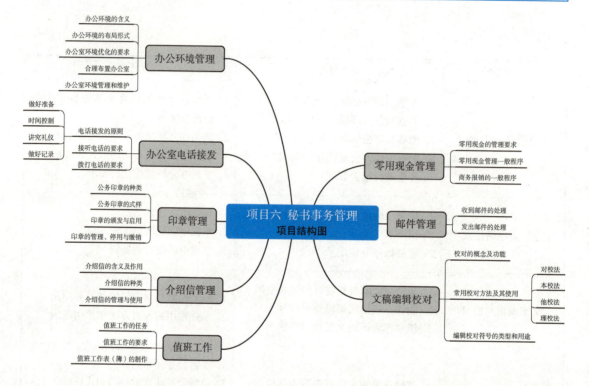

项目六 秘书事务管理 项目结构图

项目六 秘书事务管理

任务一 办公环境管理

情景任务

小王是重庆江韵文化传播有限公司办公室秘书,今天公司赵总交给她一个任务,让她对公司的办公环境状况做一个评估报告,里面要包含办公环境安全隐患情况、布局分析、环保情况,并提出优化方案。

理论知识

一、检查办公环境

(一)什么是办公环境

广义的办公环境,包括社会文化环境、组织文化环境和办公物理环境。

狭义的办公环境是指办公室物理环境,包括办公室所在地、建筑设计风格、办公室的朝向、室内办公设备配置及其布局、办公室绿化与装饰、办公室内空气、光线、色彩、声音、气味等因素构成的综合氛围。

办公环境管理是秘书的一项常规工作,反映单位的理念、形象、功能分隔、关系建立等信息,也充分体现了企业的管理理念和组织文化。加强办公环境管理可以使办公环境更加美观时尚和健康安全,便于科学组织工作流程,提高工作效率,同时体现了在这个环境中工作的人的精神风貌、审美情趣以及工作作风等。

> **课堂活动**
>
> 仔细阅读下面的材料后,分组讨论不良办公环境可能导致的后果。
>
> **办公室环境可导致亚健康**
>
> 据调查,许多写字楼都不同程度地存在着危害公共健康的污染。空气品质的问题以及湿度的平衡、光照、通风状况和清洁程度都直接关系人们的健康。同样,办公室的环境也直接影响员工的情绪。不良的办公环境会涣散人们工作的积极性,甚至影响工作效率、工作质量。
>
> 中国室内装饰协会环境检测中心公布的一组数据表明,我国每年由室内空气污染引起的死亡人数已达11.1万人,每天大约是304人。另据统计,室内环境污染已引起35.7%的呼吸道疾病,22%的慢性肺病和15%的气管炎、支气管炎和肺癌。这其中,就包括办公环境的污染。

如果在办公室，尤其在密闭的、没有窗户可开但有中央空调系统的写字楼内工作，经常感到头痛、疲倦甚至恶心，出现下面身体不适的症状——眼睛不适（干燥、刺激及痒）、鼻塞、流鼻涕、咳嗽、喉咙不适（干燥、刺激、痒及痛）、呼吸短促、胸部不适（胸闷及胸痛）、皮肤不适（干燥、刺激及痒）、头痛、嗜睡、疲倦与精神无法集中等，下班之后（特别是周末或假日），这些症状又明显减轻或消失——那你可能患了"病态写字楼综合征"（Sick Building Syndrome，SBS）。

与写字楼综合征有明显相关的因素分别如下。

1. 通风量、采光量

不能开窗不能对流，就像人的血管不通，当然不健康。目前写字楼通常都用中央空调，新风量（新鲜空气的量）很难达到国家规定的标准（每人每小时30立方米）。很多写字楼虽然有窗户，却打不开，有的只能开一条不大的缝。写字楼前后有窗子让空气自然流通才算通风；现在的很多写字楼格局不太合理，空气很难形成对流，不利于空气的循环更新。

采光程度好会直接影响人的情绪。理论上，窗户透气面积应该等于采光面积，但是现在有些写字楼的窗子只能开一半，另一半永远不能透气。

2. 挥发性有机化合物

工作环境中挥发性有机物的来源包括香烟、油、黏胶、化学药品、家具、复印机、列表机等，这些来源产生的挥发性有机物质，明显与病态写字楼综合征的发生有关。

3. 电磁辐射

密集的办公电器产生过多的电磁辐射，有可能影响到人的生育能力，还能让人过度紧张、神经衰弱、失眠、精力不集中、记忆力下降、反应迟钝。

除了电磁辐射，办公电器还产生主要是臭氧和粉尘等的污染物。这些污染是长期的、慢慢积累的，而且特别容易被忽视，但其危害却特别大。这些需要人们特别引起注意的。

现代化办公大楼的结构与特性，以及办公室员工的工作需要与习惯，使得室内环境空气质量的维护不易。健康的室内空气质量必须从建筑、室内设计、物业管理和使用几方面共同来创造，因此应注意改善办公环境。

如何改善办公环境，应从以下几个方面着手。

1. 控制污染源

保持个人环境清洁，不囤积垃圾，除去不必要的污染源。

制订办公室禁烟守则，严格执行。美国许多大楼内部完全禁烟，吸烟者必须走出大楼到户外吸烟，大楼内部可完全杜绝二手烟危害。目前我国写字楼一般没有设置吸烟室，吸烟者通常在楼梯间吸烟——只要有人点了烟，同楼层的人员马上就感受得到，因为二手烟会通过风管传跑到大楼其他房间。如果大楼内设置了吸烟室但没有独立空调通风系统，吸烟室等于形同虚设。

2. 注意通风，改善通风设备

每人每天吸入呼出的空气量高达2万公升，引进室外大气有助于改善室内空气质量。在气候允许的状况下常开窗户，是改善通风最基本、最简单的方法。打开窗户2~3个小时，就能有效降低室内过敏源浓度一半以上。

还要注意提醒公司或者物业管理者，定期维持通风管道的清洁，定期更换滤网并请专业人员维修保养。室内尽量不做高隔间，天花板高度尽量高，办公家具尽量不要阻挡空气流通。若刚好坐在空调死角处，加装一个小风扇可以促进对流。

项目六 秘书事务管理

3. 使用空气清净机

可以在办公室内使用空气清净机、冷气机、除湿机来调控温湿度，但是要注意机器的维修保养清洁，定期更换滤网。使用时，室内最好摆放一盆水，避免过度干燥。室内温度最好介于摄氏25°~28°，24°以下就会过于干燥；相对湿度维持在60%左右最舒适，若超过80%就容易滋生霉菌。

（二）检查办公环境，识别安全隐患

办公建筑隐患：主要指地、墙、天花板及门、窗等，如地板缺乏必要的防滑措施。

办公室物理环境方面的隐患：如光线不足或刺眼；温度、湿度调节欠佳；噪声控制不当；室内放置过多的装饰物品，导致颜色过于鲜艳或容易引起视错觉等。

办公家具方面的隐患：如办公家具和设备等摆放不当，阻挡通道；文件柜顶端堆放太多东西有倾斜倾向；座椅的高度不当；电脑键盘桌面高度过高；家具表面未涂环保漆；家具材质低劣等。

办公设备及操作中的隐患：如电线磨损裸露；拖拽电话线或电线；电脑显示器摆放不当的反光；违规操作办公设备等。

工作中疏忽大意的人为隐患：如站在转椅上放置物品；女士的长头发卷进碎纸机；在办公室里抽烟、乱弹烟灰、乱扔烟头；离开办公室忘记锁门、关窗；不能识别有关的安全标识等。

不符合工作程序和规范的隐患：如复印后将保密原件遗留在复印机玻璃板上；用印后印章随便放置；有密级的文件随处堆放等。

消防隐患：如乱扔烟头；灭火设备已损坏或过期；灭火器上堆放物品；火灾警报失灵等。

（三）进行安全检查的方法

确定检查周期，定期对办公环境和办公设备进行安全方面的检查。

发现隐患，在职责范围内排除或减少危险。

发现个人职权范围外的危险，秘书有职责和义务报告、跟进，直到解决。

将异常情况的发现、报告、处理等过程认真记录在本企业的"隐患记录及处理表"（见表6-1）中①。

表6-1 隐患记录及处理表

序号	时间	地点	发现的隐患	造成隐患的原因	隐患的危害和后果	处理人	采取的措施

（四）办公室环境管理和维护

作为秘书不仅要保持自己直接办公空间的干净整齐，还要负责整个办公室的环境管理和维护，并具有健康、安全的管理意识，定期对办公室进行安全检查和设备维护，并能妥善应对办公环境出现的紧急情况。

平静整洁、格调高雅、秩序井然的办公环境能展现企业的良好形象，能反映企业高水平的管

---

① 秘书国家职业资格培训教程，海潮出版社，244页。

理，因此，秘书必须管理和维护好办公责任区。秘书应管理的办公责任区有三个，分别是上司办公室、公共区和个人区。对这些区域的管理应注意如下方面。

①开窗换气，调好空调温度，开启照明系统。
②整理办公桌上的文件和资料，进行归类并妥善放置。
③做好房间内的清洁，保证桌椅、台面、设备和地面的卫生。
④应注意对桌椅、使用后的设备及时归位。
⑤电话按键、听筒和传真机的磁头应经常清洁消毒。
⑥应经常对上司的文件柜、书柜的文件资料和书籍进行整理，并做好清洁卫生。
⑦应注意茶水和饮品的准备。
⑧重要书面文件、保密资料一律入柜，其他文件全部整齐并分类放置在文件夹或文件架中，不得随意散放在桌面上。
⑨每天下班前，应将办公桌上的文件、数据收好，用过的办公用品要摆放整齐。
⑩抽屉内的物品要摆放整齐并定期整理，下班离开前要锁好。
⑪计算机键盘要定期消毒，下班时要关闭电脑电源。

二、办公室环境布局设计

（一）办公环境的总体布局形式

1. 封闭式办公布局

封闭式办公布局是一种较为传统的办公室布局。是指利用墙壁、窗户等建筑设施把员工的工作区域分隔开来，如图 6-1 所示。

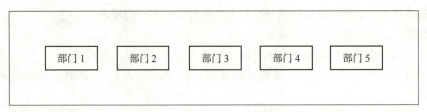

图 6-1 封闭式办公布局

封闭式办公布局的优点：工作环境相对安静，易于集中注意力来进行细致和专业的工作，员工拥有相对独立的私人空间，工作环境相对安全，有利于保密和保护个人隐私。

封闭式办公布局的缺点：各职能部门之间的信息难以得到及时有效的沟通，工作协调不够快捷灵便，工作效率、业务执行力受到一定程度的影响；非办公空间的占用率较大，增加了设备设施的投入，无形中提高了行政费用；增加了能源成本和建筑成本，空间利用率较低，重新布局不灵活等。

2. 开放式办公布局

开放式办公布局就是将一个大的办公空间按照一定的原则和标准划分为多个相对独立的办公区间（工作单元），所有工作人员按照工作职能和工作程序安排在各办公区开展工作。这种布局形式中各个工作单元之间可以通过隔断来实现，如图 6-2 所示。

开放式办公布局的优点：由于没有墙壁的阻隔和明显的等级标志，管理系统更容易实现扁平化，便于部门与部门、管理者与员工、员工与员工之间的沟通与协调，便于领导者监督与管理；提高办公设备共享性，降低能源消耗，节省办公空间和办公经费；布局方式灵活，布局成本较低。

项目六 秘书事务管理

图 6-2　开放式办公布局

开放式办公布局的缺点：噪声干扰大，容易分散工作注意力；缺乏单独办公的机会，私密度低，不利于工作保密和处理个人事务。

3. 混合式办公布局

混合式办公布局是指在开放式布局的大办公室内，把组织内部的各职能部门单独成间或用组合式办公用具或其他材料分隔开来，组成若干个工作区域，如图 6-3 所示。

图 6-3　混合式办公布局

混合式办公布局吸收了开放式办公布局和封闭式办公布局的优点，开放中有封闭，各部门既相对集中，又在一定程度上避免了相互干扰，受到越来越多企业的青睐。

（二）办公室布局安排应考虑的主要因素

①办公室的建筑环境和办公室布置的预算。如果公司是租用的写字楼，且已经是封闭式布局条件，就最好选择封闭式布局。公司对于整个办公环境布置的经费预算情况会对布局的形式和最终的效果产生很大的影响，所以应在布局设计规划时很好地做出成本估计。

②组织的规模、员工人数以及购买或租用的面积。

③组织的工作性质和内容，业务部门的职能任务和特点，决定了办公环境的功能性布局。比如像公关部门、销售部门就应该安排在较低的楼层和离公司门口较近的位置，便于客户的接待和业务洽谈。

④组织机构的划分，部门间的工作联系，决定了办公区域的划分和布局时工作流程的设计。

（三）个人工作区的布局

个人办公区域一般采用 L 型布局，注意留出适当的过道方便员工出入。在 L 型办公桌面的转角处可放置电脑，其左侧为文件资料放置区，右侧为工作区。工作区应合理规划电话、办公工具架、档案盒和记录本、备忘本等的放置位置，对于不同的物品应该按照一定的原则进行分类存放，每次使用后都要归还原位以便于下一次使用，如图 6-4 所示。

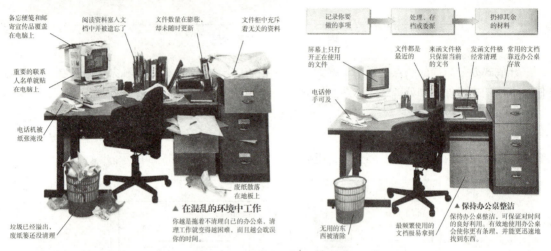

图 6-4　个人工作区域管理前后对比图

（四）办公室布置的原则

①整体布局要求：尽可能采用一大间办公室，对于光线、通风、监督、沟通，比采用同样大小的若干办公室为优。通风、采光良好，整齐清洁，采取直线对称的布置，避免不对称、弯曲与成对角的排列。使全体职员的座位面对同一方向，不可面对面。可采用易于架设且能随意重排的屏风当墙，也可采用平滑或不透明玻璃的屏风，以提供良好的光线及通风。应预留充分的空间，以备最大工作负荷的需要。

②部门位置：相关部门应置于相邻地点，并根据工作需要和工作职能布局，工作流程应成直线，避免倒退、交叉与不必要的文书移动，使性质相同的工作便于联系。将通常有许多外宾来访的部门，置于入口处，若不可能时，亦应规定来客须知，使来客不干扰其他部门。将自动售货机、喷水池、公告板置于不致引起职员分散心力及造成拥挤之处。

③主管位置：位于员工的后方，易于主管观察工作地点发生的事情。其办公区域保留适当的访客空间，和秘书保持最紧密的工作联系。自然光应来自桌子的左上方或斜上方。避免在总办公室相邻之处设私人办公室，因为这样会切断总办公室的自然光线。勿使职员面对窗户，也不能太靠近热源或坐在通风线上。

④办公桌椅：使用大小适中、相同的桌椅，最好选择旋转椅，可增进美观，并促进职员的相互平等感。办公桌椅尽可能朝一个方向摆放，每个位置之间有充足的通道和充分的工作空间。

⑤办公柜：尽可能靠墙，也可背对背放置当隔断使用。使同一地区的档案柜与其他柜子的高度一致，以增进美观。办公柜和档案柜高度、颜色相同，尽可能靠近使用者。采用直线对称的布置，避免不对称、弯曲与成角度的排列。

⑥办公设备等：办公区域应有充分的电源插座，并且要安装在隐蔽安全的角落，供办公室设

备与机械之用。将需要使用嘈杂设备与机械的单位，设于防声之处，以避免干扰其他部门。常用的设备与档案，应置于使用者附近，切勿将所有的档案，置于死墙之处。档案柜应背对背放置。可考虑将档案柜放置于墙角的可能性。倘可能时，应设休息处，作为供应休息、自由交谈及用午膳之所。供应便利充分的休息设备。

（五）合理布置办公室

办公室布置的程序如下。

①对各业务部门的工作内容与性质加以考察与分析，明确各部门及各员工间的关系，以此为依据确定每位员工的工作位置。

②列表将各部门的工作人员及其工作分别记载下来。按工作人员数额及其办公所需要的空间，设定其空间大小。一般而言，每人的办公空间，大者 3~10 m²，普通者 1.5~8 m² 即可。

③根据工作需要，选配相应的家具、桌椅等，并列表分别详细记载。

④绘制办公室座位布置图，然后依图表布置。

⑤对设备的安放提出合理建议。

技能训练

根据所给素材进行办公室平面布局设计。

活动步骤：

第一步：观察讨论材料，确定布局形式和设计理念；

第二步：利用电脑软件完成布局设计。

活动建议：在文秘综合实训室分组完成。

1. 实训素材

某公司市场部在一个 200 平方米的办公室内办公，设有市场部部长 1 名、销售总监和市场总监各 1 名、产品经理 1 名、会计与出纳 2 名、客户服务 8 名、内勤 2 名。请为他们的办公布局设计一个平面图，设计成混合式办公布局，其他公司内设机构自拟。

2. 办公室布置的要求

（1）整体布局：采用一大间办公室，采取直线对称的布置。

（2）部门位置：根据工作需要和工作职能布局，工作流程应成直线。

（3）主管位置：位于员工的后方，保留适当的访客空间。

（4）办公桌椅：大小适中、相同，同向摆放。

（5）办公柜：靠墙，隔断，高度、颜色相同。

（6）办公设备等：充分的电源插座，安装在隐蔽安全的角落。

3. 设计建议

（1）将接待室置于门口，不干扰其他员工工作。

（2）用光滑、不透明的玻璃屏风当墙，易于架设，且可提供良好的光线和通风。

（3）主管位于员工后方，易于观察工作地点发生的事情。和秘书距离较近，便于工作上的交流。

（4）采取直线对称的布置，避免不对称、弯曲与成对角的排列。

（5）档案柜当作隔断使用。

实训成果示范，如图 6-5 所示。

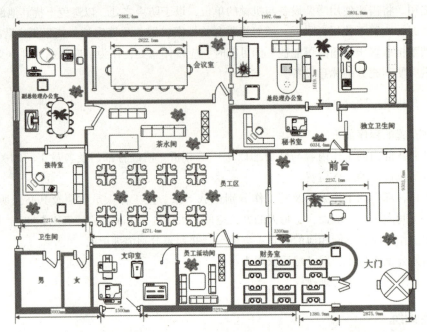

图 6-5　实训成果示范

三、办公环境优化

（一）办公环境优化的要求

1. 空气环境

空气环境是以空气温度、湿度、清洁度和流动速度四个参数来衡量的，称之为空气的"四度"。办公室应当注意空气的清新和流通，重点要调节好空气的温度、湿度与清洁度，因为这能振奋人的精神，提高工作效率。办公室的温度应控制在 20℃~27℃ 为宜。温度太高，工作人员有不舒适与头昏之感，过冷则使人缩手缩脚，精力难以集中，应根据各地的不同情况配上空调或其他调温设备。

湿度也会影响办公的舒适度，潮湿的空气能引起沉闷、疲倦之感，干燥的空气则常引起焦虑与急躁之感。办公室理想的相对湿度是 40%~60%。如相对湿度是 20%，则办公室的空气太干燥；当相对湿度是 70%，则空气太潮湿。如果办公室过于干燥，可于室内放置一盆水以增加湿度，过于潮湿则要开启排风扇。

办公室的空气清洁度，则需要经常开门窗来保持。应注意保持办公室的空气每秒钟风速达到 0.3~0.4 m。可以通过调节室内通风与空气，必要时可以使用负离子增氧机来实现空气的净化。

2. 光线环境

办公室光线的来源包括自然光、日光灯及白炽灯。一般说来，自然光优于人造光，间接光优于直接光，匀散光优于聚焦光。

办公室应该尽量使用自然光，如果光线不足，即办公室内照度低于 50 度时，需要采取台灯、顶灯等灯具补充光照度。不同的照明方式会产生不同的气氛效果，在看资料写东西的办公区域采用柔和的光线处理会使长期伏案用眼过度的人减少疲劳；在沟通交谈的会议室采用高光亮度处理则有助于与会者集中注意力；在走道采用暗光处理会产生间隔的过度和平静；采用顶光和背光会增加神秘与凝重的压力；采用面光会增加友善与温和的亲切。办公桌最好安放台灯，以 20~25W 为宜，要加灯罩，避免灯光直射人眼。尽量避免物品反光。

3. 颜色环境

办公室的墙壁、地板、天花板、办公器具等的颜色构成颜色环境。不同颜色对人的生理和心理有不同的影响。办公室墙面的色彩一般为白色，因为布置任何装饰物，白色都是最好的底色。如果讲究品位格调，或者想利用色彩影响人的感官来提高工作效率，那么黄色使人愉悦，蓝色使人沉稳，绿色使人平和，红色使人激奋。不过，大面积地用彩色，总会很难把握这个度，最好慎用。

办公室的内墙一般宜采用白色、天蓝色、淡绿色、浅黄色为基本色，这些颜色容易给人轻松愉悦的感受；会议室、会客室的墙壁以淡黄色为主，天花板一般用白色，以保持较高的光线反射率；地板以深色为主，以耐脏、耐磨。办公室用暖色装饰显得温馨活力，冷色装饰显得冷静平和，如图 6-6 所示。

图 6-6　办公室冷暖颜色装饰对比图

4. 声音环境

办公声音环境应尽量排除、降低噪声干扰，保持肃静、安宁，才能使工作人员聚精会神地从事工作。在办公室内工作应尽量避免大声喧哗，应使噪声较大的办公设备放在角落或单独的房间内，应注意通过地毯、隔音墙、双层玻璃、植物绿化带等设施加强隔音效果，保证办公室白天在 45 分贝以下，晚间在 35 分贝以下。

5. 设备环境

办公桌椅、电脑、电话、复印机、打印机、传真机、文件柜、书报架、办公文具、报刊资料、饮水机等各种办公设备的配置与布局构成办公设备环境。办公用具以必需为限，多余的家具、用品不宜放在办公室内。办公用具应设计精美、坚固耐用，适应现代办公要求，在规格、颜色、款式等方面风格一致，和谐统一，以增强办公室的美观效果。

（二）恰当放置办公物品

办公物品主要分为四类：一是纸簿类消耗品，如 A4、B5 等办公复印纸、信纸、信封、笔记本、直线纸、复写纸、卷宗、标签纸；二是笔尺类消耗品，如铅笔、刀片、签字笔、橡皮擦、夹子、胶水、胶带、钢笔、打码机、姓名章、日期章、日期戳等；三是装订类消耗品，如大头针、图钉、剪刀、美工刀、订书机、打孔机等；四是办公设备耗材，如打印机墨盒、色带、计算机磁盘、空白光盘等。

如何恰当设置办公物品，应做到以下两点。

1. 恰当放置个人物品

对办公物品应分类存放，便于取放。

自用的办公文具、用品、零散物件应有序地放在办公用品架或抽屉里，按照使用频率及使用习惯安排，如图6-7、图6-8所示。

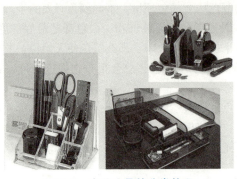

图6-7　办公文具的分类整理

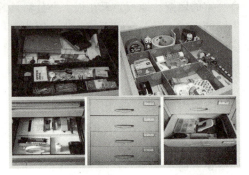

图6-8　抽屉的分类整理

常用文件夹应整齐地叠放在桌边或直立在文件架上，并贴有标识予以区分，取用有序，保密的文件和不常用的文件夹应存放在文件柜里。

专用的电话应放在左手边方便拿到的位置，右手记录留言。

电脑、打印机等用电设备宜放置在一起，便于电源接线和管理。

2. 恰当放置公用物品

文件柜里的公用文件夹应整齐有序地摆放，取用后要放回原位置，方便他人再用。

公用办公用品柜的物品也要放置规范，通常重的、大的放下面，轻的、小的放上面，且摆放有序，便于取用，并做到用后归位。

一些常用的公用物品，如电话号码本、航班表、火车时刻表、字典等按办公室要求放在柜子里或书架上，注意用后放回原位，不给他人带来不便。

接待区为访客阅览的宣传品、资料以及报纸杂志应整齐地摆放或码放，并经常整理，保持接待窗口的良好对外形象。

四、办公室 5S 管理

（一）5S 管理的内涵及意义

5S 管理起源于日本，是一种针对企业的精益管理模式，包括整理（Seiri）、整顿（Seiton）、清扫（Seiso）、清洁（Seiketsu）、素养（Shitsuke）五个方面，故称 5S 管理。5S 管理是现代企业广泛运用的一种现场管理方法和员工素养养成法，通过对生产现场的各生产要素的有效管理，改善作业环境、提高作业效率，培养员工严谨细致、一丝不苟、精益求精的工作素养和职业习惯。

现代企业的办公环境日益智能化、时尚化和人性化，办公环境关乎员工身心健康、时间管理、工作效率及企业形象。办公环境管理是秘书工作的重要内容，职业秘书应该知晓在硬环境极大改善的今天如何通过有效的制度和管理使办公软环境配套同步和不断发展。5S 管理模式无疑能够通过简明的制度、清晰的操作程序使软环境得到有效改善并持续实现绿色化、人性化和高绩效办公。所以在文秘专业秘书实务、办公室管理等课程中教授环境管理的教学内容时，不能简单停留在传统的办公布局形式、布局设计、隐患排除等，应该更多地引入 5S 管理理念，介绍其管理思想、内容及方法。

（二）秘书办公室工作中 5S 管理的内容

5S 管理的内容简言之就是：1S 整理：要与不要，一留一弃；2S 整顿：科学布局，取用快捷；3S 清扫：清除垃圾，美化环境；4S 清洁：清洁环境，贯彻到底；5S 素养：形成制度，养成习惯。结合秘书工作，具体包括以下几个方面。

1. 办公室的整理

整理的核心是减少，对于可有可无的东西坚决做到舍弃。整理的关键是要将必需品降到最低的程度，包括实体物品和电子文件。就如我们搬进刚装修好的房子会觉得很清爽的关键是东西很少。所以整理的第一步是减少办公室物品的数量，实现从无到有的梳理。主要做法有以下三种。

（1）区分有用和无用的东西。

（2）桌面只放有用、必需的物品。

（3）根据使用频率采取不同的物品处置方式。将过去一年都没有使用过、且不能再用的物品坚决地丢弃、报损；将过去 6 个月仅使用过一次的物品、一个月仅使用一次的物品集中存放；将一周使用一次的物品、每天都使用的物品保留在办公室。以文件柜整理为例，尽量将文件逐格放满，保留空文件架肯定是优于每架都放置少量文件的排列方式的。秘书对于文件的处理，一定要遵循档案管理的原则和做法，对于办理完毕的具有查考利用价值的文件予以保存，否则就按期销毁。

1S 整理实例，如图 6-9 所示（左图为整理前状况，右图为整理后状况）。

- 拿走不必要的物品，空出整个书架（用红标签标识等待处置）；
- 将不必要物品移到归档系统。

图 6-9　1S 整理实例

2. 办公室的整顿

整顿是在整理之后将留在办公室的必要的物品分门别类、定位摆放、排列整齐、设置有效标识，使工作场所和工作内容一目了然的方法。整顿的核心是标准化和目视化。简单的目视化管理体系能清楚显示归属和是否遗失了什么东西。如何做到标准化和目视化呢？主要做法有以下几种。

（1）确定最佳的布局和工作空间设计，将工作桌面进行功能分区，使用标签或轮廓模板存放物品，便于放回物品和识别丢失的物品。

（2）做好标识系统。一是办公区域标识。秘书部门应该为单位所有的机构部门设计制作统一标识，便于大家识别和准确找到这些场所。二是做好工作区域及物品定位及标识。定位是保证办公环境的秩序和实现资产有效管理的重要环节,包含工位、桌椅、设备、物品的定位,固定好位置后应用一定的方法进行有效标识。比如办公桌椅定位线应采用四角定位线,线宽不超过 5 cm。由于办公室地面多为浅色,定位线一般采用蓝色,以突出定位线的位置。办公桌椅的定位画线要注意:如果是水泥地面尽量采用油漆画线,如果是木地板或地板砖要采用彩色胶;桌子发生偏移应及时移回定位线以内;每天下班后应注意将椅子摆放在定位线内。三是做好文件标识。对文件进行标识即将文件归档装入文件夹或档案袋,并放入相应的文件柜。文件标识有三项内容:①文件柜标识。制作标示牌,并在上面标明文件柜编号、柜内文件类别、所属部门,然后粘贴在文件柜左上角;②柜内文件夹标识。文件夹侧面的标签应标明夹内文件的题名、分类及责任者,按照一定的规则进行排序;③文件夹定位管理。应用斜线标识文件夹,实现文件夹的行迹管理,提高文件夹的位置识别和空缺识别度。

图 6-10 为目视化成果展示。

图 6-10　目视化成果展示

(a) 物品分类摆放;(b) 目视化管理图;(c) 抽屉目视化管理图

(3) 对文件和物品进行标准化命名:要清晰地认识到文件或物品的名字就是它的"地址",

项目六 秘书事务管理

要完整具体地进行命名,以电子文件为例,命名最好能够完整反映所有可检索要素,比如可以采取日期+标题+分类+责任者的命名方式。

2S 整理实例,如图 6-11 所示(左图为整理前状况,右图为整理后状况)。
- 白板并未发挥它的作用;
- 旧的信息没有擦除。

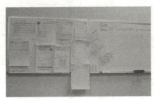

图 6-11　2S 整理实例

3. 办公室的清扫

清扫就是把工作场所及办公设备、桌椅等清扫干净。其工作关键是每天都要坚持清扫到位,使得每天都有良好的工作环境和工作情绪,稳定设备品质,达到零故障、零损耗。主要做法是:(1) 制订每日清扫责任表,每天清扫完毕检查后确认签字;(2) 清扫过程中审视需要修理的办公家具设备,检查安全隐患(松动的器件、破损的家具、磨损的电线等),识别故障,及时报修。(3) 消除"突击大扫除"的思想,保持自律,使办公室清扫成为常规和日常惯例的一部分,每天开始先花 5 分钟时间专门用于清洁。

4. 办公室的清洁

清洁是在前 3S 的基础上,进一步标准化、制度化和持续化的过程,并通过必要的宣传手段提高员工的认识,主要做法:(1) 确认和落实前三项活动;(2) 运用可视化管理,制订检查方法;(3) 通过制订奖惩方法,加强执行力;(4) 领导带头维持,将改善效果持续化。

5. 办公室的素养

通过自评、互评、考核、奖惩等机制,使大家养成自觉运行 5S 管理的意识、执行力和工作习惯。单位所有人通过自律以维持 5S 程序,不仅仅是在工作环境方面,而是应将 5S 扩大到整个业务范围,互相监督保持可持续性的责任,严于律己,以身作则。管理层必须起带头作用,将标准设为基准,将 5S 管理纳入绩效管理,实现 5S 循环运行,保证工作实效。

> **课堂活动**
>
> 利用电脑软件将 5S 管理制作成一份宣传海报。
>
> 活动要求:分组讨论;分工完成;要体现 5S 管理的主要内容和策略方法。
>
> 成果示范:

现代秘书办公实务

课堂练习

任务二　办公室电话接发

 情景任务

到年底了，公司特别忙。马上就要召开董事会，由于销售大幅度滑坡，老总心情不太好。这天上午 10 点左右，广告公司的赵总来电话，想就明年的广告代理问题与老总交换一下看法。老总正忙得晕头转向，听说要谈明年的广告问题，就对秘书说："不就是明年的广告吗？现在没时间！"秘书该如何回答广告公司赵总的电话，现在有这么几种选择：A. 今天我们姜总时间安排得很满，实在抽不出时间。回头我再给您打电话过去可以吗？B. 您的事我们姜总基本知道，但是今天没空。下次再约时间吧。C. 我们姜总正急着赶份材料，不能接电话。D. 赵总，关于明年的广告问题，您跟我们公司企划部的张经理谈，可以吗？E. 我们姜总今日身体有些不舒服，有什么事您先跟我说，我再转告他，可以吗？以上几种选择，你认为哪种比较适合，并请说明理由。①

一、电话接发的原则

（一）做好准备

打电话前应充分做好物质和心理准备。应准备好电话记录本、常用电话号码簿，重要的电话

---

① 资料来源：一平工作室，作者谭一平。

· 208 ·

应准备好通话提纲。打电话时应精神饱满,注意力集中,保持客观、热情、开放的心态。

(二)时间控制

打电话应注意时间的选择,应以对方为中心,尽量不要在对方不方便的时候给对方打电话,比如一日三餐之时、早晨八点以前、晚上十点以后。一般周一上午和周五下午也不宜拨打并不紧急的工作电话。

另外,打国际长途电话还应考虑时差的问题。

通话的时间不宜过长,一般工作电话以三分钟左右为宜,应尽量做到长话短说,废话少说,没话别说。

(三)讲究礼仪

接发电话时,最好保持规范的站姿或坐姿,应使话筒距离嘴唇 10 cm 左右,通话音量适中,尽量使用普通话。应保持微笑,注意首句问候,挂电话时应让地位高的一方先挂。

(四)做好记录

秘书部门来往电话很多,内容繁杂,应当根据不同情况,分别处理。秘书应认真记录每一个接听到的电话。对于有些重要电话,甚至可以利用电话录音功能进行录音。电话记录相当于单位内部文件,要分送上司或有关人员批阅或办理,有的还要存档备查。因此,记录电话时要力求准确无误,并且要按照 5W1H 的要点检查记录内容的完整性,即 Who(何人)、When(何时)、Where(何地)、What(何事)、Why(何因)、How(如何做)。某些电话内容涉及机密,更要妥善管理,以防泄密。电话记录单有多种形式,以本单位实际情况为准。

> **课堂活动**
>
> 完成本节开始设置的情景任务,分组讨论并做出选择,分别安排小组代表说明判断选择结果的原因。

二、接听电话的要求

(一)及时认真接听

电话铃声响起,要立即停下自己手头的事,尽快接听。不要等铃声响过很久之后,才姗姗来迟或者让小孩子代接电话。一个人是否能及时接听电话,也可从一个侧面反映出他的待人接物的诚恳程度。

一般来说,在电话铃声响过三遍左右,拿起话筒比较合适。"铃声不过三声"是一个原则,也是一种体谅拨打电话的人的态度,而且铃声响起很久不接电话,拨打电话的人也许会以为没有人接而挂断电话。铃响三声以内接听,最好应等第一声铃响完后才接听,以收到停顿效果。如果未能及时接听,第一句话应致歉,"对不起,让您久等了"。

(二)主动自我介绍

电话接通以后应该首先进行自我介绍,主要有四种模式:一是报电话号码,这主要是录音电话的模式;二是报单位名称,这一般用于公司总机或者部门电话;三是报姓名;四是报单位、部门、姓名。职业秘书应根据具体情况选择电话接听后的自我介绍方式。当然一般的规范表述是:"您好,……(单位名称),请讲(不知道有什么可以帮到您?)/您好,……(部门名称),请讲"。

（三）甄别对方身份

如果来电方主动做了自我介绍，则可进行正式通话，但如果来电方未进行自我介绍，秘书就应当用礼貌的方式了解对方的单位和来电人姓名及身份。

（四）有效倾听记录

电话中应答应简洁明了、客气、正确。

电话中的随时附和，可以表现自己的倾听诚意，诱使对方迅速地将要点说出，并且获得对方的好感。

将谈话内容正确地记在备忘上，以免误事。

（五）复述关键内容

应对来电内容的关键点进行复述，有外人在的时候请对方复述，没有外人在的时候则由秘书自己复述。

（六）礼貌结束通话

通话结束前应有所提示，结束电话后应礼貌挂机。

（七）整理电话记录

接听电话时，来电内容通常先记在便条或记录本上，通话结束后应及时整理。重要通话应填写在专门的电话处理单上。电话处理单应包括来电单位、来电人、来电时间、来电号码、接话人、来电内容、处理结果等内容。电话处理单参考格式如表6-2所示。

表 6-2　电话处理单（电话接听记录表）

编号：

来电时间	年　月　日　时　分　至　时　分		记录人	
来电者姓名		职务	单位	
来电内容				
领导批示				
拟办意见				
处理情况				
备　　注				

> **课堂活动**
>
> 活动项目：讲一讲，秘书应如何正确接听电话。
>
>

三、拨打电话的要求

（一）准备通话提纲

秘书应在打电话前应想清楚通话的目的，明确通话的要点，理清陈述的顺序、准备好通话时所需要的文件资料。如果是传达领导者的口头指示，应先做好详细记录。一般内容的通话事先应打好腹稿，重要内容的通话应写出提纲。通话内容要点应包括"5W1H"六个要素。

（二）正确拨出电话

摘机后应立即拨号。拨号时精神要集中，以免拨错。要耐心等待线路接通，至少要让电话铃响六次以上，确认对方没人应答才收线。特别是登记了"热线服务"功能的电话机，要在5秒钟内拨号，否则就会直接启动"热线"，造成误打。

（三）确认受话对象

电话接通后，如果对方未自报家门，首先应用亲切的语调向对方问好并确认对方是否是自己要找的对象。例如，"您好！请问是××公司吗？"如不慎拨错了电话，应向对方表示歉意。

（四）主动自我介绍

电话接通后，如果对方自报家门，是你所要找的受话对象，应亲切地称呼对方并自我介绍，例如："您好，×小姐（或×先生），我是××××公司的秘书×××。"如果不是受话对象本人，应问好并自我介绍，然后请对方转受话人。例如："您好，我是××××公司的秘书×××，麻烦您请×××先生（或小姐）听电话（或"麻烦您转××××"）。"如果找不到要找的人，千万不要"咔嚓"一声挂断电话，而应向对方表示一下谢意或给留言请对方转告。

（五）清楚陈述内容

拨打电话应尽量使用普通话，应保持语调、音量、语速适中。按照准备的通话提纲准确、清楚、完整、简洁、有序地陈述通话内容，对特别重要和容易弄错的地方，如双方约定的时间、地点、谈妥的产品数量、种类，认同及分歧的地方，确定的解决方案等，一定要重点强调。

（六）拨错电话致歉

如不小心打错电话，应向对方道歉，如"对不起""打扰您了"。不可一言不发，挂断电话了事。通电话时忽然中断，按礼仪要求应由打电话方立即再拨，并向对方说明，不应等接电话一方把电话打过来。

（七）礼貌结束通话

电话结束前应有所提示，另外还应礼貌地说声"谢谢""再见"，然后再由地位高的一方轻轻挂断电话。

（八）整理电话记录

秘书对打出的电话都应当记录在案，并根据通话内容的变动程度补充整理，以备查考。电话打出记录单应包括去电单位、通话人、去电时间、去电号码、接话人、去电内容、处理情况等项内容。电话打出记录表参考格式如表6-3所示。

表6-3 电话打出记录表

编号：

去电单位		通话人	
去电时间	年　月　日　时　分		
去电内容			
通话结束			
处理情况			
备注			

技能训练

1. 根据下面的情景完成电话对话训练。

两人一组阅读讨论材料，设计并完成对话空白内容；在文秘综合实训室利用内网电话进行操练。

甲（来电方，天地公司财务总监）/乙（接电方，宏兴软件公司办公室秘书）。

电话铃响。

乙：_____

甲：你好，我是天地公司财务总监，我想找一下你们的市场部总监。

乙：_____（市场部总监不在公司）

甲：我主要是想询问一下你们的财务软件怎么在使用过程中老是出现问题？

乙：_____（询问问题症状并提出找专人上门解决的方案）

甲：好吧，不过必须在今天之内解决，否则我就直接找你们的经理。

乙：_____

结束通话。

2. 根据所学电话接发知识，利用电脑软件分别绘制电话拨打和电话接听流程图。成果完成示范如下。

秘书拨打电话基本流程图如图6-12所示。

秘书接听电话基本流程（图6-13）。

项目六 秘书事务管理

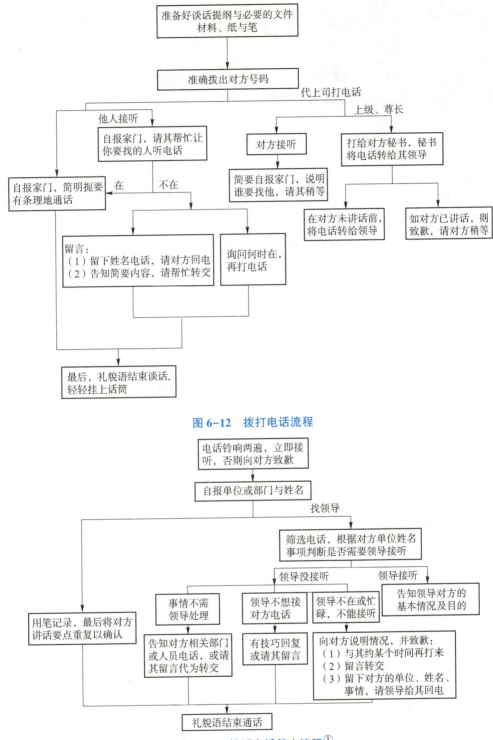

图 6-12 拨打电话流程

图 6-13 接听电话基本流程[①]

课堂练习

---

① 葛红岩. 新编秘书实务 [M]. 北京：高等教育出版社，2007.

任务三　文稿编辑校对

情景任务

小张是某文化产业公司董事长的秘书,年底将至,董事长准备去参加的一个重要的行业交流会。参会的前三天董事长把发言稿交给她,让她根据一年的经营状况对发言稿的相关内容进行核实、修改以及润色提高。你认为小张应该从哪些方面、采用哪些方法对发言稿进行修改呢?

理论知识

秘书工作常常离不开对文稿的处理,尤其是文字修改,这项工作一般都是在原稿上进行的,因此,修改哪些内容、如何进行正确修改,以及怎么保持稿面的干净整洁,进而清晰地表达和呈现是秘书工作者必须练就的一项基本功。对于以后想要从事文秘工作的同学来说,应该正确掌握和使用规范的修改符号。下面就校对的概念,常用校对方法及其使用做出介绍。

一、校对的概念及功能

校对是指根据原稿核对校样(稿),订正差错,提出疑问,以保证文稿质量的工作。其功能主要有两个:校异同和校是非。校异同是以原稿为唯一依据进行校样核对,分辨二者异同。校是非是校对者凭借自身储备的知识或依据其他权威资料来判断原稿中的是非对错。校异同与校是非互相依存、紧密联系,即校异同中有校是非,校是非中有校异同,二者并不是完全独立的过程。

二、常用校对方法及其使用

一般而言,校对方法主要分为四种:对校法、本校法、他校法、理校法。

1. 对校法是比照原稿校对校样,使校样上的文字、符号、图表、公式等与原稿完全相符的一种校对方法。这是校异同的主要方法。

2. 本校法是通过本稿件上下文的互证和比较来发现问题,提出疑问,以订正讹误的一种校对方法。主要是依据稿件内在的联系,将目录与正文、上下文内容、文字与图片、文字与表格、正文与注释相校,对名词术语和概念等进行前后互校。

3. 他校法是利用与所校稿件内容相关的其他权威文献(包括工具书和各类标准、规范等)来判断稿件内容正误的一种校对方法。他校法常与本校法交叉运用。

4. 理校法是通过推理分析做出是非判断的一种校对方法。理校法也常与本校法结合运用。

对于从事文秘工作的人员来说,通常是直接在原稿上进行修改,所以采用较多的是本校法、

项目六 秘书事务管理

同时也会用到他校法和理校法,其重点是在检查中发现原稿的差错。这就要求秘书人员除了要熟悉本职工作外,自身还要具有相对丰富的经验和知识。

三、编辑校对符号的类型和用途

1993年,我国发布了中华人民共和国专业校准GB/T 14706—1993《校对符号及其用法》。该标准规定的符号共有22种,常用的有15种,如图6-14所示,秘书修改文稿时可以参照使用。

> **课堂活动**
> 完成本节开始设置的情景任务,熟悉校对的主要内容及校对方法。

  技能训练

阅读下面的文稿,运用校对符号,通读并纠正文稿中的错误。

北京的古建筑

北京是世界闻名的历史古城与文化名城。作为多个朝代的都城,多样的建筑风格、多彩的艺术生活、深厚的人文积垫,逐渐形成了它独具特色的京城风格。

北京常见古建筑的屋顶构造形式,不外乎有四种——硬山式、悬山式、庑殿式、歇山式和攒尖式。

北京是中国皇家建筑的荟萃之地。历代宫廷建筑群中,以故宫最为雄伟壮观。它沿着南北向的中轴,向东西两侧展开,弧形的内金水河横垣东西。每座建筑均有自身特色,雕梁画栋、金碧辉煌,朝暾夕曛中,仿若人间仙境。

除此之外,众多皇家园林、坛庙寺观、帝王陵墓、古塔石碑,建筑风格多大气庞

礴。其中,最具代表性的有天安门、天坛、太庙、颐和园……,等等。颐和园的亭台、长廊、殿堂、庙宇和小桥等人工景观,与天然的山峦和湖面相互映照,融为一体,堪称中国风景园林设计中的杰作。

以民间建筑而言,四合院做为老北京人世代居住的主要建筑形式,同样蕴含着深刻的文化内涵。"四合"指东南西北面的房子形成合围之势,冬凉夏暖,节约能源。四合院为砖木结构,习惯上用磨砖、碎砖垒墙,即所谓"北京城有三宝……烂砖头垒墙墙不倒。"窗户和槛墙都

文章修改符号及其用法

编号	符号名称	符号形态	符号说明	用法示例
1	改正号		表明需要改正错误,把错误之处圈起来,再用引线引到空白处改正。	提高水口物量
2	删除号		表明删除需要删除的部分,文字少时加圈,文字多时加框不叉。	结构完整,文法通顺,逻辑严谨。
3	增补号		表明增补。文字少时加圈,文字多时可用线画清增补的范围。	要搞好工作,注意调研。语法修辞方面的错误。
4	对调号		表明调整颠倒的字、句位置。三曲线的中间部分不调整。	认真总结经验。认真总结经验。
5	转移号		表明词语位置的转移。将要转移的部分圈起,并画出引线指向转移部位。	校对工作,提高出版物质量重视。
6	接排号		表明两行文字之间应接排,不需另起一行。	本应用文书,语言通畅,但个别之处……
7	另起号		表明要另起一段。需要另起一段的地方,用引线向左边神到起段的位置。	我们今年完成了任务,明年。
8	移位号		表明移位的方向,用箭头或凸凹线表示。使用箭头时,还表示移至箭头直位置;使用凹曲线是要把箭头或符号内的文字移至凹处相直线位置。	锦州印刷厂 或 锦州 印刷厂
9	排齐号		表明应排列整齐。在行列中不齐的字句上或左右画出直线。	认真提高质量印刷质量,缩短出版周期。
10	保留号		表明改错、删错后需要保留原状。在改版、删除处的上方画三角符号,并在原删除符号上画两根短线。	认真做好校对工作
11	加空号		表明在字与、行与行之间加空。符号画在字与字之间的上方;行与行之间的左右处。	要认真修改原稿加速作品出版质量提高产品质量
12	减空号		表明在字与字、行与行之间减空。符号使用方法同上。	校对知校对针对应注意的问题
13	空字号		表明空一字距;表明空1/2字距;表明空1/4字距。	第一颗应用写作概述
14	角码号		用以改正上、下角码的位置。	16=2²
15	分开号		用以分开外文字母。	Howareyou

图6-14 校对符号及其用法

嵌在上槛（无下槛）与左右抱柱中间的大框子里。北京的四合院讲究绿化，院内植树种花，虽然没有宫廷苑囿那样富丽堂皇，但是花木扶疏，优雅宜人。北京是沧桑的，

但同时它又是一座焕发美丽青春的历史名城。今天的北京正以一个雄伟、奇丽、新鲜、现代化的形象出现在世界的舞台上。让我们揭开它神秘的面纱，探寻铭刻在骨子里的地道北京风韵。

（该段文字为2018年度全国出版专业技术人员职业资格考试《出版专业理论与实务（中级）真题》，引自：全国出版专业职业资格考试 中级 历年真题及详解（第5版），中国石化出版社）

任务四　印章管理与使用

情景任务

重庆同声速记服务有限公司要在公司举行与重庆某职业学院关于合作举办速录师培训班的签约仪式，小王作为速记服务公司的办公室秘书应该准备好公司的哪些印章？他又该如何加盖印章在相关文件上呢？

视频：公章岂是个人囊中物

一、印章的含义

印章是国家行政机关和企事业单位、社会团体职权的重要凭证，也是国家行政机关和企事业单位、社会团体权力的象征和职责的标志，印章向下代表着一种权力，是机关职能的合法代表，向上则代表责任，凡是有公章或签章的文件，领导要负一定的责任，机关发文、发函、签署合同、订立协议、出具证明等，均要用印才合法有效。印章一般由办公室或秘书人员进行保管。

二、公务印章的种类

公务印章主要分为以下类型。

①正式印章：也叫公章，一个单位的正式印章，具有法定的规格，确定的外形、尺度和样式。

②专用印章：专用章除刊有机关或单位名称外，还刊有专门用途，超过这个范围就没有法律效力。

③缩印：是一种按照正式印章有比例缩小的印章。它适用于小型票证，不能作为正式印章联系工作和出具证明等。

④钢印：用在粘贴照片的证件与证件的骑缝上，表示证件与照片相吻合，或用在连接的票证上，不能独立使用，不能用钢印作为文件、介绍信及其他票据凭证的标志。

⑤领导人名章：与私人章性质不同，属于公务专用章。是单位领导人身份的代表，具有行使职权的标志和权威的作用。有些凭证不仅要有单位印章，还要有领导人名章才能生效。

项目六 秘书事务管理

另外还有个人名章、校对章、戳记等，每个类型的印章的具体含义及作用如表6-4所示。

表6-4　不同类型公务印章的含义及作用

类别名称	含义	作用
正式印章	即公章，它代表一个单位的正式署名，具有法定的权威性和现实的证明效力	标志单位的法定名称、权力、凭信和职责
专用印章	各级单位或各级业务部门执行专门性业务或某一特定工作而刻制的印章	标志印章上刊明的适用范围
缩印	依据正式印章和专用印章按比例缩小的印章，缩印不能作为正式印章使用	主要用在各类票券上作为凭信
钢印	利用压力凹凸成形，不用印色，3.5 cm≤直径≤4.2 cm，中央刊五角星，五角星外刊单位名称，钢印不能作为对外行文及各种证件的有效标志，不能独立使用	1. 加盖在相片与证件的骑缝上，以表示证件与相片相吻合 2. 加盖在各种票据的连接处，表示两者相合，防止伪造
领导人名章	由领导人亲笔书写，而后照其真迹按比例放大或缩小刻制的印章	1. 是一个机关或单位的领导者行使职权的标志，具有权威作用，通常适用于任命、调遣、罢免干部等重大事项 2. 具有凭证作用。有些凭证需要同时加盖领导人手章与机关或单位的印章才能生效。如合同、协议书、毕业证书、聘请书、财务预决算等
个人名章	一般干部姓名的印章	代替手写签名，加盖在文件或凭据上以示负责。例如在报表、财务预决算、银行支票、合同等文本或票据上，都要加盖这类印章
校对章	专门用于校对、勘误文件或表格中个别错误之处，一般刻成"××单位校对章"的格式	1. 区别真伪，证明此处修改为文件所发单位本意 2. 证明其修改具有法律效力
戳记	具有标识性质的印章，它字迹粗而醒目，常加盖于显要位置上，起提示作用	减少人员的工作量，使工作规范化

课堂活动

请分别指出下列印章的类别名称并说明原因。
活动材料：

217

三、公务印章的式样

公务印章的式样主要包含质料、形状、印文、图案、尺寸等，具体构成要求如表6-5所示。

表6-5 公务印章的式样及构成

式样类别	构成
质料	角/木/橡胶/塑料/钢/特殊材料
形状	党的机关的正式印章、国家各级各类单位的正式印章一律为正圆形
	其他公务印章可根据具体情况采用：正方形/长方形/三角形/椭圆形等
印文	简化汉字/宋体/自左向右环形排列
图案	县以上政府机关、法院、检察院、驻外使馆的公章中央刊有国徽
	党的各级机关印章中央刊有党徽
	国务院各部门和地方各级行政机关所属单位、行政公署、企事业单位、社会团体的公章中央则刊有五角星图案
尺寸	国务院公章直径为6 cm
	省、部级政府机关公章直径为5 cm
	地、市、州、县机关公章直径为4.5 cm
	其他机关、部门、企事业单位公章直径为4.2 cm
	党的机关的印章尺寸规格一般与同级行政机关的印章相同

课堂活动

请分别指出下列印章的类别名称和所采用的质料。

活动材料：

活动提示：依次分别为：橡胶、钢、有机玻璃、橡皮、铜。

小贴士

印章亦称"图章"。古称"玺"。秦统一六国后，皇帝所用的专称"玺"，以玉为之，故后世有"玉玺"之称；官、私所用的均改称"印"。至汉代，官印中始有"章"及"印章"之称。唐以后，皇帝所用或称"宝"，官、私所用又有"记""朱记""关防""图章""花押"等名称。印章的文字形制随时代变迁，风格各异。印章的出现和使用，一般认为始于春秋战国之间；先秦及秦汉的印章多用作封发对象、简牍之用，把印盖于封泥之上，以防私拆，并作信验。而官印又象征权力。后简牍易为纸帛，封泥之用渐废。印章用朱色钤盖，除日常应用外，又多用于书画题识，遂成为我国特有的艺术品之一。古代多用铜、银、金、玉、琉璃等为印材，后有牙、角、木、水晶等，元代以后盛行石章。

四、印章的颁发与启用

由上级主管机关负责刻制印章，刻制后，一般由下级单位派专人持本单位领导人签名的介绍信前往领取，也可以由上级主管机关派专人送到受印单位。为安全起见，取送公章应实行双人同行制。在验明确认公章后，交接双方要严格履行登记交接、签发手续。接回公章后立即交办公室负责人拆封检验，指定专人保管。使用单位应提前向有关单位发出正式启用的通知并附上印模。使用单位启用新刻制的公章时，要将印模和启用日期报送颁发机关。颁发机关和使用单位均应将相关材料立卷归档，永久保存。在正式印章启用通知所规定的生效日之前，印章不得使用。

五、印章的管理与使用

（一）印章管理的要求

一般说来，组织的印章大都交由秘书或秘书部门保管，而且秘书或秘书部门通常要管理的印章有三类：一是本组织的正式印章和钢印；二是本组织领导人的手章（也可由其本人或其委托代理人保管）；三是办公室本身的印章（它只代表本办公室的职权范围，不代表整个单位组织）。

印章保管的主要要求是：专人专管，保管者也是用印者；妥善保管，确保印章安全；保持印章清晰，防止印章污损。

（二）印章使用的要求

1. 严格履行用印审批手续

使用单位印章必须由单位主要负责人审核签名批准。但为了方便工作，对于一些一般性事务的用印，企业的领导也可授权部门负责人或印章管理人员审签。用印申请单样式如表 6-6 所示。

视频：严格履行用印审批手续

表 6-6　用印申请单

文件标题			
发往机关		份数	
用印日期		用印申请人	
批准人		备注	

2. 认真审核用印内容

秘书用印前，必须明确了解用印的内容和目的，检查文件内容，看其是否超越或是降低了本单位公章的职权范围。超越或降低这两种情况均属不合理用印，应予制止。确认符合用印的手续后，在用印登记簿上逐项登记，方可用印。对需留存的材料应在加盖印章前，留存一份，立卷归档。

3. 严格执行用印登记制度

确认符合用印的手续后，在用印登记簿上逐项登记，方可用印。对需留存的材料应在加盖印章前，留存一份，立卷归档。用印登记表样式如表 6-7 所示。

表 6-7　印章使用登记表

序号	用印日期	使用部门	用印事由	份数	批准人	经办人	备注

正确规范用印。一般情况下，管印人不能将印章带出机关或单位，不能在办公室以外地方用印。在印刷部门套印有机关正式印章的文件时，印管人员应在现场监印。以单位名义发出的公文、函件都必须加盖单位公章，正式公文只在文末落款处盖章。带存根的公函或介绍信、证明信等要盖两处印章：一处盖在公函连接线上（骑缝章），一处盖在单位落款处。合同、协议等文本盖章除了在文本落款处盖章以外，还应加盖骑缝章。盖印要保证位置恰当。通常在文件末尾，年月的中间盖印，要注意保证"骑年盖月"，加盖印章必须做到用力均匀，应注意盖印位置正确、端正、清晰，一次成功。企业秘书在用印时应严格按照上司要求，亲自把握和使用，绝不能委托他人代为用印，更不能以印谋私，损害企业利益。

六、印章的停用与缴销

机关或单位如发生合并、撤销、名称更改或其他原因时，原印章应停止使用。属于机构撤销的，应在撤销决定下达之日起，停止使用公章，并将旧公章送缴制法机关封存或销毁，如果自行销毁的，要经上级部门批准方可。

完成本节开始设置的情景任务，准备活动材料，选择所需印章，按规范程序使用印章。

技能训练

1. 利用 Word 软件绘制一枚仿真公章，公章内容为你所在学校名称。
2. 下载 Stamp 软件，练习如何通过参数设置来制作一枚电子公章。
3. 打印一份规范的公文，在成文时间上加盖公章（单位内部章），要求盖印均匀，骑年盖月。
4. 在电子公文落款的成文时间上通过软件功能设置分别实现加盖1个、2个、3个公章。

课堂练习

任务五　介绍信管理与使用

情景任务

销售部陈经理下周要代表公司到深圳同声速记服务公司去洽谈有关速录机销售的合作事宜，赵总让秘书小王帮陈经理出具一封介绍信，小王应该怎么做呢？

理论知识

一、介绍信的含义及作用

介绍信是介绍并证明本单位派出人员前往有关单位、部门联系公务时的身份和任务所使用的一种专用书信。

介绍信在工作中具有介绍、证明、沟通的作用。接洽单位或个人依据介绍信的内容，了解来人的有关情况和需要办理的事项。

二、介绍信的种类

介绍信从形式上分，有不带存根的普通式介绍信与带存根的印刷式介绍信两种。普通式介绍信是在单位信笺上写上大致固定格式的文字，签上本单位全称并盖上公章，多用于临时性的需要给予一定说明的事项；带存根的印刷式介绍信又叫联单式介绍信，文字和形式固定，一般是姓名、人数、身份和联系事项需临时填写。使用时必须加盖单位公章，联单式介绍信通常盖两次印，一次盖在正文与存根的连接线正中，各占半颗印；另一次盖在单位署名上，如图6-15所示。

图6-15 联单式介绍信

三、介绍信的管理与使用

（一）介绍信的管理

正式介绍信通常专门印制并有编号，如联系一般事务也有以单位信笺代替的。介绍信一般和公章由同一人（秘书）保管并使用，与公章须同等重视，不得缺页或丢失。

发放介绍信要进行登记，领用人要履行签字手续。印刷式介绍信可在存根上签字，书信式介绍信在专用登记表上签字，如表6-8所示。

介绍信开出后，若因故未使用，应说明原因，立即退回，并将其粘贴在原存根处。介绍信存根要与作废的和退回的介绍信粘在一起，妥善保存一定时间，以备查考。

介绍信不得随意放置，要妥善保管，防止丢失被盗。

表6-8 介绍信发放登记表

编号	发放时间	用途	前往单位	有效期限	使用人	批准人	领取人	备注

（二）介绍信的使用

专人保管，放在有保险设施的柜内或抽屉中保存，随用随取，以防丢失或被盗。出具介绍信必须经过严格的审批程序，凡领用介绍信者须经有关领导批准，秘书不得擅自开具发放。文秘人员必须在介绍信正件和存根上认真填写前往单位的名称、派出人员的姓名、身份、接洽相关事宜，开出介绍信的时间、有效期限等项，正本和存根必须一致。介绍信的文字要简洁明确，使接洽单位一看便知派出人员前去的目的。不要含糊笼统地仅仅写上"前去联系工作""商洽有关事项"等。不得出具空白介绍信。书写要工整，不得涂改，如果必须修改，要加盖更正章，或在修改处加盖公章。介绍信必须加盖公章方为有效。公章盖在日期处以及正本与存根的骑缝处。妥善保存介绍信存根，以备查考。

> **课堂活动**
>
> 根据情景任务，准备活动材料，填写介绍信并加盖印章，按规范程序出具介绍信。

 技能训练

用电脑软件制作一份带存根的介绍信。

课堂练习

任务六　值班工作

 情景任务

公司赵总交代王秘书，由于公司是一家服务型企业，所以客户沟通与服务工作十分重要，而办公室值班工作是客户沟通工作的重要环节，必须严格办公室值班制度，加强值班的责任意识。赵总让王秘书完善公司的值班工作制度，规范相应表格。

 理论知识

一、值班工作的含义

（一）值班工作的含义及作用

值班，是指单位为了保证办公室正常的工作秩序，确保信息畅通，在正常工作时间之外，安排专人轮流交替坚守岗位，负责处理有关临时性综合事务或专项性的特定事务的工作，它也是秘书的一种工作方式和制度。作为单位窗口的办公室，通常要负责组织安排或参与值班工作。一般来说，单位实行兼职轮流的值班制度。秘书值班能够保证日常工作的延续，应对临时性任务、重大紧急事件和处理突发事件。值班工作有着十分重要的责任和意义。

（二）值班的类型

1. 按值班的时间划分

（1）常设性值班

重要的党政机关或较大的企事业单位，建立常设性值班室，有固定的值班人员，实行全天候值班制度。

（2）休假日值班

一般机关单位在休息时间（下班后及节假日）安排值班。

（3）临时性值班

指遇到或为防范一些突发性事件而采取的临时值班措施。

2. 按值班的内容划分

（1）综合性值班

值班负责处理本单位的各类临时性事务。如大中型机关或企事业单位的总值班室。

（2）专项性值班

指针对某项专门工作的值班，值班人员只负责处理特定的事务，如安全值班等。

3. 按照人员来划分

（1）固定值班

即由专门人员负责的值班，如秘书机构的日常值班。

（2）轮流值班

即由不同部门，不同职务的人员交替担任的值班，如节假日值班。

二、值班工作的任务

（一）坚守值班岗位

值班人员在规定的值班时间内，必须做到人不离岗、人不离机（电话机），始终保持通信联络畅通。值班室要接纳来自四面八方的函电信息，必须有人接收、传送处理。特别是在高级首脑机关或要害部门值班，随时都可能有突发性的事件报到值班室，许多紧急事件无规律可循，必须随时准备应付复杂情况和处理突发性事件。因此，值班室人员必须坚守岗位，有事要提前请假，如无临时接班人，不得离开岗位。

（二）认真处理事务

值班室工作庞杂、琐碎、无规律性，处理起来有时比较麻烦，但值班人员不得有丝毫大意和马虎，如果出现差错或处理不当，轻则耽误工作，重则造成严重后果。因此，值班人员必须要有认真负责的态度处理好每一件事情。如认真接转电话，认真做好记录，认真接待来访人员等，真正起到问事员、联络员、收发员的作用。遇到突发性的紧急情况，值班人员应根据应急预案沉着冷静采取临时性应急措施加以处理。

（三）做好值班记录

一是记好值班电话记录。值班人员除接待来访人员外，相当一部分值班工作都是靠电话来联系处理的，因此，必须认真记好值班电话记录。电话记录基本上有五个要素：来电时间；来电单位、姓名和对方的电话号码；来电内容，简明扼要地记下主要内容；领导批示和处理意见；记录人署名。对这五个要素，一定要记准确，记清楚。二是做好接待记录。对外来人员的姓名、身份、证件、联系事由、接洽单位要一一登记清楚，以备查考。三是做好值班日记，对外来的信函、电报、反映情况、外来的电话等，都要认真登记，使接班人员保持工作的连续性。

（四）接待临时来访

因事来值班室联系接洽的人很多，值班室对各种来人，要根据不同情况做出恰当的处理，给符合规定的来访者提供方便，甄别和过滤找领导的来访者。对于来洽谈工作者，查验明身份证件，问清意图后，协助并指引其办理有关事务，对于一般问题者，只要不涉及机密，应尽可能地给予帮助。

（五）掌握领导去向

了解掌握领导班子成员假日的日程安排及联系方式，出现紧急情况可以及时联络。

（六）加强安全保卫

值班员的职责之一就是做好机关的安全保卫工作，值班人员一定要处理好热情接待来人和严格门卫制度的关系。既要热情接待，又要严格执行制度，严防坏人混入作案。如遇到紧急情况和可疑人员，应及时向领导和公安、保卫部门报告。值班人员要有坚强的保密观念，不能把亲戚、朋友带到值班室留宿，不能泄漏机关秘密，对于机密文件、他人信函，不得擅自拆阅。

三、值班工作表（簿）的制作

秘书部门除了制订值班制度、安排值班人员、检查值班情况外，还应制作值班工作相关工作表（簿），主要有值班安排表、值班接待记录表（簿）、外来人员登记表（簿）、值班电话记录表（簿）、值班日志（记）、值班报告单等。

（一）值班表的内容

值班登记主要对外来的信函、电报、反映情况、外来的电话等，进行认真登记，让接班人员保持工作的连续性。值班登记表的主要样式如表6-9所示。

表6-9 值班登记表

值班部门		值班人数		值班负责人		值班情况	
值班人员名单							
当班时间			月 日 时 分至		月 日 时 分		
接班时间	月 日 时 分		上班责任人签名			当班责任人签名	
交接情况							
当班执勤记录							
来访接待及处理							
来电内容及处理							
人员进出记录							

续表

值班部门		值班人数		值班负责人		值班情况	
物品出入记录							
安全消防记录							
其他说明							
交班时间		月　日　时　分		当班责任人签名		下班责任人签名	
交接情况							
备注							

1. 列出值班时限和具体值班时间。
2. 按照要求填入值班人员姓名。
3. 标明值班的地点。
4. 标明负责人姓名或带班人姓名。
5. 有时需要用简明的文字标明值班的工作内容。
6. 标明人员缺勤的备用方案或替班人员姓名。

（二）值班记录

值班日志是将值班过程中接收的任务及完成情况、收到的各方面的信息及处理情况、备忘事项等，在有固定格式的本册上记载下来，以便与其他值班人员交流和事后查考。值班日志的主要样式如表 6-10 所示。

表 6-10　值班日志表

时间	月　日　时　分至　月　日　时　分	值班人：
	记事	待办事项
承办事项		
处理结果		

四、值班工作的要求

（一）热情服务，照章办事

值班人员不仅要为领导服务，为上级服务，还要为单位内部各部门和下级服务，为客户服务。在服务中，对待每一项工作都要严肃认真，不能轻率处理每件事，不能放过收到的信息中的每个疑点，更不能越权办事。

（二）问明情况，做好记录

无论什么时候接到的电话，不论事情大小，都要问明情况，如来电者姓名、单位、职务（职业）、来电时间、反映情况的内容等，并一一认真做好记录。有条件的还可配备录音电话。

（三）重要情况，及时报告

所谓重要情况，是指突然发生的重大事件、重大灾害、重大事故等，或者是需要上司立即知道（决策）、采取措施、亲临现场处理的问题。凡属此类情况，值班人员要及时报告相关领导，并迅速按领导指示承办。

（四）完成工作，办理交接

一些能在值班时间内处理好的事务，当班人员应尽量处理完。上一班的值班人员应把值班情况、特别是重要情况待办事项向下一班值班人员一一交代清楚，并按照规定的时间、程序做好交接工作，以保证值班事务的连续性。

> **课堂活动**
>
> 完成本节开始设置的情景任务。阅读情景任务，分组讨论并设计制作相关表格，展示表格并说明设计意图。

 技能训练

教师组织学生分组到系办、院办进行值班工作或担任值班助理。
实训目的：熟悉值班工作的内容及程序；理解值班工作的责任及要求。
实训步骤
1. 对学生进行分组，每组1~2名学生为宜；
2. 在系办或院办值班期间，做好电话记录、值班记录和来访登记表。

课堂练习

任务七　零用现金管理

 情景任务

公司赵总对王秘书说，办公室内应该有一定的零用现金，并应加强对零用现金的管理。他让王秘书草拟一份公司零用现金管理制度。

>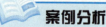
>
> **案例分析**
>
> 仔细阅读下面的材料，讨论该企业制订的零用现金管理细则有何意义？秘书在工作中应如何执行相关规定？
> 活动材料：
>
> **零用金管理细则**
>
> （一）有关零用金之设置划分如下。
> 1. 公司本部由财务部负责各单位之零星支付。

项目六　秘书事务管理

2. 工地总务组负责设置零用金管理人员，尽可能由原有办理总务人员兼办，必要时再行研讨设置专人办理。

（二）零用金额暂定，工地每月经常保持5万元，将来视实际状况或减或增，再行研办。

（三）零用金借支程序如下。

1. 各单位零星费用开支，如需预备现金，应填具零用金借（还）款通知单，交零用金管理人员，即凭单支给现金。

2. 零用金之暂支，不得超过1 000元，特别事故者应由企业部经理核准。

3. 零用金之借支，经手人应于一星期内取得正式发票或收据加盖经手人与主管之费用章后，交零用金管理人冲转借支，如超过一星期尚未办理冲转手续时得将该款转入经手人私人借支户，并于当月发薪时一次扣还。

（四）零用金保管及作业程序如下。

1. 零用金之收支应设立零用金账户，并编制收支日报送呈经理核阅。

2. 零用金每星期应将收到之发票或收据，编制零用支出传票结报一次，送交财务部。

3. 财务部收到零用金支出传票后，应于当天即行付款，以期保持零用金总额与周转。

4. 财务部收到零用金支付传票，补足零用金后，如发现所附单据有疑问，可直接通知各部经手人办理补正手续，如经手人延搁不办要按照第（三）条第3款办理。

5. 零用金账户应逐月清结。

（五）零用金应由保管人出具保管收据，存财务部，如有短少概由保管人员负责赔偿。

（六）本细则经批准后实施。

理论知识

一、零用现金管理的含义

办公室经常会有小数额的开销，如购买办公用品、支付快递费、小型维修费等，通常都是用办公室的零星收支基金里提取现金付账，因此，办公室应随时备有小数额的现金以用于日常工作所需。这些现金的使用与保管就成了办公室工作人员（秘书）的一项重要的工作。

二、零用现金的管理要求

（1）秘书人员应该严格遵守办公程序和财务制度，不应自己或协助他人建立办公室的"小金库"。

（2）秘书应按照单位要求保持一定金额的零用现金，保持金额不得随意增删。现金应存放在办公室的保险柜内或放在一个带锁的金属盒子里，再存放在带锁的办公桌抽屉里。

（3）零用现金借支应符合国家有关财务政策，并按照单位规定的程序进行相关手续的办理。

（4）秘书保管备用金应符合单位规定的作业程序，应详细记录办公室开支的明细账，以备查验和账目管理。

三、零用现金管理一般程序

（1）建立零用现金账簿。

(2) 领取人填写"零用现金凭单"。
(3) 核对凭单，有授权人签字方可。
(4) 核对领取人提交的发票与凭单是否一致。
(5) 支出必须在账簿上记录。
(6) 支出达到一定数额或月末，到财务部门报销并将现金返回零用现金箱周转。

四、如何进行商务报销

（一）商务报销的要求

商务报销应该符合国家和单位的报销规定，并履行相关报销手续，一般应具备提前进行费用预算审批、费用支出、获取发票、进行报销等环节。报销应及时规范、手续完备。

（二）商务报销的一般程序

1. 提交费用申请报告或费用申请表。
2. 授权人审核同意，并签名批准。
3. 报告或申请表提交财务部门，领取现金或支票；先由申请人垫付，完成商务活动。
4. 使用时要向对方获取相应的发票。
5. 商务活动结束后，将发票附在"出差报销单"后，签名，报销。如果活动中计划费用不够，应提前向有关领导报告，取得许可后，超出部分方可报销。

技能训练

课堂练习

实训情景：为了增强行政管理效能，江韵公司最近为各部门配备了1名经理助理，主要承担行政事务工作，总经理赵明要他的秘书王蕾给这些部门经理助理讲解一下零用现金的管理和使用办法。

实训步骤：1. 分组演练；
2. 小组成员轮流进行讲解。

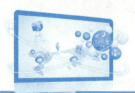

任务八　邮件管理

情景任务

公司每天都要收到很多纸质和电子邮件，秘书要怎样才能处理好每一封邮件，提高邮件处理的效率呢？赵总让秘书起草一份邮件处理的制度规范，准备对全体员工进行一次邮件管理的培训。

项目六　秘书事务管理

一、纸质邮件处理

（一）邮件的收进

1. 邮件的签收

认真清点所收文件的件数，检查实收件数与投递清单上的件数是否相符。清点检查无误后，要在送件人的"投递回执单"或"送文稿"上签字，并注明收到的时间。

2. 邮件的分拣

对一般的公司来说，日常工作中收到的邮件主要有以下几种。

（1）电报、特殊性专递、航空信等急件；

（2）业务往来信函；

（3）写明上司亲启的信函；

（4）汇票、汇款单；

（5）报纸、杂志；

（6）同事的私人信件。

邮件分拣时应注意将私人邮件与商业邮件分开；将上司亲启的信函与其他信函分开；办公室内部邮件与外面的邮件分开；优先考虑邮局投递、专人传递等邮件。

3. 邮件的拆封

不能拆开标有"亲启""保密"等记号的邮件，除非上司授予秘书这样的权力；如果无意拆开了不应该拆的邮件，应该立即在邮件上注明"误拆"字样，并封上邮件；拆邮件时，要在邮件底部轻轻敲击几下，使邮件内的物件落到下面，以防信笺等物留在信封口的边缘。如果忽视了这一点，支票和重要物件可能会被剪坏，给工作带来不便；应该使用开封刀或者用自动拆封机开启邮件，小心取出邮件，并仔细检查邮件内的物件是否全部取出；邮件上注明的附件，必须核对清楚。如果缺少附件，应该在邮件上注明，最好将附件用环形针或订书钉固定在邮件上。

4. 邮件的登记[①]

在收件的处理中，登记也是十分重要的一个环节。一般的策略是建立一个登记表，把所有重要的邮件登记在这个小本上，而将广告、报刊等印刷品类的来件略去。简单的登记表（见表6-11）一般列有以下登记项目：收件日期和时间、发件日期、发件人及其地址、内容摘要及邮件的处理和去向。

建立登记表进行登记的目的有两个：一是收发邮件有误的可以作为核对依据；二是可以作为回复邮件的提示条。

表6-11　每日邮件登记表

每日邮件登记					
收件日期	内容摘要	发件日期	收件人	处理意见	后续行动
3/8	方力，《公司秘书》序言	3/3	王芳	通过	3/8
3/8	某公司高阳索要《信贷与收款》	3/3	丁晓	回复	3/10

---

① 资料来源：深职院商务英语精品课程：参考资料、扩展资源、商务办公。

（二）邮件的寄发

1. 信封封皮的查对

在寄发邮件之前，务必对信封封皮进行查对。

（1）格式是否正确；

（2）姓名、地址、邮编是否正确；

（3）标记是否标注。

2. 信件的装封

（1）为了信件内容的保密，应将信纸上打印有文字的一面向里折叠；

（2）要整体装封，不能单页各自折叠；

（3）采用有传统感或现代感的折叠方式。

知识链接

发函处理得当，无疑会促使对方建立起对我们企业的信心。这不仅仅是指内容，还包括其形式。这些细节包括以下几个方面。

（1）有特色有分量的信封。

（2）有价值和含义的信纸。

（3）有意思的书面语言。

（4）造型优美书写流畅的字体。

（5）别具一格的上下落款。譬如"如晤、台鉴、敬上"。

（6）标准的书写或打印格式。行距之间，起首空格等格式均应符合收函者的文化习惯，如发往欧美国家及地区的应为从左至右的横写格式。

（7）有传统感或现代感的折叠方式。横写格式用二折三分法，即16开信纸均分三段折二折成一长型，信纸两端比标准的航空信封短，这种折法简洁平整，富有现代感。直写格式用中国传统的斜角折叠法，即16开信纸左上角折进来，以信函右上角直写收函者姓名称呼为界，然后以中间线为准，从左往右折成半条。这样整张信函只显露出右上角的收函者姓名，最后再将右上角翻折下来，这样会形成一个对角，整个长度也会相应缩短，比较适合放置在老式信封中。这种折法比较斯文，也有一定的保密性，至少，抽出信函第一眼看见的，只是收函者的姓名，至于信函中其他内容，还得继续打开才能看到。

（8）规范的邮寄方法。信函与信封必须相符，信封上内容和格式正确，邮资足够，包装及封口严密妥帖，特别标示清楚醒目。

（9）最后别忘了，重要信函的寄发应在函件收发记录本上做详细登记，并将复印件归档备案①。

课堂活动

根据给定情景进行邮件处理。

活动要求：

（1）以图示意三个邮件的处理过程，展示其中主要的环节；

（2）分析小汪的处理有什么问题，并给出规范的操作方法。

---

① 资料来源：http://www.edu.edu3.cn/show.asp?id=79&typeid=5.

项目六 秘书事务管理

> 活动材料：
> 一天上班不久，邮递员送来三个邮件：一个是发给万总经理的函件，封面上有"急件"字样，另一个是给朱经理的包裹，还有一个是税务局寄来的函件。秘书小汪在投递单上签收后，将三个邮件放在一边，开始忙昨天未结的工作，直到快中午的时候，才腾出时间处理这三个邮件。小汪打开税务局的函件，是一份关于税务新管理办法的文件。小汪又打开急件，是一封客户请求确认并要立即给予回复的商函。小汪一看这两个函件，不是重要就是紧急，不敢怠慢，急忙送交万总经理阅办。回来后，小汪还没有坐稳，办公室钱主任走了进来，叫小汪外出办一件事情。小汪于是把包裹放在办公桌上，给朱经理打了个电话，让他过来自行取走，然后就放下电话出去了。

二、电子邮件的处理

（一）电子邮件的含义

电子邮件是一种用电子手段提供信息交换的通信方式。通过互联网上的电子邮件系统，人们可以用低廉的价格，以非常快速的方式，与世界上任何一个角落的互联网用户联系。秘书在对电子邮件进行高效处理时，先要对电子邮件相关知识充分了解。

（二）电子邮件的基本原理

电子邮件依赖互联网上设立的电子邮箱系统，它实际上是一个计算机系统。系统的硬件是一个高性能、大容量的计算机。在计算机的硬盘上为用户划分一定的存储空间作为用户的邮箱，每位用户都有属于自己的一个电子信箱。存储空间包含存放所收信件、编辑信件以及信件存档三部分空间，用户开启自己的信箱，可以进行发信、读信、编辑、转发、存档等各种操作。

（三）电子邮件的特点

1. 快速、廉价性。在全球任意一台连接互联网的计算机上，电子邮件可以在数秒钟内完成收发。如果利用免费的电子邮箱收发邮件，只需要付互联网使用费。
2. 准确、可靠性。只要输入的收件人地址无误，电子邮件就会被准确投入到收件人的邮箱中。因为每个电子邮箱地址都是独一无二的，不会发生实物邮件投递错误的现象。
3. 超越时空限制性。电子邮件是异步通信，实行存贮转发式服务，收发电子邮件不受时间和空间限制，只要发件人将邮件发给收件人的邮箱，便被存储起来，收件人可以在任意时间、任意连接互联网的计算机上阅读或下载邮件。
4. 传递内容多样性。电子邮件的内容可以是文字、图像、声音等各种格式。
5. 具有群发功能。电子邮件可以将一封信同时发给多人[①]。

（四）电子邮件的收取和处理

单位电子邮箱邮件往往由办公室人员负责收取和处理，办公室人员应定期检查电子邮箱，以免错失重要和紧急的信息，最好每天上午刚上班时、上午快下班时、下午刚上班时、下午快下班时四个时间段打开邮箱，收取电子邮件。根据电子邮件的内容要求，有的可以走收文程序，打

---

① 中国国际贸易学会商务专业培训考试办公室编. 商务文员理论与实务 [M]. 北京：中国商务出版社，2011.

印出来送领导传阅，根据领导批示办理，有的可以直接发送给收件部门（人）办理。

收到邮件后，根据邮件内容要求及时回复，一时答复不了的，应告诉对方已收到邮件，并给出大概的回复时间。办公室人员下载有用的电子邮件后，应分门别类存放，或按照单位的规定保存邮件，以便进一步归档和利用。电子邮件日积月累，分门别类存放的习惯会对以后的工作带来很大的方便。

办公室人员应及时删除垃圾邮件，不要让垃圾信息占据电脑硬盘空间；应安装病毒监控软件，以保护信息的安全；应检查计算机系统时间与日期设定是否正确，避免不必要的误会或窘态发生。

（五）电子邮件的制作和发送

选择邮箱名称时，应尽量用单位或自己有代表性的名称命名，表明常用的、稳定的身份，邮箱名称中尽量避免使用下划线、连接横线、小数点、间隔符等符号，这样对方容易打字和记忆。

1. 电子邮件应当认真撰写

秘书向他人发送电子邮件要确有必要，精心构思，认真撰写，避免拟写和发送电子邮件的随意性。

一是主题要明确。一封电子邮件需要写明主题，拟定主题的要求是简明扼要、意思完整、没有歧义、便于查找。例如"4月27日CIS项目需要客服解决的问题汇总"，这样的主题就清晰明确。主题需要妥善归纳提炼，使人一目了然，以提示收件人打开邮件，无主题或主题不清楚的邮件，可能难以引起收件人注意，也可能会被反垃圾邮件程序过滤掉，日后检索或是导入其他邮件管理工具也将造成很多麻烦。主题应避免出现"回复：回复：回复：×××××"的多重标签字样。

二是谨慎选择收件人。收件人是指发件人指定必须给反馈的人，抄送人是指发件人指定需要知会的人。制作策略是每次发信时都要明确和调整收件人与抄送人。在邮件的开头加上称呼，明确复信人。如果需要多人回复，要在邮件正文中注明。

三是要恰当称呼，礼貌问候。因为是书面沟通，敬称是十分必要的；正文和结束语都应注意礼貌和分寸。

四是内容要简洁。电子邮件一定要层次清晰，内容简明扼要、提纲挈领、一次性表达完整。电子邮件不适合长篇大论，也不宜就一个问题让邮件反复往来。容量比较大的邮件最好做成附件形式发送，有些办公室人员发送邮件时喜欢直接将内容写在邮箱里，这样对方下载很不方便。

五是语言要准确。电子邮件的语言要通顺简明，便于阅读，避免生僻字、异体字、语言歧义和语法错误。引用数据、资料时，最好注明出处，便于对方核对。

六是格式修饰要规范。一份电子邮件要尽量减少不必要的格式调整和修饰，如果要调整格式，请使用邮件软件或客户端提供的格式化工具。邮件的重点，一般都应该通过文字和格式来表达。如果一定要使用颜色，请遵守一条规则：一封邮件里出现的颜色一般为两种，最多不要超过三种。邮件里通常使用的颜色是蓝色和红色，蓝色标识对其他文字的引用（比如之前的邮件内容），而红色标识是特别值得重视的内容。

2. 电子邮件应当注意编码

我国的内地、港澳地区、台湾地区以及世界上其他国家和地区的华人，目前使用的都是互不相同的中文编码系统。当秘书使用中国内地的编码系统向生活在除中国内地之外的其他地区的华人发送邮件时，对方很有可能收到一封乱码邮件。因此，秘书在遇到这样的情况时，必须同时用英文注明自己所使用的中文编码系统，以保证对方可以收到自己的邮件。

3. 电子邮件应当慎选功能

现在市场上所提供的先进的电子邮件软件，有多种字体备用，甚至还有各种信纸模板可供

项目六 秘书事务管理

使用者选择。这固然可以强化电子邮件的个人特色，但是此类功能秘书是必须慎用的。因为一方面对电子邮件修饰过多会增加容量，延长收发时间，影响沟通效果；另一方面，收件人所拥有的软件不一定支持上述功能，这样也不一定能实现发件人想要的效果。

4. 接收电子邮件应当尽快回复

接收到客户公司的商务性往来邮件应当尽快回复，表示已接收到。最好设置邮件自动回复，表示已经接收到，最后等工作安排妥当之后再仔细过滤。

5. 发送电子邮件时应仔细检查

发送前应检查是否有内容错误，如有附件，应检查是否附加上了，还应检查附件容积是否在邮箱服务器的限制范围之内，应命名附件，并在邮件正文中说明附件名称、数量。为确保对方能收到邮件讯息，发送前应注意是否有系统的限制，比如有些邮箱之间无法传输。发送前应认真确认收信对象是否正确，如果发送对象错误了，可能会造成泄密等损失。

特定邮件发送加密保护。对重要信件可设置请求邮件送达收条，这样可避免因邮件丢失或延迟导致的信息不通和工作停滞情况。不要不经对方同意发送广告邮件，不要一再传送相同的讯息给相同的对象，这样会令对方很反感。

发送电子邮件后，再用电话、手机短信等其他方式与对方确认一下是否已经收到[①]。

三、秘书人员如何提高电子邮件的处理效率

研究结果表明，包括秘书人员在内的普通工作人员每天用于处理电子邮件的时间大约在一个半小时左右，而在这期间，又有约 70% 的时间是处理与工作关系不大或无关的电子邮件。因此，要提高工作效率，必须提高电子邮件的处理效率。

（1）分流电子邮件。如果电子邮件与己无关，应交给其他人处理，避免过多解释性的邮件往来。

（2）电子邮件要简明扼要。丘吉尔说过："不能在一张纸的范围内把想表达的意思完全表达出来的，就不能算精简扼要。"

（3）准备好常用电子邮件的模板，这样可以提高工作效率。

（4）与工作无关的电子邮件不要在工作期间处理[②]。

> **课堂活动**
>
> 完成本节开始设置的情景任务。可以分小组完成，每个小组以关键词的方式列出拟定的邮件管理制度。

 技能训练

运用 Word 给定素材进行批量信封封面及信息制作。

实训任务：根据指定的客户信息进行信封内容批量录入并打印。

实训目标：熟悉传统邮件寄发的相关知识；掌握 Word 中文信封功能的使用方法。

成果示范：

[①] 叶益武. 办公室工作实务与技能新编 [M]. 杭州：浙江大学出版社，2014.
[②] 潘月杰，刘琪. 如何做秘书工作 [M]. 2 版. 北京：首都经济贸易大学出版社，2012.

项目能力测试题

一、单项选择题

1. 秘书必须能根据（　　）确定接待规格。
   A. 来访者的意图　　　　　　　　B. 来访者的身份
   C. 来访者的要求　　　　　　　　D. 来访者的职业
2. 对收集到的大量信息进行鉴别和选择，决定信息取舍工作的是（　　）。
   A. 信息筛选　　　B. 信息鉴别　　　C. 信息校核　　　D. 信息选择
3. 秘书对原始信息进行分类的工作，属于（　　）。
   A. 信息整理　　　B. 信息存储　　　C. 信息筛选　　　D. 信息深加工
4. 统计资料属于（　　）。
   A. 动态信息　　　B. 静态信息　　　C. 预测信息　　　D. 比较信息
5. 秘书通过期刊途径获取信息，这一获取信息的渠道属于（　　）。
   A. 文献渠道　　　B. 图书馆渠道　　C. 信息机构渠道　D. 传播媒介渠道
6. 根据信息所反映的内容性质和特征的异同，将信息分门别类组织起来的工作是（　　）。
   A. 信息分层　　　B. 信息组合　　　C. 信息聚集　　　D. 信息分类
7. 秘书须学会维护责任区工作环境的整齐清洁，这样有利于（　　）。
   A. 高效率的工作　　　　　　　　B. 对外形象的塑造
   C. 资源的节约　　　　　　　　　D. 工作秩序的维护
8. 简单的事务性工作（　　）。
   A. 应作为次要工作来处理
   B. 仍很重要，不能掉以轻心
   C. 十分琐碎，有一点失误，也不会出大问题
   D. 可以体现信息沟通导向的原理
9. 维护和建设良好的工作环境应遵循的方针是（　　）。
   A. 分级负责，归口办理　　　　　B. 安全第一，预防为主
   C. 整洁有效，突出重点　　　　　D. 规范管理，人人有责

234

10. 布置办公室的三大原则是（　　）。
   A. 有利于沟通，便于监督、协调、舒适
   B. 有利于保密，便于监督、协调、舒适
   C. 有利于沟通，便于监督、严肃、紧凑
   D. 有利于沟通，便于活动、开放、舒适
11. 秘书编发信息简报来传递信息属于（　　）。
   A. 有形传递　　　B. 文字传递　　　C. 有序传递　　　D. 辅助物传递
12. 内部工作人员在领取零用现金时应（　　）。
   A. 自行取用　　　　　　　　　　　B. 填写"零用现金凭单"
   C. 进行登记　　　　　　　　　　　D. 先将有关票据交给秘书
13. 秘书为上司准备出差所用的文件资料时应注意（　　）。
   A. 将谈判提纲和协议草稿等资料分别摆放
   B. 带好笔记本
   C. 将旅行指南随身携带
   D. 按公与私分别列出清单
14. 秘书一般不可在自己的办公区内（　　）。
   A. 张贴公司的公告　　　　　　　　B. 张贴公司通讯录
   C. 张贴自己喜欢的明星照片　　　　D. 摆放绿色植物
15. 秘书如遇到客人在办公区吸烟，应（　　）。
   A. 劝说客人到办公楼外去吸烟
   B. 批评客人的行为，提醒他注意公共道德
   C. 引领其到吸烟区
   D. 为其准备烟缸
16. 确定接待规格（　　）。
   A. 不用讲求职位高低　　　　　　　B. 规格越高效果越好
   C. 陪同人员越多规格越高　　　　　D. 并不是规格越高越好
17. 会议礼仪常识不包括（　　）。
   A. 宴会礼仪　　　B. 迎送礼仪　　　C. 服务礼仪　　　D. 文书礼仪
18. 按照信息存储的顺序逐件登记的形式称为（　　）。
   A. 个别登记　　　B. 顺序登记　　　C. 总括登记　　　D. 连续登记
19. 秘书在安排接待一个外省公司的考察团时，应明确的首要工作是（　　）。
   A. 确定接待规格　　　　　　　　　B. 拟订日程安排
   C. 制订接待计划　　　　　　　　　D. 确定接待人员
20. 驾驶者是专职司机，双排五座轿车最上座应该是（　　）。
   A. 后排右座　　　B. 后排左座　　　C. 后排中座　　　D. 副驾驶座
21. 上司临时交办事项的特点有（　　）。
   A. 随意性　　　　B. 广泛性　　　　C. 隐秘性　　　　D. 原则性

二、多项选择题

1. 参加宴请时应该注意的席间礼节有（　　）。
   A. 根据第一主人的举止行事　　　　B. 要顺时针转桌
   C. 控制自己打嗝或咳嗽之类的声响　D. 把饭菜咽下去再说话
2. 保管办公设备和办公用品时，放置在货架下层的物品具有的特点是（　　）。
   A. 易破碎　　　　B. 体积大　　　　C. 量重大　　　　D. 易损耗

3. 办公室中的零用现金常用来支付（　　）等费用。
   A. 短途差旅费　　　B. 接待茶点费　　　C. 办公设备费　　　D. 邮递资费
4. 信息校核的方法有（　　）。
   A. 比较法　　　B. 技术法　　　C. 逻辑法　　　D. 网络法
5. 秘书收集信息的渠道有（　　）。
   A. 图书馆　　　B. 联机信息检索　　　C. 信息机构　　　D. 大众传播媒介
6. 信息资料编码的方法有（　　）。
   A. 总括编码法　　　　　　　　　　B. 分组编码法
   C. 顺序编码法　　　　　　　　　　D. 倒序编码法
7. 信息传递的要素包括（　　）。
   A. 信码　　　B. 信源　　　C. 信号　　　D. 信宿
8. 在安排客人参观时，要做的是（　　）。
   A. 能满足来访者的要求　　　　　　B. 要发请柬
   C. 不会影响正常的工作和生产　　　D. 不会泄露核心机密
9. 信息分类的方法有（　　）。
   A. 主题分类法　　　　　　　　　　B. 时间分类法
   C. 逻辑分类法　　　　　　　　　　D. 标准分类法
10. 办公用品入库后，应将新物品置于旧物品的（　　），以防止浪费现象。
    A. 下面　　　B. 上面　　　C. 前面　　　D. 后面
11. 陪同客人观看文艺节目时，陪同者必须做到（　　）。
    A. 关闭手机　　　　　　　　　　　B. 演出期间为客人讲解
    C. 接听手机声音放小　　　　　　　D. 为客人买节目单
12. 办公室内降低噪声的方法有（　　）。
    A. 利用屏障　　　　　　　　　　　B. 铺设地毯
    C. 利用隔音罩　　　　　　　　　　D. 减少走动次数
13. 接待中必须及时道歉的情况是（　　）。
    A. 主人迎接客人因故迟到　　　　　B. 接待规格提高
    C. 接待规格变化已经通知到主人　　D. 接待规格临时变化
14. 要想使办公室的布置美观、协调，常采用的做法是（　　）。
    A. 选用空间较大的办公室　　　　　B. 使用各种式样的办公桌
    C. 使同一区域的柜子高低错落有致　D. 使用统一规格的办公桌
15. 办公室内人际关系的协调表现为（　　）。
    A. 连续性　　　B. 协同性　　　C. 有序　　　D. 和谐
16. 完善的值班管理制度通常包括（　　）。
    A. 交接班制度　　　　　　　　　　B. 保密制度
    C. 岗位责任制度　　　　　　　　　D. 信息处理制度

三、操作题

（一）

背景介绍：你是宏达公司的秘书钟苗，下面是行政经理苏明要你完成的几项工作。

项目六 秘书事务管理

便　条

钟苗：

　　深圳3A公司总裁赵行一行6人，于本月15日来我公司考察，并拟签订两个项目合作意向书。本次活动的主陪人为我公司的王总经理。请你按公司接待惯例，拟写一份接待计划，交我审查。

　　谢谢。

苏　明
××年×月×日

（二）

备 忘 录

发自：行政经理苏明

发给：秘书钟苗

日期：××年×月×日

内容：公司决定10月1日至7日放假七天，请你安排好值班，下班前将值班表交我审查。

谢谢。

苏　明
××年×月×日

（三）

便　条

钟苗：

　　最近公司在印章管理及使用方面出现一些问题。请你向我说明：

　　1. 印章有哪些作用？

　　2. 秘书部门应管理好哪些印章？

　　3. 使用印章应注意哪些问题？

　　谢谢。

苏　明
××年×月×日

（四）

便　条

钟苗：

　　公司新来的秘书对分管的办公用品管理工作不够清楚，你曾很长时间主管这项工作，请你拟写一份库存控制卡上的主要内容，交我审查。

　　谢谢。

苏　明
××年×月×日

（五）

便　条

钟苗：

　　上月以来，公司信息文件资料积压较多，分类也不清晰，为做好信息资料分类工作，请你先列出信息分类的方法，然后再开展整理工作。

　　谢谢。

苏　明
××年×月×日

项目七　秘书参谋辅弼

项目能力标准

学习领域	能力目标	知识要求
秘书工作思维	1. 能够理解秘书工作思维的特点 2. 能够在秘书工作中自觉养成良好思维的习惯	1. 秘书工作思维的含义 2. 秘书工作思维的特点
科学决策认知	1. 能够理解决策、科学决策的基本概念与内容 2. 能够理解决策、科学决策的特点和原则 3. 能够掌握科学决策的基本程序	1. 决策、科学决策的基本概念与内容 2. 决策、科学决策的特点 3. 科学决策的基本程序
秘书辅助决策	1. 能够根据程序为领导提供决策辅助 2. 能够在工作中选择正确的辅助决策的方式	1. 秘书辅助决策的含义及特点 2. 秘书辅助决策的基本程序 3. 秘书辅助决策的方式
时间管理策略	1. 能够在思想上避免时间管理的误区 2. 能够在工作中具备时间管理意识 3. 能够掌握时间管理的思维策略	1. 时间管理的意义 2. 时间管理的策略

项目七 秘书参谋辅弼

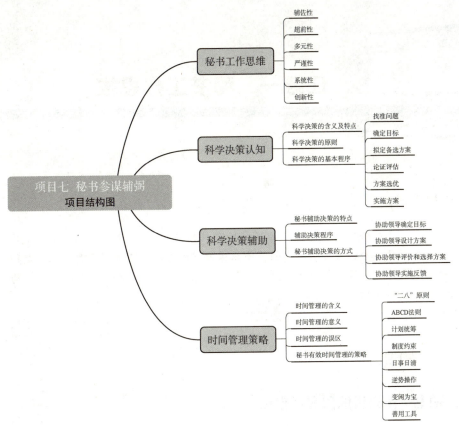

现代秘书办公实务

任务一　秘书工作思维

情景任务

公司要召开一个网络视频会议，办公室主任交代秘书小王要记住用录屏软件将视频会议的全过程录像，结果开完会，当办公室主任查看录像效果时发现录像没有声音，原来是秘书小王忘记对录屏软件进行声音设置了。办公室主任批评了小王，说她缺乏秘书工作思维，认为如果秘书工作思维到位，这样的错误是完全可以避免的。

思考并讨论：秘书工作应具备哪些思维特征，这些思维形式对秘书工作有帮助吗？

理论知识

一、秘书工作思维的含义及作用

思维是人脑有意识地对客观事物的反映，是人们对客观对象观察、分析、思考的过程。

秘书工作是为领导工作服务的，满足领导工作的需要，为领导工作提供参谋辅助和事务服务是其基本任务。因此，秘书在工作中的思维活动，除了要遵循思维科学的一般特征和规律外，还必须符合秘书职业特征和基本任务的要求。秘书工作思维即是围绕着秘书工作，具备秘书职业化特征，符合秘书工作规律，能够更好地为秘书工作服务的特定的心理状态和思考模式。

秘书必须有效地辅助其领导进行科学决策，秘书思维必须要有前瞻性、全面性、系统性。秘书要协助领导进行战略决策、整体规划，就必须具有长远发展的眼光和统筹全局的整体思维。

秘书辅助其领导者面对不断发展变化的客观实际，实行科学有效的管理，其思维必须有机敏性、适变性、灵活性。只有这样，秘书才能面对复杂的管理实践，足智多谋，为领导者出谋献策，提供有效的辅助。

秘书在工作实践中往往要将组织意志、领导的意图，用文字表达成为计划方案和有关措施的文件，秘书思维必须有拓展性、周密性、精确性。只有这样，秘书才能充当组织和领导的意志和意图的表达者、传达者①。俗话说，"观念决定行为，思路决定出路"，秘书工作的绩效和水平，实际很大程度上受秘书思维能力和水平的影响。工作能力的高低在某种程度上实际上是由人的思维方式决定的。秘书在思维过程中往往需要结合运用或交替使用各种方法来分析处理各种问题，其思维形式一般来说有辩证思维、逻辑思维、逆向思维、发散思维、超前思维和创新思维。秘书工作思维具有典型的职业特征，秘书在科学思维范畴内与职业化相结合时的具体思维表现受职业影响较大。

---

① 方国雄，方晓蓉. 秘书学 [M]. 北京：高等教育出版社，2003.

· 240 ·

项目七　秘书参谋辅弼

二、秘书工作思维的特征[①]

（一）辅佐性

所谓秘书工作思维具有辅佐性，是指秘书在思考和工作的同时首先要有辅佐意识，比如辅助领导决策是为领导决策提供各种信息服务，提供各种决策方案供领导选择，所以秘书应该具备信息捕捉、采集与筛选的能力，对有效信息应该具备敏锐的视觉和较强的编辑能力，使信息可视可感，为领导决策提供服务。

秘书辅佐性的思维意识主要包括两个方面：一方面要意识到秘书同领导的思维是有差异的，秘书所有的思考都是为领导思考服务；另一方面秘书除了要有与领导同层次思维外，还要有与领导不同层次的思维。

秘书与领导同层次思维，是指秘书的思维层次、能力和水平应该最大限度地与领导保持一致，在思维节奏上与领导同步。要实现与领导同层次的思维，首先要正确把握领导工作的价值观，从组织的根本利益、长远利益和整体利益出发，把握领导思维的时空领域和价值取向。其次，要加强对领导科学和管理科学的学习，要准确把握领导的职责范围，从有效发挥领导的职能作用出发，把握领导工作的需要。再次，要从领导者思维的个性特征、领导风格、领导习惯出发，把握领导者工作的思路和对待具体事务经常采用的惯例，以选择为领导者工作进程相适应的辅助和服务的具体手段和工作内容。秘书与领导不同层次的思维是指秘书思考问题应该更为微观具体，是领导思维的较好补充。比如下基层调查研究中，如果仅从领导层次思考就显得不足，必须设身处地为基层着想，从基层工作者的权利义务、环境条件和思维层次考察具体现象，分析具体问题，这样得出的思维成果，才能对领导思维进行有益的补充。

辅佐不能简单地停留在对事务性工作的帮助上，这些工作不是不重要，而是因为其可替代性较强而减弱了秘书职业的专业性，高级秘书应主要对领导进行决策辅佐和参谋辅佐。帮助领导思考和决策，这才是秘书辅佐工作的重要方面，"秘书是为上司提供最佳决策环境的人"。这种辅助并不等于代替，领导完全可以选择非秘书提供的其他决策方案。所以秘书思维的辅佐性要求秘书尽可能想领导所想，通过秘书团队的集体智慧实现领导"外脑"的功能，尽最大努力让集体智慧中采集的信息和提供的方案能够被领导采纳。比如在《邹忌讽齐王纳谏》的故事中，邹忌通过"吾妻之美我者，私我也；妾之美我者，畏我也；客之美我者，欲有求于我也"的故事，引出"宫妇左右莫不私王，朝廷之臣莫不畏王，四境之内莫不有求于王，由此观之，王之蔽甚矣"的道理。邹忌运用了逻辑思维和类比推理等方法，很好地体现了秘书工作思维中辅佐性的特点，比直言不讳地给齐王提意见效果要好得多。

（二）超前性

所谓超前思维，是指人所特有的超前反映客观现实的高级思维形式，它是一种依据事物发展规律，运用逻辑分析和推理来预测未来的思维活动，具有超前性和预见性的特点。比如日本索尼的老总盛田和井深利用美国人早在1947年就研制成功的晶体管放大装置和后来美国西方电器公司用于助听器的PN结型晶体管技术，力排众议，在1953年以2.5万美元买下生产晶体管的专利。经过多次试验，索尼公司于1957年成功地研制出世界上第一台能装在衣袋里的袖珍式晶体管收音机，首批生产的200万台"索尼"收音机，一投放市场，就出现爆炸性的销售效果，销

[①] 余冬阳，张东. 秘书工作思维的特征 [J]. 秘书，2014（10）：17-19.

售额正好是用于购买专利所花费费用的 100 倍。索尼公司由此而名扬全球，甚至带动日本的微电子工业在世界上独领风骚数十年。盛田和井深具有非凡的超前思维，用未来的眼光敏锐地预见到晶体管将会给世界微电子工业带来一场革命。由于人的思维能够根据事物的发展规律提前用发展的眼光去对某事物进行科学分析和判断，能够预估未来可能的困难和结果，所以超前思维能够辅佐秘书工作的开展。

超前思维集中体现在秘书的计划性工作当中，比如很多工作都要求做应急预案，这就要求秘书能够根据直接或间接经验尽可能穷尽未来可能出现的各种紧急情况并提前做好程序上的安排和资源上的准备。所以秘书的超前思维其实是建立在工作经验累积的基础之上的，一般阅历越丰富，工作时间越长，工作责任感越强的秘书其超前思维就发挥得越好。

（三）多元性

常崇宜先生 2010 年就撰文指出，高级秘书的思维具有多元性。比如秘书应该立足于为满足本级领导工作需要服务，但要遵循上级领导的指导原则，这是方向性的、规范性的。同时要深入下级各层次的客观实际，这是决定事业成败的基础，也是为本级领导工作服务、为上级领导工作服务的前提条件。这就是秘书工作思维多元性的典型表现。秘书服务的对象是具有多元性的，所以在工作和决策过程中需要从多方面进行全局性的思考；秘书工作内容具有多元性，由于秘书职业综合性的特征，要解决的问题往往牵涉多方，需要涉及多个变量来综合考虑；秘书工作机制是多维的，往往涉及不同层级和不同类型的机构。秘书必须思维多元，才能兼顾工作各方的利益和感受，使工作更加协调有效。比如教学秘书要帮助领导推出一个教改项目，就要考虑到教师、管理人员、学生等不同角色的分工和感受，也要考虑到与学校各个部门的协调，以及各种机制的运用。

（四）严谨性

老子说："天下大事，必作于细；天下难事，必做于易。"严谨是一种良好的思维品质，其特点是思路具有严密的逻辑性。严谨性表明一个人做事踏实、认真、细致、周全、有责任心。具有严谨思维的人通常具有全局、系统的眼光和战略思维。秘书在工作中必须注重细节，要习惯用抽象思维，而不是形象思维来解决问题，思考问题必须从大局出发，考虑整体而不是局部，考虑系统而不是分支。正如廖金泽教授所言："能够将微不足道的事做到完美无缺，将举足轻重的事做到无懈可击。"因此秘书对于工作部署要考虑到工作步骤的每一环节，比如对于信息采集除了考虑数量还要考虑质量，要对已经采集到的信息去粗取精，去伪存真；对于文书撰写要考虑用语规范、文种规范、格式规范和行文规范等，所以秘书思维的严谨性在某种程度上也是秘书工作专业性的重要方面。因此，秘书坚持秘书工作思维的严谨性，必须以严谨的态度制作公文，实事求是，不能想当然、凭主观臆断，更不能不懂装懂，弄虚作假。要做到手勤、嘴勤、腿勤、脑勤，不怕吃苦，注重深入实际，调查研究，在实践中培养自己准确把握和反映领导意图的能力。

（五）系统性

所谓系统性，是指思维必须周到而全面，不是工作中碎片的堆积，而是通过系统管理使工作中的各方面合理细化而达到整体最优。这就要求秘书的思维要从系统的观点出发，从系统、要素和环境之间的相互联系和相互作用中综合地、精确地考察事物。秘书思维中的这一特性在辅助领导决策工作中运用最多。秘书在辅助决策时，要根据需要和可能确定目标，围绕确定的总目标去通盘思考；为实现总目标，确定系统结构的组成及其相互关系，拟出若干可行方案；根据拟订的可行方案，分别做出模型，以模拟系统的实际情况；根据模型的数据进行各可行方案的比较，选出最佳方案。所以秘书工作既要看到点,又要看到面;既要看到表,又要看到里;既要考虑始,又要兼顾终。

(六) 创新性

秘书要辅助领导推进事业发展,要努力为提高领导的工作效率服务,并要不断地提高自身的工作效率,这就需要不断创新。秘书思维必须具有创新性,必须面对新情况、新趋势、新问题,协助领导者探索新的思路,寻找提高工作效率、优化管理效果的新途径。只有这样,才能协助领导者,不断地推进事业的发展。创新思维是指人们在认识事物的过程中,运用已有知识和经验,通过分析、推理、抽象、想象等方法解决问题的一种积极主动的思维活动,它也是一种勇于探索未知领域,敢于改造和突破前人的成果,提出新问题、新见解的思维方式。秘书的工作思维应该坚持创新性的特点,主要原因是:第一,现代秘书工作综合性很强,所遇问题的复杂性和变化性较大,坚持工作上的创新能够有效面对竞争;第二,坚持创新能够改进工作方法,提高工作效率,寻求解决问题的最佳途径;第三,秘书思维创新是对决策者思维空间的放大。秘书对决策者的思维放大不是秘书人员与决策者思维的简单相加,而是处于不同位置,具有不同知识的人,用不同的思维方法,从不同的思考角度,对某一特定问题的相互撞击,互相论辩,共同切磋,最后综合研究出的群体思维结果。所以秘书思维的创新不仅有利于秘书自身素质和工作水平的提高,也有利于领导决策水平的提高。培养创新性的工作思维要求秘书不断更新观念,与时俱进;培养积极的思维态度,培养自己积极健康的心态和情感;学习科学的思维方式,在注意运用正向思维的同时注意运用逆向思维;更新工作方法和手段,熟悉信息技术、办公自动化;勤于学习,善于思考,不断丰富自己的知识和经验。比如接待工作中的登记和统计事务,如果用计算机来完成将会更加规范和高效;发布通知能够采用微信、飞信等3C平台技术将会更加具有时效性。

完成本节开始设置的情景任务,结合所学知识进行分组讨论并派代表汇报,然后教师进行总结。

补充阅读

秘书良好思维品质的培养

三、秘书思维层次的选择

在组织管理实践中,不同的管理层次、不同的管理权责的工作人员,有着不同的思维内容、思维角度和思维时空范围的区别,这也反映在管理思维的层次性。决策领导层、职能管理层及基层执行层的工作人员,在管理思维的层次上,有着某种程度上的层次差异,这是各层次工作人员的实践活动所决定的,也是履行各自职责的客观要求。

秘书属于决策领导层的辅助和服务层次,处于职能管理层中的职能综合地位,并且还是领导层与职能管理层、与基层、与广大群众联系的纽带和桥梁。因此,秘书在其工作实践中,在思维层次上,有其自身的特殊性,必须注重选择思维层次及掌握相应的方法。

（一）秘书与领导的同层次思维

在秘书工作中，领导者是秘书的直接服务和辅助对象，领导者工作中思维活动内容、特征所体现出的思维层次，对秘书工作有着直接的影响。秘书人员只有站在领导思维同一层次的高度，才能正确地理解领导的意图，并忠实地贯彻执行领导的意图；当发现领导意图出现疏漏和失误时，能站在领导正确履行职责的高度，提出参谋辅助建议。只有站在与领导思维的同一层次，才能把握领导工作的需要，才能及时、周密、有效地为领导工作提供服务；只有站在领导思维的同一层次，才能将秘书的业务工作与领导的活动进程有机地结合为统一的整体，真正做到配合默契，为领导分忧代劳，提高领导工作效率。

要与领导同层次思维，秘书必须做到以下四个方面：①要正确把握领导工作的价值观，从组织的根本利益、长远利益和整体利益出发，把握领导思维的时空领域和价值取向；②要准确把握领导的职责范围，从有效发挥领导的职能作用出发，把握领导工作的需要；③要从领导者思维的个性特征、领导风格、领导习惯出发，把握领导者工作的思路和对待具体事务经常采用的惯例，以选择为领导者工作进程相适应的辅助和服务的具体手段和工作内容；④要学会在工作中多观察、多记录、多思考，领会领导的思想境界，把握领导的思维模式和思考方法，分析领导的办事风格和行事方法，不断加强学习，使自己能在关键时刻和领导想法一致，这样才能更加便于工作开展与推进。

（二）秘书与领导不同层次思维

秘书在工作实践中要与组织中的不同层次的工作人员打交道，既要谋求不同层次的组织成员的支持与合作，又要为不同层次的组织成员提供服务；既要把领导层的决策指挥意图传达到组织的不同层次，又要把不同层次的意见和要求向领导层反映。另外，秘书工作的业务领域可能比领导更加贴近基层和局部。因此，在处理某些事务时，除了与领导同层次思维外，还要与领导不同层次的思维。

秘书与领导不同层次的思维，是在事业目标、价值观念和工作方针上与领导保持高度一致的前提下，对领导思维的补充、拓展与伸延。在具体思维过程中，秘书要做到以下四个方面。

①要实事求是，从事业、从单位的全局出发，尊重事实基础，考察不同层次的具体问题，不能唯书唯上、先入为主地对待客观现象。

②主动做好信息调研工作，深入基层一线，了解各方面实际情况，并对各方情况进行比较、梳理、分析，为领导的宏观决策提供必要辅助。

③要学会辩证地多方面多维度地思考看待问题，探讨解决问题的最优办法和最佳途径。要将领导层次思维的看法与特定层次思维所得出的看法加以比较，找出共同之处和差异之处，并深入地分析形成共同之处与差异之处的原因。在一般情况下，共同之处往往是领导层与下层在认识和实际运转中契合的部分，而差异之处往往是问题所在。

④要根据造成问题的原因，探求解决问题的办法，若问题是由于领导层脱离实际造成的，应建议领导层采取有效措施解决问题；若问题是下层执行错误造成的，应帮助下层工作人员正确理解领导层的决策和指示精神，使问题得到解决。

秘书与领导同层次思维的同时，又要进行不同层次的思维，这两种思维层次的思维活动的结合，有利于秘书在领导与下属层次间起到上情下达，下情上达的作用。这对整个组织管理和领导工作，都是十分重要和不可缺少的。

（三）秘书的多层次思维

在秘书工作中，既要为本级领导服务，又要为上级领导服务。尽管在社会主义条件下，不同

项目七　秘书参谋辅弼

层次的根本利益和事业发展的总目标是一致的，但由于客观环境、工作职能、业务活动等内容的不同，在思维层次以及对服务的要求上必然存在某些差异。秘书在处理某些工作中，要想同时符合多个层次的需求，就必须进行多层次思维，并将多层次思维有机地统一起来。

如秘书在草拟文件的过程中，首先要遵循上级机关的政策和国家有关法令法规，对此若有偏差就会出现方向性、原则性的错误；其次要忠实地体现本级领导层的决策意图，否则就歪曲和篡改了领导的决策；最后要符合下级各层次的客观实际，这是基础性的要求，不符合这一要求，起草的文件一经发布，不仅无益，而且有害。

秘书要使自身的工作符合为本级领导工作服务、为上级领导工作服务和为下级及群众服务的要求，就必须正确地进行多层次思维。

①立足为满足本级领导工作需要服务。这类工作是经常的、大量的，是秘书工作的主要内容，必须及时、准确、周密、全面、高效地做好这类工作。因此，秘书必须与本级领导保持同层次思维，以适应本级领导工作的需要。

②要遵循上级领导的指导原则，这是方向性的、规范性的。秘书必须讲政治、讲学习、讲正气，正确理解、准确把握、坚决贯彻执行国家政策法令和上级机关的指示精神，提高理论和政策水平，坚决抵制形形色色的违法违纪现象。因此，秘书思维要有正确的价值观念和法制观念，要在较高的政策理解层次和严格的法制规范中思考问题，开展工作。

③要深入下级各层次的客观实际，这是决定事业成败的基础，也是为本级领导工作服务、为上级领导工作服务的前提条件。脱离客观实际，无论对本级还是对上级领导工作的服务，都会陷入误区。各级领导工作，都必须遵循客观规律，适应客观实际的需要。若秘书脱离实际，撰写的文稿歪曲事实，传递的信息报喜不报忧，操办的会务只重形式不重内容，搞假、大、空等，对各级领导工作都会造成干扰，带来损失。当然，秘书的工作行为往往是与其直接领导者是一体的。秘书工作中的某些错误的做法往往也是受其直接领导者的错误意图影响而产生的。秘书与其领导不同层次地思维，深入到下级各层次，深入到群众中去，深入具体地考察客观实际，科学地分析研究客观实际，务实求真地向领导反映客观实际，有益于对领导意图的修正、补充和完善。

在一般情况下，上级领导、本级领导工作及下级各层次和群众对秘书服务的需要和要求，应该是一致的，多层次思维的结果也应该是相容的。但在某些情况下，也可能出现不一致、不相容的现象。若出现不相容或出现相冲突的情况，秘书人员必须慎重处理。首先，必须坚持实事求是的原则，向有关方面报实情、讲真话；其次，要坚持法纪法规，坚决执行国家政策和法律；最后，要坚持维护整体利益，维护组织目标，服务于领导工作的需要。秘书要善于运用信息沟通和参谋建议等方式，综合协调使整体工作和谐运转。

在实践中，秘书要与领导同层次思维、不同层次思维和多层次思维。其思维层次的移动是与秘书的各项业务工作紧密联系在一起的，是秘书工作的服务对象和工作范围决定的。只有这样，才能充分发挥秘书的职能作用。

案例分析

某公司总经理让秘书小王草拟一份加强纪律性的讲话稿。小王以总经理的一贯思路和口气，对加强纪律的重要性、必要性做了反复强调，并提出了几条处罚违纪现象的措施，语气果断、严厉。可是，总经理在全体职工大会上讲话时，仅照讲话稿讲了一半，就话锋一转，深情而温和地说："我知道，大家也有许多实际困难，特别是公司拖欠了两个月的工资，这对大家生活及精神压力都很大。但是，我们越困难，越要加强纪律性，强化战斗力，才能渡过难关……"接着，总经理从市场竞争需要加强纪律性，实现未来宏伟目标需要加强纪律性，现代化管理必须加强纪律性等方面进行阐述。讲话结束，赢得了全体职工的掌声。会后，该公司员工劳动纪律有了明显好转。

在此案例中，总经理对秘书小王草拟的讲话稿进行了取舍，既保留了原稿与领导同层次思维，又加入了与群众同层次思维和从市场竞争、实现宏伟目标、现代化管理等多层次思维，以增强讲话的说服力。显然秘书小王草拟讲话稿时仅用了同层次思维，未用不同层次思维，没有满足总经理工作的需要。

四、秘书思维角度的选择

在实践中，人们的思维角度是与思维活动的立足点、出发点、方向性、空间分布和时间跨度等联系在一起的；思维角度受思维主体的社会实践、社会地位及所处的社会环境的直接影响。

（一）秘书的本位思维

秘书在工作实践中，其工作思维活动的立足点，首先应该是如何有效地辅助和服务于领导工作，如何有利于提高领导工作效率，也就是说，秘书在工作中思考问题的动机，思考问题的价值观念，应该是如何通过自身的职能工作更好地协助领导工作，优化领导工作效果。

由于秘书处于领导近身综合辅助地位，秘书的工作成果往往要通过领导工作才能产生实际作用，所以，秘书在工作的思维活动中，其思维角度应该是如何有利于领导工作。因此，秘书在观察和思考问题的理论角度和实践角度、历史角度与现实角度、政治经济角度与科学文化角度等，都要从有利于辅助领导、为领导工作提供有效服务出发。秘书的参谋辅助、综合协调、信息工作、文书处理、会务工作、办理日常事务等职能活动，都必须以有利于提高领导工作效率为依据。从某种意义上说，无益于领导工作的秘书工作，就是秘书的无效劳动；对领导工作产生消极影响的秘书行为，就是秘书的失职或越权行为。

由此确定秘书本位思维的角度有以下几个。

①要准确观察和思考领导工作的需要。只有及时、准确地把握了领导工作的需要，秘书才可能主动地为领导工作提供有效地辅助和服务，才可能使自己的工作对社会实践产生积极的实际效果。

②要清醒地观察和思考客观环境及组织运转的态势。这是领导工作首先关注的，因而也是秘书工作必须关注的。它与领导工作需要是联系在一起的。只有清醒地认识了组织内外环境条件的变化，才有利于秘书把握领导工作的需要，也才有利于使秘书的各项业务工作适应客观环境条件的发展变化。

③要客观地审视和评价自身的业务工作与领导工作需要的契合程度、对领导工作服务的有效程度。要从实际效果出发，不能仅看表象和形式。秘书要不断改进其业务工作，不断提高对领导工作辅助和服务的有效程度。

秘书立足本职工作，做到尽职尽责，就是立足于辅助和服务于领导工作，在有效辅助和服务中尽职尽责。那些埋头听命办事，不问是否符合客观实际，是否有益于领导工作，被动应付的秘书，不能算是尽职尽责的秘书。

（二）秘书的换位思维

秘书要做好本职工作，除了要正确进行本位思维，准确把握领导工作对秘书辅助和服务的需要外，还要善于换位思维和多角度思维。只有这样，秘书的工作思维及工作行为，才能符合客观环境的要求，也才能更加准确地进行本位思维。

· 246 ·

秘书的换位思维，是指在工作实务中，秘书除了站在本职工作地位上观察思考问题的同时，还要站在交往对象的地位思考问题。如处理人民群众的来信和来访，秘书除了要以领导机关工作人员和领导的代表身份处理信访问题外，还要从来信来访者的角度，设身处地地考虑其合法权利、实际困难、合理愿望、心理情绪等，只有这样，才能理解对方，才能与对方进行平等的、和谐的交流，才能将原则性与灵活性结合起来，使自己的工作符合实际。这样才能在处理具体事务中，有益于领导工作，增强领导机关的影响力，树立和优化良好的领导形象。

秘书换位思维要做到以下五个方面。

①要真正地了解对方的实际情况，这是换位思维的基础。不了解实际情况，就无法准确地进行换位思考。

②要从法律法规和组织规范的角度，正确把握对方的权利、责任、要求与愿望。这就能使秘书的换位思维更具有规范性，在理解对方的同时，不失组织原则。

③要从客观具体环境出发，理解和体察对方的实际困难。不理解和体察对方的实际困难，说话办事就会隔靴搔痒，不切实际，或者打官腔搞形式，令人生厌。

④要从对方特定的角色环境把握其心理情绪。在某种情况下，秘书往往要面对交往对方过激、过火的语言和情绪，秘书若能换位思考，就能以宽容和大度，平静而友善地让对方的不正常情绪得到宣泄后，加以引导，使之恢复平静，共同寻求解决问题的办法。

⑤要将组织的整体利益与交往对方的利益要求结合起来，真诚地与对方共同寻求解决问题的办法，并尽力促进问题的合理解决。

秘书的换位思维，必须具备全心全意地为人民服务的观念和责任感，需要具有心理学、行为科学方面的知识，更需要丰富的社会实践经验。能够自觉合理进行换位思维的秘书，工作中就能够得到别人的理解、支持与合作，和谐地处理与各方面的关系。这对领导工作与秘书自身的业务工作，都是十分有益的。

（三）秘书的多角度思维

秘书的多角度思维体现在以下四个方面。

①在思维的方向上。秘书观察事物和分析思考问题，既要看到正面的、有利的、积极的方面，也要看到负面的、有害的、消极的方面，还要看到处于中间状态的因素；既要从正向思考机遇、发展、效益、又要从逆向思考风险、阻力、损失，还要充分估计难以预测的突发因素等。

②在思维的领域上。秘书在草拟文件、综合处理信息、辅助决策等工作中，往往要从政治、经济、科学、文化等多角度进行思考；要从历史背景、现实状况、未来发展的多角度进行思考；要从国家及人民利益、单位利益、群众利益，以及各利益主体的共同利益和特殊利益、根本利益和相关利益、长远利益和近期利益等不同的角度进行思考。

③在思维涉及的行为对象上。秘书在起草文件时，要充分领会领导者的决策意图，要以领导的思维方式来思考问题；同时，要考虑到执行者执行的条件，考虑到可行性，考虑到执行者是否能够正确理解，将会遇到哪些困难；还要考虑落实到群众中时群众的态度，应如何引导、宣传和教育群众，如何将领导的决策意图转化为广大群众的实际活动，特别要考虑决策措施与群众意愿及群众的根本利益的契合程度等。

④在思维的方式上。对领导决策的辅助中，对正确的决策目标和切合实际的整体构想，秘书人员要从积极支持的角度，热情地给予肯定，尽力使之优化和完善，而对决策方案的具体环节、具体措施、具体细节等，要从不同的角度进行考察、审视、提出疑问，进行反复的论证，使之得到不断的修正、补充，最后臻于完善。

秘书的多角度思维是有一定难度的，但是，秘书进行多角度思维也是有现实基础的。

①秘书工作涉及方方面面，有利于在实践中掌握各方面的客观情况，有利于从各种具体情况的角度分析和思考问题。

②秘书处于信息枢纽地位，有利于在信息处理中学习和掌握各方面的知识和信息，有利于把握多角度思考问题的依据和材料。

③秘书工作中要接触和熟悉组织内外的各种类型的社会成员，有利于理解各类公众的意愿和要求，有利于从不同社会角色的角度审视问题。

④秘书处于职能综合的位置，既了解组织中的各职能管理部门的有关情况，又不受某一单项职能管理的局限，有利于从组织的各项职能管理的需要出发，围绕组织的整体利益和整体功能，多角度地思考问题。

秘书的多角度思维，并非是无序而缺乏整体目标的，而是有序且与整体目标一致的。其目标就是事业功利目标，即组织目标，具体体现在优化领导工作效果和提高领导工作效率上。多角度思维的落脚点自然是有效地服务和辅助领导工作。从这个意义上讲，秘书的多角度思维乃是领导工作思维的拓展、伸延和补充。作为领导的近身综合性参谋助手，秘书的多角度思维，不仅有助于秘书提高工作水平，而且对领导工作也是大有裨益的。

在实践中，秘书的本位思维、换位思维和多角度思维是有机联系、相互补充、相互渗透、相互印证、相互制约的整体，只有将其与客观实际紧密联系，灵活运用，才能充分发挥作用。

案例分析

某市在推进政企分开的过程中，市政府办公厅首先考虑的是在办文、办会、办事等业务活动中改变政企不分的现象，以自身业务本位考虑推进政企分开；后又从企业角度考虑，有许多改革举措、法规，企业一时还难以准确理解和把握，因此决定由办公厅政策研究室负责政策法规的宣讲和咨询工作，对企业给予帮助。实行政企分开后，劳动者合法权益的保护问题、下岗职工再就业问题、困难职工的救济问题等，需要政府与企业协同配合加以解决。办公厅又将原政府工作中与企业相关的内容进行了梳理，分门别类地做出合理的安排，保证了政企分开的有序进行和平稳操作。

在此案例中办公厅从自身业务进行了本位思考，又从企业的角度进行了换位思考，还从劳动者合法权益保护、再就业问题、困难职工救济问题等方面进行了多角度思维。这样做，增强了思维的严密性、系统性，避免或减少疏漏和失误①。

任务二　科学决策认知

情景任务

某城市繁华地段有一个食品厂，因经营不善长期亏损，该市政府领导拟将其改造成一个副

---

① 方国雄，方晓蓉. 秘书学 [M]. 北京：高等教育出版社，2003.

食品批发市场，这样既可以解决企业破产后下岗职工的安置问题，又方便了附近居民。为此，政府进行了一系列前期准备，包括项目审批、征地拆迁、建筑规划设计等。不曾想，外地一开发商已在离此地不远的地方率先投资兴建了一个综合市场，而综合市场中就有一个相当规模的副食品批发场区，足以满足附近居民和零售商的需求。

面对这种情况，市政府领导陷入了两难境地：如果继续进行副食品批发市场建设，必然亏损；如果就此停建，则前期投入将全部泡汤。在这种情况下，该市政府盲目做出决定，将该食品厂厂房所在地建成一居民小区，由开发商进行开发，但对原食品厂职工没能做出有效的赔偿，使该厂职工陷入困境，该厂职工长期上访不能解决赔偿问题，对该市的稳定造成了隐患。

分析思考：案例中的决策是科学决策吗？如果进行科学决策，应该怎么做？

理论知识

一、决策的含义

"管理就是决策"，这是现代管理科学创始人之一、世界著名经济学家赫·阿·西蒙提出的著名论断。西蒙强调了决策在管理中的重要地位，他认为决策与管理在某种意义上是一致的，都是为追求效果，找出解决问题的几种可能的途径，从而选择最理想的或满意的方案进行实施。但随着社会经济发展、科学技术进步和人类社会文化知识水平的提高，决策已不仅限于管理或管理部门，它还涉及社会生活的各个方面。例如人们在日常生活中，在工农业生产、基本建设、商业活动及军事行动、社会政治活动中常常会遇到要做出选择的情况，这时人们会进行估计、分析、判断并做出正确的选择，以达到目标。

凡是根据某种预定目标做出某种行动的决定，都称为决策。决策是指人们为了实现某一目标（或解决某一问题），根据已有的信息，考虑主客观条件，运用科学的方法，从若干备选方案中，选择一个满意的方案而进行分析、判断的过程。

二、决策的特点

①目标性。决策总是为了达到一个既定的目标。任何工作如果没有目标或者目标不明确，从一开始就是盲目的、错误的。

②理智性。决策是人们自觉有意识的行动，尽管深思熟虑，有时还可能有失误。

③预测性。决策者是在掌握一定信息的情况下，对事物未来发展情况做判断，决策之后会带来什么后果还不十分肯定。

④风险性。决策在实施之前，一方面人的认识有一定的局限性；另一方面，决策在实施过程中，客观事物又在不断发生变化，决策能否达到预想的效果，不是百分之百地有把握。

三、科学决策的含义

科学决策是指决策者为了实现某种特定的目标，凭借科学思维进行判断，按照科学的决策程序，利用科学手段和科学技术，系统地分析主客观条件做出正确决策的过程。科学决策的根本是实事求是，决策的依据要实在，决策的方案要实际，决策的结果要实惠。

四、科学决策的特点

（一）程序性

所谓程序性是指科学决策不是简单拍板，随意决策，更不是头脑发热，信口开河，独断专行，而是在正确的理论指导下，按照一定的程序，充分依靠领导班子、广大群众的集体智慧，正确运用决策技术和方法来选择行为方案。

（二）创造性

所谓创造性是指决策总是针对需要解决的问题和需要完成的新任务而做出选择，不是传声筒、录音带，也不是售货员、二传手，而是开动脑筋，运用逻辑思维、形象思维、直觉思维等多种思维进行创造性的劳动。

（三）择优性

所谓择优性是指在多个方案的对比中寻求能获取较大效益的行动方案，择优是决策的核心。

（四）指导性

所谓指导性是指在管理活动中，决策一经做出，就必须付诸实施，对整个管理活动、系统内的每一个人都具有约束作用，指导每一个人的行为方向，没有指导意义的决策就失去了决策的实际意义。

（五）可行性

在充分利用决策人员的经验、阅历、知识和才能的前提下，将系统论、信息论、控制论和计算机科学运用到决策过程。因此，如果说经验决策主要是定性分析的话，那么科学决策主要表现为定性分析与定量分析的有机结合。

> **案例分析**
>
> 阅读下面的案例，思考孙膑的决策好在哪里，他是如何做出这个科学决策的？
>
> 齐国使者到大梁来，孙膑以刑徒的身份秘密拜见，劝说齐国使者。齐国使者觉得此人是个奇人，就偷偷地把他载回齐国。齐国将军田忌非常赏识他，并且待如上宾。田忌经常与齐国众公子赛马，设重金赌注。孙膑发现他们的马脚力都差不多，马分为上、中、下三等，于是对田忌说："您只管下大赌注，我能让您取胜。"田忌相信并答应了他，与齐王和各位公子用千金来赌注。比赛即将开始，孙膑说："现在用您的下等马对付他们的上等马，用您的上等马对付他们的中等马，用您的中等马对付他们的下等马。"三场比赛结束后，田忌一场败而两场胜，最终赢得齐王的千金赌注。后来田忌把孙膑推荐给齐威王。齐威王向他请教了兵法，封他为军师。

五、科学决策的原则

科学决策着力于采用新方法、新手段去解决决策中碰到的许多新课题、新情况，以适应现代社会高速发展的需要。它的巨大作用在于弥补传统决策的不足，使决策失误减少到最低程度。科学决策要想达到这个要求，就必须严格遵循如下带普遍性的决策原则。

（一）针对性原则

即目标导向原则，因为任何一项决策活动都是为了达到一个既定的目标才展开的。所谓决策的目标就是指决策者要着力去解决的有针对性的问题。如果没有针对性的问题需要解决，也就无须做任何决策。所有的决策过程坚持这一原则，才能保证决策判断的方向正确、思路和方针无误。

（二）施行原则

因为任何一项决策最终都是要付诸实施的。所谓付诸实施，就是指决策活动中所确定的问题，是非要去解决不可的。换句话说，就是不打算解决的问题，也就根本用不着去决策。决策只有通过实施才能产生现实意义。

（三）选优原则

因为所谓决策，就是对若干个准备行动的方案进行选择，以期优化地达到目标。选优原则体现在决策的全部过程中。在决策过程中，只有拟定出一定数量和质量的可能方案进行对比选择，决策者才能权衡利弊得失，利中取大，弊中取小，好中选优。在多个方案中，选择最优方案是决策活动的关键，也是决策者最重要的职责。领导者进行方案选优是领导者决策素质的体现。在现代科学决策中，选择方案的关键在于领导者要有战略观念、科学思维方法、丰富的经验和知识。

（四）信息原则

因为科学决策必须以全面反映客观事物规律的信息资料为依据，正确、及时掌握信息是正确判断和决策的基础和前提。决策需要的信息繁多，特别是重大的决策，其中往往有一些目前不能确定的因素，因此，决策者就要根据已收集到的信息和资料，进行预测。预测是决策的基础。作为决策和预测依据的信息，一定要准确、及时、适量，且具有使用价值。

（五）先咨询后决策原则

现代社会管理的复杂性使领导决策需要多学科的综合性科学知识和技术，需要依靠专家群体才能实现。现代科学决策体系中的咨询机构，是科学决策不可缺少的重要环节。它的目标是追求决策符合客观规律，为实现组织目标服务。它的重要作用是，为领导决策提供优化方案的科学根据，为决策者提供预测和评价，为决策机构提供审议。咨询机构正是通过上述作用，弥补了决策领导者知识和才能的局限性，从而保证决策领导者正确决策，防止和克服决策失误。"谋"与"断"相分离是现代科学决策的重要特征之一。决策领导者要认识到在当今社会，离开咨询，是难以做出科学决策的，而先决策后咨询则更是科学社会所不容许的。只有遵循先咨询、后决策的原则才能适应科学决策对现代领导者的要求。

（六）可行性原则

"可行性"意为做到或实现的可能性。可行性就是逻辑性，就是符合客观事物发展的规律性。科学决策所追求的是现实的行之有效的方案，而不是那种表面上看起来还可以，但具体做起来却效果不佳，或者成功把握不大的方案。可行性分析在决策中的作用有两个方面：一是规范性分析，即当目标确定以后寻找并分析论证各种到达目标的决策；二是探索性分析，即当政策已经制订后，分析该政策执行时可能出现的利弊和可能达到的效果。任何成功的决策方案都不仅是理论上最优，而且也是实践中最能做得到、行得通的。因此，科学决策必须坚持可行性原则，否则就要失败。

（七）决策民主原则

在领导工作中，领导者就是决策者。所谓决策民主，一方面是指领导者在做出决策之前，必须集思广益，要听取和尊重有关专家意见。不仅言者无罪，而且还要鼓励大家提出各种反对意见。领导者过早表态，是决策民主的障碍。另一方面，不论决策权是授予个人还是集体，都要发扬民主，要广泛吸收人民代表或人民团体的代表参与决策过程，要体现人民当家作主的原则，使决策能真正反映人民的根本利益，使决策的实施成为人民的自觉行动。决策民主是科学决策的基本要求，没有决策民主，就谈不上科学决策。只有决策民主的步伐前进了，科学决策的水平才能相应得到提高。因此，领导者在决策过程中都必须自觉坚持决策民主的原则。

六、科学决策的基本程序

（一）找准问题

决策的目的是为了解决问题。而所谓问题，就是矛盾。所有决策工作的步骤都是从发现问题开始的。因此，作为领导者不应漫不经心地消极等待问题出现，而应通过深入调查研究，根据既定的目标积极地搜集和整理情报并从中发现矛盾，找准问题。如果问题未找准，决策也就徒劳。领导者只有通过对各式各样问题的分析和判断，找准那些具有代表性、方向性和对全局能发挥影响和作用的关键问题，才能为正确决策打下基础。

（二）确定目标

这是决策的重要一步。目标一错，一错百错。所谓决策目标是指在一定的环境和条件下，在预测的基础上所希望达到的结果。决策目标是根据决策想要解决的问题来确定的。任何一项决策都必须有明确目标。目标的内容应包括以下几点。

①明确问题的性质、特点、范围及其产生的主客观原因。
②目标要能计量。应规定时间，确定责任。
③规定目标的约束条件。这些条件包括资源条件、质量和数量，法律和改革等限制性条件。
④建立衡量评估的价值标准。包括经济价值、社会价值和科学价值。
⑤确立目标层次。多目标必须分清主要和次要目标，不同层次应明确不同层次目标要求。

（三）拟定备选方案

方案就是实现目标的途径和方法。只有拟定出一定数量和质量的可能方案供决策者对比选择，才能使决策具有科学的合理性。方案应该做到以下几点。

①必须制订多种可供选择的方案。不同方案之间应有原则区别，而不仅仅是细节的差异。
②每一个方案要以确切的定量数据来反映其效果。
③每一个方案要说明本方案的特点、弱点及实施条件。
④方案要有可行性分析。要分析在预测方案实施过程中出现的各种有利和不利因素，并提出排除不利因素的对策。

（四）论证评估

各种方案拟定好以后，对每个方案的可行性须进行必要的论证评估。要论证方案所限制的资源、时间、技术以及其他有关条件，预测每一项方案可能发生的潜在问题和障碍；分析评估方案的预期结果，如方案的社会政治经济价值和道义价值，以及对自然生态的影响等。论证评估一般先由研究人员、专家和实际工作人员对方案的可行性提出问题，然后由方案制订人员进行答辩。

论证评估不仅要摆优点，而且要允许"横挑鼻子竖挑眼"似的揭短。通过论证评估，不仅使各种方案的利弊得以科学地表达，而且，各个方案可以尽量得到比较，为下一步的方案选优奠定基础。

（五）方案选优

必须首先明确方案选优中每个领导者的重要职责。在多方案中，选择最优方案是决策活动的关键。所谓选择就是进行决断，就是由领导者从各种可供选择的方案中决断出最优方案。领导者选择的标准应该是在同样约束条件下，哪一个方案效果最好，或者为达到同样目标，哪个方案付出的代价最低、最经济等。领导者进行方案选优是领导者决策素质的直接体现。在现代科学决策中，领导者能否选择出最优方案，关键在于领导者是否具有战略观念、科学思维方法、丰富的经验和知识。领导者做决断，特别是对重大问题的决断，不是靠一时的灵感，而是一个深思熟虑的过程，靠许多人智慧的共同作用。

（六）实施方案

实施是方案在决策中产生现实意义的重要步骤。实施应该分两步来进行。第一步是试点。所谓试点就是将选定的方案进行局部试验，以验证其方案运行的可靠性，即在规定的条件和时间内，了解完成或达到目标的成败概率。试点是一个科学的步骤，简单地、随便地找一个地方试试，是不行的。给试点创造特殊的条件，让它得天独厚，以证明领导者决策正确，或是决策错误。方案经过可靠性验证后，才能进一步普遍实施。第二步是普遍实施。决策程序到此即进入最后阶段。由于方案在实施的第一步已进行了试验实证，一般来说，可靠性都是较高的。但是任何方案在实施过程中都会出现未知因素的干扰和主客观情况的变化，使过程偏离目标，因此，必须做好追踪检查，及时把信息反馈给决策中心，以便采取对策①。

> **课堂活动**
>
> 完成本节开始设置的情景任务：阅读材料，分组交流发言，教师分析与总结。
>
> 活动提示：该市领导解决问题是出于好心，既要解决企业生产不景气的问题，又要为城市居民解决购物问题，对企业职工也有一个比较好的安排，但做出决策比较仓促，没能充分考虑清楚问题涉及的各种因素，在决策失误时又进一步决策失误，造成了非常被动的工作局面，也给企业职工造成了不可挽回的损失。用领导科学来分析，该决策反映出以下几个问题。
>
> （1）此案例反映了领导决策中信息原则的重要性。造成这种两难境地的主要原因是没有很好地坚持领导决策的信息优先原则。信息是决策的基础，充分、及时、全面、有效的信息是科学决策的前提。该区政府领导在决定副食品批发市场项目之前，显然缺乏全面细

---

① 周家然，陈刚，冯悦群，等. 领导科学新编[M]. 南京：南京大学出版社，1991.

致的市场调查，不了解在建的综合市场特别是其内部的副食品批发场区。因此盲目决策，匆忙上马，陷入困境。

（2）此案例反映了追踪决策的重要性。当原有决策方案实施后，主客观情况发生了重大变化，原有的决策目标无法实现时，要对原决策目标或方案进行根本性修订，这就是追踪决策。该市领导在客观情况发生了重大变化时，没能认真分析，而是仓促做出新的决策，在追踪决策上存在失误。

（3）走出两难境地的方案，可以有不同的思路。比如，一种是迎接挑战，继续兴建。但要调查研究，对原决策方案进行修订和完善，使得所建批发市场在规模、设施、服务和管理等方面超过竞争对手，以期在市场竞争中获胜；另一种是及早决断，对原决策方案进行根本性修订，重新考察、确立和论证新的项目，实行转向经营。该市领导在没有确立和论证新的项目的情况下，对该地进行房地产开发，带有很大的随意性。

（4）没能把人的问题放在首要地位。领导者做出决策，首先要解决的问题归根到底是人的问题，而处理好人的问题是领导决策得以实现的关键。如果仅从经济效益上考虑问题，而忽略了人的问题的解决，全然不顾人的思想工作，那么引起的社会问题和社会矛盾等可能会让政府付出更大的代价。

课堂练习

任务三　科学决策辅助

情景任务

某市政府办公厅秘书处长所带卫生工作调查组，在调查中了解并向市领导及时反映了一个紧急信息：有一批麻风病人从外省区流入该市，其中一个县就流入 600 多人。此信息引起了市领导高度重视。为了弄清真实情况，领导要求调查组重新调查并落实这一情况。调查组进行了认真分析，认为麻风病是一种慢性传染病，不可能在短期内增加那么多麻风病人，外省区也不可能让这么多麻风病人到处流动。为了弄清情况，辨别信息真伪，他们又做了进一步调查，发现原来是有一些人为了骗取民政部门的钱物，假冒麻风病人流窜行骗。领导根据这一信息，及时采取得力措施，制止了这种现象。

1. 结合案例说一说秘书在调查研究中应如何发挥参谋作用？
2. 案例中调查组采用了哪些信息参谋方法？

——摘自：2005 年 10 月全国高等教育自学考试秘书参谋职能概论试题

项目七　秘书参谋辅弼

理论知识

一、辅助决策的含义

辅助决策，是指秘书人员或秘书机构为领导者制订并实施决策所采取的各项辅助行为。具体来说就是在决策的过程中，在知识（包括理论）、能力（包括技术）、经验和精力等方面给予决策主体的补偿，以提高决策的科学性和时效性。失去了辅助决策的支持，任何决策都将是个人主观、盲目甚至武断的行为。因为任何一个科学的决策都包括提出问题、搜集信息、确定目标、拟订方案、分析评估、方案选择、试验证实、普遍实施、监督检查和反馈修正等环节，如果没有决策前的准备工作，决策所需要的各种信息将无法得到或者缺乏准确性；如果没有决策后的实施反馈信息，将无法判定决策的正确性，决策的目标也将无法达到。作为辅助决策的主体，秘书在领导决策过程中就起着这种"鞍前马后"的作用。

二、秘书辅助决策的特点

领导决策需要多方面力量相比较，秘书辅助决策的特殊性表现在以下几个方面。

（一）辅助决策的同步性

秘书与领导在时间和空间上关系非常密切，相互间的了解也比其他人更深，因此，秘书接受领导信息快，向领导建议也方便，辅助领导决策与领导决策常常是同步进行的。

秘书不是专门研究决策的智囊人物，而是追踪决策目标实现全过程的实际工作者。在这个全过程的具体工作中，无论发现哪一方面、哪个因素出现问题，都能立即协助领导人分析问题和解决问题，这就形成了秘书全面系统地辅助决策与随机性地辅助决策的有机结合。

（二）辅助决策的全程性

秘书辅助领导决策，是一个复杂的行为过程，主要包括决策准备、决策制订、决策执行等若干步骤。秘书辅助决策贯穿决策的全过程，就是说秘书要参与整个决策过程和决策中的各项活动。

秘书的辅助决策，从某种意义上说，是超脱于决策的权力与责任的。但是秘书实际工作中又参与了决策形成实施的全过程，秘书的工作成效、事业与期望、功过与报酬，无不与决策的成败有着密切的关系。这就形成了秘书超脱性辅助与参与性辅助的有机结合。这有利于秘书用不同于领导人的比较超脱的目光更客观地观察问题和分析问题，而这种观察和分析又不同于"局外人""第三者"对决策的议论。秘书自始至终参与决策，与决策成败有着不可分割的相关性，使其必须认真负责、全力以赴地投入决策的全过程。

（三）辅助的多功能性

秘书辅助决策是一种综合性辅助，秘书辅助决策既要做好事务性工作，又要提供决策信息；既要参与备选方案，又要参与制订实施计划。因此，秘书辅助决策具有研究、咨询、参与决策、督促决策实施等诸多功能。

（四）决策辅佐与实施辅助相结合

秘书既要为决策形成提供各方面的服务，又要具体参与决策实施工作，在实施中为领导指挥、协调和控制实施过程，确保决策目标的实现。这种对决策的形成辅佐与实施辅助的结合，有利于秘书在形成决策的辅佐中，更具体地从实施决策的各步骤、各环节和各项具体措施，深入细致地考虑决策方案的科学性、可行性和可受性；在决策实施的辅助中，完整全面地考虑实施方向与决策目标的一致性，决策要求与实施效果的统一性。

三、秘书辅助决策的一般程序[①]

决策是具有一定程序性的活动。决策的程序和规范是科学决策的基础。一般说来，一项决策要经过确定目标、设计备选方案、评价选优、实施反馈等步骤，秘书辅助决策的活动也是围绕这些步骤展开的。

（一）协助领导确定目标

目标体现的是组织想要获得的结果，结果的数量和质量，将最终指导决策者选择合适的方案。目标的建立是整个决策的出发点和基础。因此，决策目标必须明确、具体，尽可能量化、细化，含义模糊、界定不明、有歧义的目标不仅不利于决策，而且会产生危害。

1. 协助领导发现问题

在领导决策活动中，发现问题是确定目标的前提。秘书要通过主动提供决策信息，在领导者决策思维尚处于朦胧状态时，促使领导者决策思想明晰化；要在领导者对决策犹豫不决或踌躇不前时，主动研究相关问题的性质、特征、范围、价值等，协助领导及时做决断等。

2. 根据决策目标提供各种依据

秘书人员要根据决策目标做好信息工作，即积极主动为领导决策提供各种依据。这些依据包括事实依据，即直接从实践中获取的资料、数据等第一手材料；理论依据，即指导决策的一般原理、理论，制约决策的法律、法规，以及上级机关的指示、政策、规定等。

（二）协助领导设计方案

1. 设计决策备选方案

在此阶段，秘书人员辅助的重点是设计备选方案，即各种为实现决策目标的方法和手段，它具有属性和可选择性的特点，因此备选方案的设计需要想象力和创造力。备选方案主要包括：制订决策的依据、决策所要达到的目标、现有的各种技术、管理等条件、实现目标的途径和方法、可能会出现的问题以及预防和解决的应对办法。

2. 设计备选方案的要求

秘书人员在参与设计方案中要做到：运用系统论观点，从多角度审视问题，综合考虑各种因素，善于征询他人意见，切不可以偏概全，一叶障目；进行严格论证和细致推导，不可忽略任何一个环节或细节；要提供多种设想，进行综合比较，通过科学鉴别，认真选出最佳方案。

（三）协助领导评价和选择方案

在此阶段，领导者要确定所拟定的各种备选方案的价值或恰当性。秘书人员需要协助领导，对各种备选方案进行分析、比较、评估，以便领导者从中选出最佳的实施方案。其中，评价择优的方法大都采用比较法，按照所确定的科学、合理的标准进行对比和论证，从中选出最佳方案。在实际工作中，评价择优应按照全局性、可行性、效益性、相对性原则和标准进行选择。

[①] 郑典宜. 秘书基础与实务 [M]. 成都：电子科技大学出版社，2006.

（四）协助领导实施反馈

1. 辅助决策的实施

决策的实施是决策过程中至关重要的一步。在实施过程中，秘书人员常常要重点做好以下几个方面的工作。

第一，编制实施计划。决策方案只提出了目标和实现目标的基本途径，实施计划则是决策方案的进一步具体化，包括决策项目的责任范围、目标指数、实施条件、进度与期限等。制订了相应的具体措施，才能保证方案的正确实施。

第二，传达和落实方案目标责任。上传下达与决策方案有关的各种指令，确保所有有关人员对方案充分接受和了解。同时，将决策目标层层分解，落实到具体执行单位和个人。

第三，协助决策试验。将决策方案进行局部试验与试点工作。建立决策方案的工作报告制度，以便及时了解和掌握决策方案的实施情况。

2. 辅助决策信息的反馈

实施情况的反馈是决策过程中的最后环节，也是关系决策效果如何的重要环节。在决策执行过程中，由于外部条件的变化或决策本身的不足，有时会偏离目标或者局部失误，这就需要秘书人员把决策执行中的信息及时反馈给决策中心，以便控制与调整。这一阶段，秘书人员应做好以下几个方面的信息反馈。

①决策执行过程中的合理的、先进的、特色的以及有效的方法和经验。
②决策执行过程中出现的新情况、新问题和新趋势、新动向。
③决策执行过程中出现的偏差、失误及其造成的原因。

四、秘书辅助决策的方式

秘书辅助决策，可以采用多种方式。这里仅按决策形成、决策实施和决策成效经验的过程，说明各个决策阶段的辅助方式。

（一）决策前服务式辅助

秘书在领导决策前，要为领导决策做准备，提供各方面的服务。包括以下几个方面。

①收集有关方针、政策、法律条款和有关规章制度，做好法规性准备，使决策符合法规要求。
②收集组织内外各相关方面的信息、资料，做好信息依据准备，使决策适应组织内外环境条件的变化，符合组织运转的实际需要。
③收集组织内外各相关方面的参谋建议和要求，做好多元的群体智能准备，使决策建立在多元群体智能综合的基础上，符合决策民主化的要求，进而实现决策科学化。

（二）决策形成中协助式辅助

秘书在形成决策的过程中，不是主持者和表决者，而是重要的协助者。这表现在：秘书要草拟和收集供领导选择的多种可行方案；要参与对各种方案的分析、比较和评价；领导初选了决策方案后，秘书要参与对初定的决策方案的反复论证，并将论证中发现的不足和问题征求补充意见，提出修正的意见和建议，还要将合理的意见和建议融入决策方案，使之得到充实和完善。对于进行了补充、修正和完善的决策方案，秘书还要配合有关专家，建立模型，进行试验和验证，使决策方案更为可靠。对于已经确立的决策方案，秘书还要用合理的公文形式、准确流畅的语言，撰写公文，表述决策方案，使群众易于理解，准确执行。

（三）决策执行中协调式辅助

在决策执行中，秘书是重要的协调者，辅助决策按计划实施。其职能有以下几个方面。

①在领导和群众、上级和下级之间，秘书如实反映下级的情况和要求，全面传达贯彻领导人的指挥意图，使上下级之间保持协调统一。

②在平行级之间，不同部门之间，若发现事权矛盾和利益冲突的趋向，秘书应协助领导，并强调目标的一致性，化解矛盾，使之团结一致，相互合作；在环境条件发生变化，决策计划与环境条件出现某种失调现象时，秘书应协助领导对决策方案做适当调整，使之与环境保持协调，顺利实施。动用信息沟通的手段，秘书辅助领导保持各子系统实施决策运转节奏的协同性；动用法规性沟通的手段，秘书辅助领导保持各组织成员实施决策行为规范的协调性。

③秘书协调式辅助在决策执行中对于保持组织的合力，确保决策方案的顺利实施，起着有效的促进作用。

（四）决策效果评估中鉴戒式辅助

秘书既参与拟定决策计划，又参与决策实施的全过程，还要参与决策效果的评估。在对照决策计划，检验实施决策的效果的比较、分析、总结中，秘书配合领导人以及其他组织成员，可以发现和总结决策方案本身以及实施过程中的经验和教训、成绩和缺点、长处和短处。秘书将这些分析总结的结果，写入总结材料，记录在案，引以为戒，作为制订新的决策的重要依据。对那些遗留的问题和不足之处，秘书可建议领导人采取必要的措施，进行补救，减少损失。

课堂活动

案例分析。阅读材料，分组交流发言，教师分析与总结。

活动要求：分组讨论，每组派一个学生进行分析与发言。

分析思考：

1. 试从科学决策的基本过程来分析，大山县在美籍华人李进财先生接待工作的决策方案中，出现了哪些过失？产生了哪些消极影响？

2. 在该案例中，秘书辅助决策还有哪些不足，应该怎么做？

活动材料：

万金一笑[①]

美籍华人李进财先生要回乡探亲了。他是早年出国经商的大山县人，如今腰缠万贯，要荣归故里，探望亲友。他给亲友来信说，人到老年更思亲，这次回乡，想为家乡经济建设出点力，以尽海外赤子之情。

县领导班子得知这个信息后，专门开了几次会，认为这是对外开放、引进外资的一个极好的机会，一定要抓住不放，把接待工作搞好。要不惜一切代价，以最高档次，最隆重的规格，尽全力接待好这位海外飞来的财神爷。接待计划研究了3次，直到认为十全十美才拍板定案。副县长亲自用豪华小轿车从省城接回了这位贵客，让贵客下榻在县城最高级的宾馆里。

---

① 案例来源：高职高专秘书专业教材编委会组编 主国雄著. 高职高专教材 秘书学. 高等教育出版社，2001年6月第1版：440-442.

第一天的接风宴会隆重得叫李先生受宠若惊。县委、县政府、县人大、县政协四套班子的全部领导,以及财贸、工商、文卫、政法等系统的头头脑脑一起出席作陪。县长坐在李先生身边,对服务小姐端上来的美味佳肴一道道亲自介绍:这是浙江的鱼翅,这是福建的海虾,这是东北的野味,这是日本的,这是美国的……看来县长对这些美味并不熟悉,一边介绍,一边还要侧身看看事先准备好的菜单。他热情地介绍着,还拿着卫生筷一道一道地亲自为客人夹菜。坐在李先生另一边的堂弟李有财小声在他堂兄耳边说:"县里对你可真够意思的,这一餐就整整花了两万!"

说实话,在这山区穷县,摆出这么气派丰盛的席面并不多见。那些陪客的诸公,也很少品尝到席上的山珍海味。因而,吃相也过于积极投入,在海外归来的李先生看来,似乎有点不雅。

一餐饭吃了三个钟头。李先生被人前呼后拥送进宾馆后,已是夜晚10点半。人们散尽后,李有财留下陪堂兄拉家常。

"哥,你写信想吃的地米菜春卷皮我带来了。你刚才吃了满桌山珍海味,一定吃不下这粗东西吧?"

"吃得下,吃得下,快拿出来我尝尝!"李先生说。

一见保温瓶里油光闪亮、焦黄皮嫩的春卷皮,李先生露出了孩提相,伸手就抓了一个塞进嘴里,吞下去后,一边伸手又抓,一边无限陶醉地说:"真好吃,春卷皮呀,春卷皮,我想你都想了几十年了……"他一口气吃了十几个,边吃边赞叹着。

"哥,你刚才在酒席上没吃饱?"李有才见堂兄狼吞虎咽地吃春卷皮,问道。

"那酒席吃不下啊!听说家乡父老三餐干饭都吃不饱……"

"现在吃喝风厉害,听说一年能吃下好几个大工厂哩……"

"我在海外无论见什么贵客,也没有这样阔气过,这样个吃法,有多少家当不被吃光?"

夜里,李先生翻来覆去睡不安稳。

第二天,县政府办公室主任陪同李先生游览家乡风光。县政府办公室主任介绍说:"今天要让李先生看看家乡的仙境。这比世界上任何风景名胜都毫不逊色,就是美国总统,也不一定看过如此美景。"

一到目的地,果然如临仙境:山峦峥嵘,巨石各异,有如勇猛的斗士,有如含春的处子,有如望夫的怨妇,有如远行的征人……李进财先生早年离家,对这如梦如画的景色早已淡忘了。他也曾游览过世界上的不少名山大川,但总觉得故土的景色最美。如今踏进故乡的仙境,更是无比陶醉,无比自豪,无限乡土亲情……

"李先生,马上您就要观赏到'飞流直下三千尺,疑是银河落九天'的景观了。"县办主任说。

说话间,山谷里仿佛响起了一阵隆隆的雷声。一条宽数十米,高达百米的瀑布,从天而降,在灿烂的阳光下,化成阵阵轻雾,化成七色彩虹,化成万粒珍珠……整个山谷笼罩在神奇的色彩中,仿佛是一个梦幻中的童话世界。

李先生忘情地在瀑布飞洒的彩色薄雾中笑着,来回地走着,嘴里不知不觉哼起了早已淡忘的一首儿歌……

40分钟一晃而过,隆隆的瀑布声戛然而止,薄雾、彩虹一下子收得无影无踪,只留下明媚青翠的山川。

"这是怎么啦?"李先生问。

"这水是从上游水库里放下来的。我们专为您这位贵客开闸放水40分钟,让您欣赏这少有的奇观。"

"专为我放水?这水库里的水不是用来浇地养鱼的吗?"李先生惊奇地问。

"是呀,去年我们乡抗旱就全靠这水库里的水,开闸放了一小时,花了上十万元钱哩!"李先生的堂弟说。

"罪过,罪过!李某何德何能!这简直是一笑万金啊!罪过!罪过!这是李某的罪过啊!"他的游兴一扫而光,声称身体不舒服,钻进了汽车。办公室主任只好让司机打道回府了。

李先生谢绝了县里的其他接待活动,和堂弟到老家去吃了三天地米菜春卷皮和红薯稀饭,捐资10万元给村里建小学,然后匆匆赶到省城,乘机而去。

事后,他给堂弟的来信中写道:"……这次回乡,感慨良多。县府官员的盛情,我实在受之有愧。家乡父老尚还贫寒,自己一笑万金,深感罪过。本有意投资家乡建设,但见执事者如此出手大方,如此不善理财,多少资产经得起如此花费?当今生意场上,虽是亿万富翁,稍有不慎,转眼就会变得一贫如洗。我不能把资本放在这里冒险。捐资10万办学,以表区区念土之情,期盼家乡早出善于理财的官员……"

李有财只好把堂兄的这封信转呈给县领导。人们看后,有的骂姓李的忘了祖宗;有的说资本家就是资本家,只讲赚钱不懂感情;有的骂李进财是骗子,先说投资,吊起山里人的胃口,县里花了那么多钱接待他,他却拂袖而去……县委书记和县长却像读上级文件那样,对李先生的信研究了好几个夜晚。

课堂练习

完成本节开始设置的情景任务:分组讨论;白板展示;代表发言;教师总结。

任务四 时间管理策略

情景任务

统筹方法,是一种安排工作进程的数学方法。它的使用范围极广泛,在企业管理和基本建设中,以及关系复杂的科研项目的组织与管理中,都可以应用。

怎样应用呢?主要是把工序安排好。

比如,想泡壶茶喝。当时的情况是:开水没有(烧水需15分钟);水壶要洗(1分钟);茶壶要洗(1分钟)、茶杯(2分钟)要洗;火生了,茶叶也有了(1分钟)。

思考:你会按怎样的顺序安排?

理论知识

一、时间管理的含义

在日常生活中始终如一、有的放矢地使用行之有效的方法,组织管理好自己生活的方方面面，最有意义、最大限度地利用自己所拥有的时间，这就是时间管理。

二、时间管理的意义

（一）发挥时间的价值，更好地进行资源管理

时间对每个人都是平等的，时间在每个人手里价值却不同。时间是最稀缺的资源，时间是慷慨而公平的资源。正如彼得·德鲁克（Peter Drucker）所说："时间是最稀有的资源；管理不了时间，其他的一切也都无从管理了。"只有管理好时间，才能真正管理好各种资源，才能使自己不会因虚度年华而悔恨。

（二）时间管理是一种智慧和能力

时间管理是一个人的重要能力之一，事业有成的人，可能成功的原因有很多种，但共同的原因就是他们都是时间管理的专家。

（三）时间管理能够让工作更有条理，从而事半功倍

秘书工作十分繁杂琐碎，既要管理自己的时间，也要帮助领导做出时间安排，如果不进行时间管理，那可能使工作千头万绪、进度缓慢。如果善于运用时间管理的有关思维策略，能够让工作变得井井有条，容易推进，工作成效也显著增加。

> **课堂活动**
>
> 请利用手机智能教学助手移动端用头脑风暴的方式回答：时间有什么特点？
> 活动提示：时间有毫无弹性、无法蓄积、无法取代、无法复得等特点。

三、时间管理的误区

一是观念缺乏：没时间做计划，计划常常被打断，认为"船到桥头自然直"，不喜欢被计划束缚；还有一些观念误区是宁愿去做事情，而不是去做正确的事；宁愿去解决问题，而不是有创意地去选择解决方法；宁愿去保持原来的做法和手段，而不是去优化、优选工作的流程和方法；宁愿去被动地执行服从和遵守职务，而不是主动积极地进行创新和求得最佳的结果；宁愿去节约成本，而不愿意主动地增加利润，尤其是在投资理财的观念方面，国人习惯开源节流，但实际是比较喜欢节流，比较喜欢勤俭节约，而忽视要去更多地增加收入。

二是干扰太多：比如文件满桌病往往就是跟不必要的安全感、犹豫的个性、半途而废的工作习惯等个人的喜好密切相关。

三是做事拖延：帕金森定律认为工作会自动地膨胀占满所有可用的时间。做事拖延隐含着你可以为一项工作安排过多的时间，如果你给自己安排了充裕的时间从事一项活动，你会放慢节奏以用掉所有分配的时间。

四是不懂拒绝：不懂拒绝的原因主要有接受请托比拒绝更容易；拒绝请托会触怒请托者，从而导致请托者报复；想做一个广受爱戴的人；不懂得拒绝的方法。

除了上述原因以外，往往还有工具缺乏、面面俱到、完美主义、平均主义等时间管理上的一些错误认识导致不能很好地进行时间管理。

四、秘书有效时间管理的策略

（一）"二八"原则

19世纪末20世纪初，意大利经济学家帕累托提出了著名的"二八"原则，又称2/8定律，即20%目标具有80%的价值，而剩余的80%的目标只有20%的价值。这一原则的提出，将有效指导那些在工作中喜欢面面俱到、事必躬亲的秘书。所以，秘书应该根据每项工作的价值来投入时间，即应该用80%的时间做能够带来最高回报、具有高度价值的事情，而用20%的时间来做其他价值一般的事情。这一原则的具体应用方法是：首先应对工作进行梳理，将每天的工作全部分条列项列出；然后对工作进行分类，标明哪些属于价值80%的工作，哪些属于价值20%的工作；最后对每项工作进行时间和精力的分配。当然，这是运用这一原则最初时的状况，当这一原则用得比较熟悉以后，秘书应该能够很清楚地将日常事务性的工作列为价值不高的工作，这些工作可以闲时处理、批量处理或授权他人处理，而自己应集中精力和时间处理那些根据工作经验可以确定为价值高、高回报的事情。

（二）ABCD法则

运用ABCD工作法来确定工作的优先顺序，即根据事情的重要性（纵坐标）和紧急程度（横坐标）两个维度，将事情划分为ABCD四个类型。A类，属于既紧急又重要的工作任务，如人事危机、客户投诉、即将到期的任务、财务危机等；B类，属于重要但不紧急的工作任务，如建立重要人际关系、新的机会、人员培训、制订预防措施等；C类，属于紧急但不重要的工作任务，如电话铃声、不速之客、例行检查、通报性会议等；D类，属于既不紧急也不重要的工作任务，如陪客人聊天、浏览报纸等。其中紧急任务指：如果不能按期完成，它对你或别人的价值会减少甚至消失。重要任务指：如果它成功地被完成，你或别人将取得很大的收益。带来的收益越高，这项任务的重要程度越高。

分清类别之后，就要优先处理A类工作，其次处理B类工作，再次处理C类工作，最后处理那些可做可不做的D类工作。这样就可以最有效地利用时间，做到事半功倍。对于这四类事情的具体处理策略是：对于A类事情应该在第一时间去做，并值得为它花费大量的时间；对于B类事情，应计划好什么时候开始做，应该花费大量的时间并付诸持续努力；对于C类事情可以采取马上就做或授权他人处理的方式，但应在尽可能短的时间内完成；对于D类事情，应尽量控制做这类工作的时间，应该在完成了所有重要的、紧急的工作之后，花一点时间去做，甚至根本不去做。要特别重视对B类工作的处理，因为这类工作重要但不紧急，如果不做的话，B类工作会随着时间的进一步推移，越来越紧急，直到突破一定的极限，变成A类工作。所以，B类重要不紧急的工作容易被忽略而一直拖延下去，就会变成突发事件。所以秘书的时间管理要加强对这类工作的计划管理。C类工作如果不断地被拖延，随着时间的不断推移，它也会变得越来越紧急，当越过一定的极限以后，C类工作就可能因为失去时机而消失，由此就会遭受一定的损失，承担一定的责任，工作本身也可能会因此而消失。比如秘书对于新闻信息要及时处理，要么通过网络发布，要么编写简报，但是如果一直不处理而错过了新闻办理的时效，新闻信息就没有价值了，也就不需要再处理，也就浪费了这条新闻信息。如果在B类和C类工作之间做冲突性的分析，例如下午只有一段时间，只能做一件事，要么做B类工作，要么做C类工作，两者不可兼得，那时就应该扔掉C类工作，保住B类工作，因为B类工作的价值更大，它的重要程度更高。

课堂活动

举例说明四象限时间管理法在大学学习和生活中的应用,如图7-1所示。分组讨论并写在白纸上进行展示,每组派一个代表进行汇报;教师点评与总结。

活动提示:

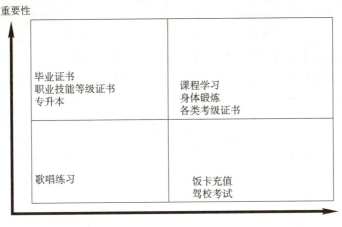

图 7-1

 技能训练

日程表的制作

11点,你开完会回到办公室,桌上放着你的秘书给你的备忘录(见图7-2),并留言说她今天生病,希望下午休假。请你排列处理事情的先后次序,注明处理的预算时间和预计结果,并说明这样安排的理由。

```
1. 你的夫人(或先生)要你回来后立即回电话。
2. 车间技术人员报告主要机器电脑数控显示数字有误。
3. 工会对于最近两周来发生的两起工伤事故的处理极端不满,要求今天
   下午给予满意的解决,否则4点将全体罢工。
4. 总经理要你就如何重新布置车间的事情给他回电话。
5. 人事部经理留言,下午已经帮你安排了3个面试,时间3点钟。
6. 你的最得力助手想要离开公司,希望今天能够与你谈话。
```

图 7-2 备忘录

任务1:请根据日程表里提供的事件清单中的各种事件预估各自的处理时间并进行标示,划分不同的优先级,按优先级把它们重新排序,将重新排序结果制作成Word文档提交。

任务2:根据ABCD法则对工作任务进行分类。

(三)计划统筹

"凡事预则立,不预则废",科学地做好计划也是时间管理众所周知的重要方法。对时间进行计划管理的关键在于:一是系统统筹用时的思想,充分发挥时间效能,规划不足和规划过度都不利于时间管理,秘书一天的时间安排应松弛顺序,不要100%地计划,一般情况下计划中所有

工作所需时间总计不应超过75%，其余25%用于处理突发事件或做紧张工作的调剂；二是按计划执行，只有认真执行、灵活处理、随时检查、保持弹性才能真正起到计划的作用。做计划的具体体现就是制作时间表，时间表主要包括年度时间表、每月时间安排表、一周工作计划表和工作日志等。要对未来发生的事件进行梳理并按照轻重缓急对事件进行序化后填入时间表里，起到备忘、控制和提醒的作用。要记好每天的工作日志，记录每项事情发生的经过、处理中遇到的问题和困难、处理的方式、办理的效果和反思总结，为以后处理同类事情提供宝贵经验。在具体计划安排时要注意两个方面：一是集中与分散相结合，要集中时间处理同类事务，比如每天排出固定的时间集中批量处理电子邮件、信件和紧急程度不高的事情，对于分散的时间要根据逆势操作和变闲为宝等策略合理利用（后文述及）；二是并行与串行相结合，并行即将性质相同或相似的不同任务同步操作运行，串行即严格按照工作程序和步骤安排操作，但应注意任务的系统安排和优化组合；三是例行与变例相兼顾，要妥善安排例行工作，将常态中的例行工作流程化，不断摸索总结秘书工作规律，形成操作规范，减少完成中的不确定性，节约工作时间，对于发生变化的事情和突发事件要提高反应速度，灵活应对，尽量将处理这类事情的时间缩到最短。

> **课堂活动**
>
> 完成本节开始设置的情景任务：分组讨论；白板展示；代表发言；教师总结。
> 活动提示，如图7-3所示：
>
>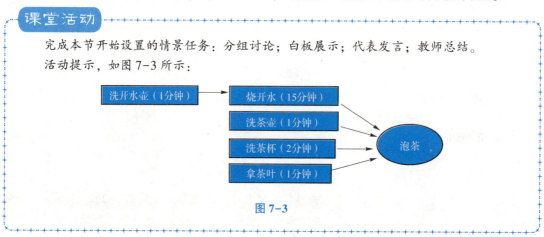
>
> 图7-3

（四）制度约束

秘书可以通过制订成文的或者不成文的制度来对自己的时间进行管理，这其实是促使自己养成良好时间管理习惯的重要方法。历史学家梅尔·克朗兹勒在办公室里的每个早上都写10封信；杰出的演说学家乔·查伯纳教授要求手下的电话销售人员每个星期一、二都要打13个电话，星期三、四则是12个，星期五则是用来打电话给这个礼拜没有联络上的人。很多作家固定在每天某个时段工作，而且在停笔前必须完成一定的字数。这个方法很有效，假如你养成每天写1 000字的习惯，连续一个月后，写1 000字便易如反掌。接着你可以增加字数到大概1 200字，过十几天后，或许可再增加几百字。

结合秘书工作，通过制订制度来进行时间管理主要体现在以下方面：规定自己办公桌上的物品放置顺序，工具或资料进行分类放置，用完以后要及时归回原位；每次只处理一份文件，每份文件只处理一次；保证自己的办公桌上只有一份正在处理的文件，处理完毕的文件要及时归档；根据自己的工作和精神状态将每天的某些时段固定处理一些同类性质的事件；规定工作的截止时间，甚至规定自己将工作截止时间提前；用制度来主动减少打扰。形成定时汇报和反馈制度，尽量采用打扰性不强的沟通方式（如便条、电子邮件），对于常规事项制作简明易懂的书面说明等。

项目七　秘书参谋辅弼

（五）日事日清

"日事日毕，日清日高"这是海尔集团提出的口号，也是重要的管理方法。这是一条可执行的时间管理原则，包含两层意思：其一是当天的工作当天必须完成，工作都有截止日期，不能无限期地完成；其二是提出了工作的目标，在工作质量上每一天都有进步，在工作要求上每一天都要进步。这个方法能够有效根除拖延，显著提高工作成效。所以其实是一种心态或境界，就是时间管理的方法告诉我们永远要往前看，要看到现在和未来，只考虑接下去怎么做，正如歌德所说："把握住现在的瞬间，把你想要完成的事物或理想，从现在开始做起。只有勇敢的人身上才会赋有天才、能力和魅力。因此，只要做下去就好，在做的历程当中，你的心态就会越来越成熟。能够有开始的话，那么，不久之后你的工作就可以顺利完成了。"

（六）逆势操作

逆势操作是一种重要的时间管理思想，是指在和大多数人不同的时间段里去从事相同的工作，反而能节约时间，提高工作效率。这就意味着当别人没有在做某件事的时候，你就去做，这样可以省下许多等待的时间。比如汽车快递运输，往往利用夜间时间开展物流运输，因为这个时间段汽车流量较小，道路通畅，能降低运输成本，提升运输效率。逆势操作者会在没有人排队的时候去兑现支票、采购，所以他们不会在周五下午去兑现支票，也不会在周五晚上进超市，而会选在晚上11点或早上6、7点逛逛24小时开放的超市。逆势操作者退房的时间与其他人不同，他们会选择旅馆自动退房的方式；如果你可以在人潮多起来之前就退房，你就不应该在早上9点、10点时去排长龙。在办公室里，逆势操作者会在中午大多数职员外出午餐时，使用传真或复印机。逆势操作者会在人潮涌入餐厅前或人潮散去后去吃饭等。

（七）变闲为宝

秘书要善于利用零星时间，比如通勤时间、旅途时间、等候时间进行学习，处理琐事，进行工作反思或规划未来工作，做到凑零为整、变闲为宝。这是一种时间管理思想，要根据自己的身体和精神状况在零散的时间里处理相应的事务，但是不应因此而增加精神和情绪压力，把所有时间都利用起来进行工作和学习也不符合时间管理的思想原则，所以在零散时间里进行放松和锻炼身体也是一种时间管理的方式。

（八）善用工具

我们注意将传统工具与现代工具相结合，可以方便地随时进行时间管理。我们可以随身带一个记事本，可以列出待办琐事和物品清单，让大脑腾出更多空间来容纳更有意义和高创造性的事情；我们可以利用智能手机里丰富的时间管理应用软件来进行智能管理和智能提醒；我们可以利用OA系统里的日程安排为自己制作电子日程，并可以很方便地进行随时更新和管理；我们可以充分利用现代办公软件和办公设备提高工作效率，使生活更加智能化。

项目能力测试题

一、单选题

1.（　　）是决策的核心。
A. 决策者　　　　B. 决策对象　　　　C. 决策机制　　　　D. 决策结果

2.（　　）是决策的基础。
A. 决策者　　　　B. 决策对象　　　　C. 决策机制　　　　D. 决策结果

3. （　　）的决策的关键。
   A. 决策者　　　　B. 决策对象　　　　C. 决策机制　　　　D. 决策结果
4. 经验决策与科学决策的不同点在于（　　）。
   A. 决策者　　　　B. 决策对象　　　　C. 决策机制　　　　D. 决策结果
5. 决策方案的选择优化过程中，较为科学的选择方法是（　　）。
   A. 仿照法　　　　B. 比较法　　　　C. 组合法　　　　D. 归纳法
6. 领导决策前，秘书应做好（　　）辅佐工作。
   A. 服务式　　　　B. 协调式　　　　C. 总结式　　　　D. 协助式
7. 领导决策形成中，秘书应做好（　　）辅佐工作。
   A. 服务式　　　　B. 协调式　　　　C. 总结式　　　　D. 协助式
8. 领导决策实施中，秘书应做好（　　）辅佐工作。
   A. 服务式　　　　B. 协调式　　　　C. 总结式　　　　D. 协助式

二、多选题

1. 科学决策的要素有（　　）。
   A. 决策者　　　　B. 决策对象　　　　C. 决策机制　　　　D. 决策结果
2. 决策方案的设计，通常有（　　）方法。
   A. 仿照法　　　　B. 比较法　　　　C. 组合法　　　　D. 归纳法
3. 评价选优要有合理的选择标准，它应当包括的原则是（　　）。
   A. 全局性　　　　B. 可行性　　　　C. 及时性　　　　D. 耗费度
4. 任何一项决策的价值都与（　　）有关。
   A. 全局性　　　　B. 可行性　　　　C. 及时性　　　　D. 耗费度

三、简答题

1. 简述决策与认识的区别。
2. 正确的决策目标应当具备哪些条件？
3. 一份合格的决策方案，至少应包括哪些内容？
4. 在方案设计的过程中，应注意哪些问题？
5. 简述科学决策的一般程序。
6. 简述决策前，秘书应如何做好服务式辅佐工作。

四、案例分析题

1. 阅读下面的案例分析当秘书发现领导的决策出现偏差以后，应如何处置？除了胡秘书的方式，你还可以设想出哪些其他方式？

某年七月，洪峰多次袭击 C 市，该市从领导到群众都处于高度紧张、高度戒备状态。某日，防汛总指挥部的电话铃响了，长生桥附近的"巴耳垸"决口！接到报警，指挥部立即调兵遣将，奔赴现场。

来到现场，只见大堤内的"子堤"被河水撕开一丈多宽的口子，决口处洪水垂直落差近三米。见到这种情形，指挥长焦急万分，赶紧指挥抢险队伍用草袋灌土堵口。但是装满土的草袋一丢进决口，就被湍急的洪水冲走了；后来指挥长采纳一位老同志的建议，将装满大米的麻袋投入决口，想通过大米膨胀来堵住决口，也未奏效。眼看着一包包雪白的大米扔进水里，秘书小胡悄悄地塞给指挥长一张纸条，上面写着"该'巴耳垸'面积十五亩，去年早稻总产量八千四百多斤；该段大堤通过整治已达五十年一遇防洪工程标准"。看完这个纸条，指挥长立即下令停止堵口。听到命令，大家愕然。指挥长慢慢道了原委。原来，投入水中用来堵口的大米已远远超过该垸去年的早稻总产量，而且"巴耳垸"的决口并不会影响大堤的安危。事后，在抗洪抢险表彰大会上，胡秘书因参谋有方，得到了重奖。

2. 根据下面的情景案例，使用 Word 以秘书小李的身份制订一份 12 月份领导工作计划表。

大众药业有限公司是莱市第一家中德合资制药企业，也是该市最早、最大的一家中外合资制药企业。这几年企业发展很快，效益节节攀升，因此，参观者、洽谈者、交流者、宴请者、访问者、调研者、拉赞助者、采访者接踵而来，各种年会、报告会、表彰会、庆典应接不暇。该合资企业领导层只有总裁王总，管理业务的张副总，管理财务的李副总。

小李是总经办秘书，负责总体安排总经办办公事务，工作繁忙而琐碎。12 月份即将来临，这意味着一年活动频繁的时期来临，小李要将下列内容合理安排，协调各位领导参加各项活动：

12 月 3 日，接待《经理人周刊》记者来访，上午 2 小时。

12 月 7 日，王总赴德国考察，时间 7 天。

12 月 9 日，中国医药网络公司领导一行 8 人来企业参观，时间 1 天。

12 月 17 日，总裁约见马来西亚客商，时间 1 天。

12 月 20 日，公司高级主管会议，讨论明年生产经营计划，上午半天。

12 月 24 日，市领导来企业调研，时间 1 天。

12 月 25 日，公司领导走访困难职工，时间 1 天。

12 月 26 日，全市外商投资企业财务年报会议，上午半天。

12 月 28 日，企业家协会年会，要求王总出席，时间 1 天；工业园区管委会明年工作安排会议，上午半天。

12 月 29 日，公司召开庆功大会，表彰 15 名劳动模范和重大科研成果获奖者，时间下午半天；企业联欢慰问活动，当天晚上。

12 月 30 日，全市外商投资企业现场会在本公司举行，时间 1 天。

小李花了一个小时才初步安排好 12 月份领导的公务活动计划，还得向 3 位老总请示才能最后确定这份计划。

项目八　秘书与新媒体

项目能力标准

学习领域	能力目标	知识要求
认识新媒体	能够判断和识别新媒体的类型	1. 了解新媒体的概念 2. 理解新媒体的特征 3. 熟悉新媒体的相关名词
新媒体文案制作	1. 能够制作新媒体文案 2. 能够制作公众号文案	1. 理解新媒体文案标题创作要素 2. 掌握新媒体文案内容的一般结构 3. 掌握公众号文案创作的一般步骤
新媒体运营	能够进行新媒体内容、活动和用户运营	掌握新媒体内容、活动和用户运营的方法。

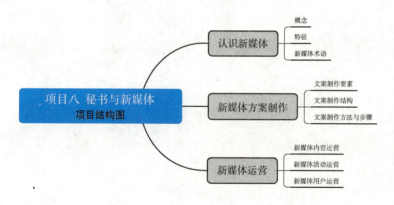

项目八 秘书与新媒体

任务一　认识新媒体

情景任务

课堂讨论
报纸、杂志、电视、电脑、手机，哪些是新媒体？你认为新媒体有什么特征？

一、新媒体的概念和内涵

"新媒体"（New Media）的概念是1967年由美国哥伦比亚广播电视网（Columbia Broadcasting System，CBS）技术研究所所长戈尔德马克（P. Goldmark）率先提出的。新媒体是一个相对的概念。广播相对报纸是新媒体，电视相对广播是新媒体，网络相对电视是新媒体。

新媒体其实分为广义上的和狭义上的概念。

广义上的新媒体是指：所有数字化的媒体形式，包括了数字化的传统媒体、网络媒体、移动端媒体、数字电视、数字报纸杂志等。

狭义上的新媒体是指：以现在主流的移动端为入口的媒体平台和站点，例如：微信公众号、微博、今日头条、抖音、快手、B站等。

二、新媒体的特征

（一）传输智能化

最典型的例子如今日头条、抖音等。这些软件通过算法技术，在用户端给每个人进行精准的画像推送。例如，今日头条对其用户的画像条目达到了1 000多条，这样的结果是它前端信息已经分好了，这一端又知道你要什么，就能快速地把最新信息分给了已经被描述得清清楚楚的人。

（二）媒体互动化

新媒体与传统媒体最大的区别在于互动。传统媒体的受众是被动的，你播我看。现在是你播我评价，常见的评论、点赞、弹幕甚至直播连线都是互动形式。直播间的崛起是新媒体互动化高度发展的结果。

> **课堂活动**
>
> 完成本节开始设置的情景任务：分组讨论交流；将答案写在白板上展示；教师点评总结。

三、新媒体日常词语

（一）KOL

解释：关键意见领袖（Key Opinion Leader），在某一领域具有话语权，且为相关群体所接受或信任，并对该群体的购买行为有较大影响力的人。如网上的大V、网红。

（二）KOC

解释：关键意见消费者（Key Opinion Consumer），能影响自己的朋友、粉丝，产生消费行为的消费者。相比于KOL，KOC的粉丝更少，影响力更小，优势是更垂直、更便宜。

（三）UGC

解释：用户生成内容（User Generated Content），将自己原创的内容通过互联网平台进行展示。

（四）PGC

解释：专业生产内容（Professional Generated Content）。用来泛指内容个性化、视角多元化的内容作品。此外还衍生出了OGC和PUGC。

OGC：全称Occupationally generated Content，即职业生产内容。

PUGC：全称Professional User Generated Content，即"专业用户生产内容"或"专家生产内容"，是将UGC+PGC相结合的生产模式。

（五）MCN

解释：MCN是Multi-Channel Network的缩写，是一种多频道网络的产品形态，将PGC内容联合起来，在资本的支持下，保障内容的持续输出，从而实现商业的稳定变现。

（六）ROI

解释：投资回报率（Return On Investment），通过投资而应返回的价值，即企业从一项投资活动中得到的经济回报。ROI＝(收益-成本)/成本×100。

（七）IP

解释：IP即为Intellectual Property。新媒体中所讲的IP一般是指拥有核心粉丝群体的，具备衍生品开发价值的个人或品牌。如熊本熊、华农兄弟。

（八）DAU

解释：日活跃用户数量（Daily Active User）。常用于反映网站、互联网应用或网络游戏的运营情况。

（九）MAU

解释：月活跃用户数量（Monthly Active Users）。其数量的大小反映用户的活跃度，但是无法反映用户的黏性。

项目八　秘书与新媒体

任务二　新媒体文案制作

情景任务

课堂讨论：分享两个你最喜欢的产品文案，并解释好在哪里。

理论知识

新媒体文案，是指在新兴媒体平台上发布的文案内容，因为新媒体时代人的阅读习惯和碎片化的时代特点，导致新媒体文案与传统文案有所不同。

一篇文案分为标题和内容，本单元将学习标题和内容的制作方法。

一、文案标题创作

（一）文案标题创作原则

①用户法则。站在读者角度想标题。用户愿意点开，标题才有意义。

②新奇法则。信息爆炸时代，只有特殊的内容才能引发关注。

③多重组合法则。一个标题中用多个关键词，搜索率会提高。例如：面膜，不如美丽、年轻、漂亮。更多关键词会击中不同用户的不同需求点。

④模仿法则。选择爆款文案，模仿别人的文案结构，学习改编，提高自己的文案水平。

（二）常用标题创新元素

①数字：用数字的刺激是最直接的。例如《学做牛肉面会这五招就够了》。

②同情：追求真相是人的本能。例如《我在世界500强的狗血经历》。

③猎奇：人类天生具有好奇心，好奇是人的天性。例如《用嘴写字，你们信吗？》。

④名人：人类对于权威的信息有着天然的好感和信任，而名人通常能代表权威。例如《任正非这句话，说得太准了！》。

⑤恐惧：恐惧是人类进步的重要反映。遇到恐惧的信息，人们会特别留意，防止自己重蹈覆辙。例如《这种蔬菜你还在吃吗？》。

⑥热点：热点是当下社交信息中最重要的素材，用热点作为标题会引起大家共鸣。例如《苏炳添能跑过这款车吗？》。

二、文案内容创作

（一）文案内容常用结构

文案的内容既要符合现代人的阅读习惯，又要有利于促进产品营销和品牌建立，以下结构是新媒体文案常用内容板块。

①开篇简明介绍。开篇对内容有一个重点概括。网络文字的核心情感是真诚。用户可以选择看和不看，但不能被骗。

②内容场景设计。新媒体文案不能太古板，要设计文字剧情场景，让读者的想象力活跃，进入场景才能留住人和心。例如：40 ℃的高温，到处都是遮阳伞，我拿着两个大箱子。

③具体参数说明。要说明一个产品需要很多数据的支持：要有配套数据；有数据代表文案的真实性和透明度。例如：时间，地点，课程内容，大纲；像素，内存，性能等。

④信任设计。文案除了自我描述以外，用户反馈信息是文案的重要部分。例如好评、晒单、反馈、用户体验反馈等。

⑤金句和道理。好的文案总能让别人记住一句话或者一个道理，所以文案的结尾部分一定想办法设计概括和升华内容，让用户读到最后感受到共鸣。

> **课堂活动**
>
> 完成本节开始设置的情景任务；分组讨论交流；将答案写在白板上展示；教师点评总结。

技能训练

课堂训练：假如你是一家运动品牌服装店的文案专员，尝试写一篇三百字的推广文案。

（二）公众号文案写作步骤

1. 选题策略

有句话叫选择大于努力。选题就是选赛道，只有选题准确，文案才有可能成功。所以写文案之前一定要思考哪些是用户和读者爱看和想看的主题。

大数据分析，以下选题是公众号文案里的常青树。

干货类：帮助读者学会一些技能。例如《如何写报告》《如何游览某景区》等。

情感共鸣类：帮助读者安抚心灵和情感。例如《爱情保鲜策略》《常回家看看的原因》等。

实事热点类：帮助读者深入了解资讯。例如《疫情防控在家做好这三件事》。

总结起来就是满足用户痛点：知识焦虑、情感焦虑、资讯焦虑。

2. 快速搭出写作框架

写作框架是作者的写作路径设计，也是读者的阅读路径设计，所以一定要满足读者的阅读习惯。最常用的公众号写作框架如下。

Why：为什么这个问题重要？

What：这个问题的原因是什么？

How：究竟应该怎么做？

3. 设计易传播内容

新媒体的内容核心目的是为了传播，公众号的内容要想有更好的传播效果，需要从以下几个方面做好准备。

①提供谈资。信息时代，人们茶余饭后最喜欢聊的就是各种资讯，一篇好文案能够丰富谈资内容，会被用户收藏和转发。

例如，《2021年，你的工资按时发了吗？》这样的标题，会成为大家聊天的主题，促进社交和共鸣。

②说出用户想说的话。创作内容是大多数人不具备的能力，但是发现好内容并转发是一件很容易的事情。所以，公众号文案要挖掘更多人想表达的内容，帮助大家说出心里话。

例如：《妈，你辛苦了，我爱你》这样的主题内容，能适应几乎所有人，但是大多数人没时间去写文案，我们通过公众号完成内容，让更多人拿来就用，就可以做到有效传播。

③每个人都想成为有用的人。人们在传播内容的时候，利他动机是一个重要驱动力。也就是说，每个人都想通过分享内容帮助别人，这样有利于自己的社群地位和人际关系。好的公众号文案就要努力挖掘能帮助别人的文案内容，让大家转发当好人。

例如：《家里有老人的朋友请注意，这样的电话都是骗子！》这样的内容很容易让大家分享给周围朋友，帮助他们避免老人受骗。

4. 设计提升用户关注率内容

①引导用户关注。在公众号图文中，一定放置引导读者关注的手势或者话语。如，"点关注，不迷路"。这样的引导非常有必要，因为人人都有惰性，不喜欢多一个动作，但同时，人人又有一个跟随性，喜欢按照指令做事情。所以，一定要有指引。

②公众号功能介绍清晰准确。读者最怕的是耽误时间，所以，做一个真诚的公众号很重要，要在公众号注册信息里和每一篇文案前面简要介绍：我们是干什么的、在解决什么问题、风格调性是什么样的、主要针对什么人群、优势点是什么等。

把选择权交给读者，这样更多喜欢的人会点关注。

5. 结尾很重要，黄金六步骤

①总结全文：对全文进行简要概括，帮助读者厘清思路；
②强调观点：可以再次强调观点，升华主题；
③鸡汤共鸣：感动读者，让读者心动；
④金句名言：最简单的话容易记住，更容易刺激读者分享；
⑤话题互动：设计话题，引发讨论；
⑥下期预告：做好下期预告，绑住你的读者，如"关注吧，下期更精彩"。

课堂练习

任务三　新媒体运营

情景任务

课堂讨论：回想一下，你是怎样通过短视频或者公众号产生的购买行为。

新媒体运营是指用新兴媒体平台工具,通过互联网手段进行产品的宣传、营销、推广等工作,以完成产品营销和品牌建立。

新媒体运营的主要目的是通过优质内容和配套活动策划,达到吸引用户、转换用户最终提高产品销售和品牌知名度的目的。所以,新媒体运营有三个主要板块:内容运营、活动运营和用户运营。

一、内容运营

(一)熟悉产品

一切内容都是为产品服务的,所以,做内容之前一定要了解产品。例如,要为一种饮料做内容设计,一定要了解饮料的原料、功效、文化。否则内容和产品脱离,就没有营销效果。

(二)熟悉平台

内容像鱼,平台像水。不同的鱼适合放在不同的水里。长文案内容适合放公众号,短视频内容适合放短视频平台,种草内容适合放小红书。所以,要做好内容运营,也要了解平台属性,根据平台的特点打造相应的内容,或者把相应内容投放到最适合的平台上面。

(三)找到市场痛点

做内容的目的是促进产品营销。产品营销的核心是满足市场痛点。所以,内容要从痛点出发。例如,某款饮料的0糖的内容推广,就抓住了年轻人爱美、注意身材的痛点。

(四)打造差异化

信息爆炸时代,内容同质化严重,打造差异化内容才能更好地让内容被关注,才能使传播更有效。"怕上火喝王老吉",是典型差异化内容的成功案例,没有饮料的解渴、冰爽、养生,而是去火,一个差异化打造了上百亿市场。

(五)持续输出

内容的推广不是一蹴而就的,也不容易短时间改变市场认知,所以需要长期持续的输出,不断加强用户记忆点,最后才能反馈到营销数据上。

二、活动运营

无活动不运营。现代社会人们对活动的需求已经变为常态,从"双十一"购物,到"618狂欢",从店庆到换季,一切营销都要和活动挂钩。活动也是连接线上线下的关键环节,对于企业和产品推广有着重要作用。新媒体活动运营有下列五个法则。

一是免费性。让顾客参与活动的最好方法就是从免费说起,这样能调动更多人的积极性。爱占便宜是人性的弱点,也是商家和企业的出发点。设计一个活动的免费环节,非常重要,它关系到有多少人参与,覆盖群体有多大。常见的免费活动如:免费停车;免费一桶油;免费礼品等。

二是简易性。现代人特别怕麻烦。越简单意味着越清楚，越简单意味着越容易，确定性越强。记住，人是怕麻烦的群体。

三是透明化。挂羊头卖狗肉的骗局被越来越多的人诟病。活动运营一定让透明性做到极致，要公平、公正、公开。除了有透明的流程和细节，还要有透明的后台操作说明，让每个人参与活动前后都能放心来，安心回。

四是有趣化。这是一个泛娱乐时代，趣味是大多数人的需求内核，一个活动的趣味性设计关系到参与用户的数量和用户在现场的反应情况。例如：餐厅打折用扔飞镖中靶环数抵扣金额，十环抵扣十元，三环抵扣三元。趣味性陡然而升。

五是有效转化。活动不是为了热闹，而是为了促进营销，活动的设计最终要和营销挂钩，否则投入的人力物力将失去意义。例如，一款口红产品做新媒体活动，一定要聚焦到年轻女性群体，如果一味打折免费，让一群大妈成为活动主体，活动必然失败。

三、用户运营

直接和用户或者粉丝接触的人通常叫作用户运营人员，相关的工作叫用户运营工作。

用户运营工作的主要工作内容是吸引新用户、增加用户活跃度、提高用户转换率、维护好老用户。

做好用户运营有三个关键点。

（一）了解目标用户

了解用户的核心方法是用户画像。

用户画像需要大量的数据作为支撑，一个是用户自然属性，一个是用户行为特点。

自然属性是年龄、性别、住址、收入、职业等。

行为属性是用户在消费产品或者接受信息过程中的行为数据，例如：什么时间在观看内容，看了以后的反应是什么，比如点赞、关注、收藏、评论、转发等。

根据这些信息来分析用户是哪些群体，有什么特征，有什么喜好。

（二）认清用户生命周期

用户对于一款产品和内容是有生命周期的，如果不能在相应周期内有效转换，可能就失去该用户了。例如：公众号的三个月魔咒。一个用户在公众号里，从关注到取消关注或者再也不打开基本就三个月。所以，在三个月之内一定要设计相关变化，不断刺激用户新的生命周期，提高用户的活性。

（三）建立社群

用户不管从公众号还是抖音、快手账号产生关注和互动，都仅仅是停留在平台之上，需要有效吸引到私域流量池里，也就是微信以及各种群中，通过社群维护，有效转换用户，提高营销效果。

四、新媒体未来趋势：直播电商的运营

（一）确定直播类型

①单人直播。即一个主播在直播间的直播形式，因为只有一个人，所以直播形式相对简单明

了,常见的直播方法有以下几种。

A. 演示。通过主播演示商品、体验服务,以过程消费渲染直播氛围,进行促单。例如服装的现场穿搭。

B. 商品对比。对比法也是主播直播最常见的表现形式。这种形式观众易于理解,直播效果显著。但是对比要把握一个度,不能过分贬低其他商品更不能言过其实,任何一个品牌,都有值得尊重的地方。例如:可以用现场做实验的方法,判断水的碱性程度。

C. 情景铺垫,感性故事。通过主播开播铺垫一个情景或者故事,以氛围来烘托,打动观众内心的情感,突显出商品的特色。例如,农民主播田间地头卖农产品。

D. 优惠促销。活动促销加真情言语,刺激用户购买欲望,产生需求。例如"9.9元包邮,就是便宜"。

②双人直播。双人直播有以下三种形式。

A. 专家权威解答。用此直播模式的一般多为科技含量较高的数码、电子、汽车等商品以及具备一定专业度的商品。专家解答,更专业、更准确。

B. 双主播。此形式较多适合美妆,服饰等女性商品。这种形式更方便,更有效率。

C. 明星助阵。利用明星的光环配合主播一起展示产品,分享感受,从而吸引关注。

③实景直播。实景直播可以分为两类。

A. 场景介绍类。常见的是旅游,打卡,探店之类的内容,适合实景拍摄直播。

B. 制作过程类。这种形式适合手工工艺,制作流程等。如做饭,手工艺品制作等内容,适合直播全过程。

(二)策划直播间活动

每一次直播都会有一个主题,主题关系到选品和主播的选择,同时,要策划直播间的互动内容,引起用户的兴趣。

直播主题要简单明了,抓住用户的心理。粉丝进入直播间的三大原因:学东西、占便宜和社交需求。

针对核心需求设计策划方案。例如,晚上八点,来我的直播间教你如何面试。能够有效地吸引参加工作面试的朋友进入直播间。

(三)直播间选品组合

直播间的产品搭配是一个重要的工作,既要有吸引力,又要有利润,还要有品牌。如何平衡众多需求,需要做好以下产品布局。

一是福利产品:特点是价格极低,主要用于引流和抽奖,活跃直播间气氛,提升用户互动的积极性。

二是爆款产品:爆款产品也是主打产品,特点是性价比高,辐射范围大,能满足大部分用户需求,主要用来拉销量。这类产品针对大多数用户群体。

三是高利润产品:这类产品价格会相对较高,主要用来做利润。同时对品牌有重要的价值。这类产品针对直播间高端用户。

(四)策划直播脚本

直播间不是随意聊天的地方,也不是随便卖东西的地方。直播是一次有严格内容设计和流程管理的营销行为。每个人,每句话都有明确的要求。所以,脚本非常重要。

直播脚本策划就是直播流程策划,提前安排好直播要走的每一个流程。包括时间、地点、商品数量、直播主题、主播、预告文案、场控、直播流程（时间段）等几个要素。

直播脚本的内容包括以下几个方面。

①暖场：打招呼、介绍自己、欢迎粉丝到来，介绍今日直播主题。

②话题：根据热点或者直播主题，又或者产品日常需求或者痛点引入话题，介绍产品。

③产品介绍：重点分享产品功效、价格以及优惠，让用户快速获取信息。

④互动：用福利留住用户，通过游戏、聊天等方式和观众互动，穿插回答用户的各种问题。

（五）直播预热宣传

直播间的流量除了自有的私域流量外，还需要做好引流工作，这就是宣传的重要目的。一般确定开放直播间时间后，会从前几天就开始做引流工作。

直播前3天可通过各个平台转发直播间的主题、商品和抽奖、发优惠券等内容。注意告知直播时间、直播专享优惠。

直播前1天、直播当天、直播前两小时，配合发布相关宣传内容（短视频、海报、文案等）。

直播过程中，每小时更新一次宣传内容，引发流量的关注和进入直播间。

（六）直播开始

1. 主播讲解产品的逻辑

①产品卖点＝为什么值得买？

②使用场景＝为什么需要买？

③利益点（优惠）＝为什么必须买？

④限时限量秒杀＝立刻马上买！

2. 主播粉丝互动常见方法

①会引导。提醒用户进行有效互动，如点赞、评论、关注。

②会提问。例如，提问式互动，"这款口红你们用过吗？"，选择题互动，"想要A款的扣1，要B款的扣2"。

3. 主播的促单话术

①重复强调产品效果和价格优势。

②不断提醒用户限时限量。

③反复用倒计时的方式督促用户马上下单。

④在直播间直呼"没了，秒完了，抢完了，还可以加库存吗"。

（七）复盘

复盘是一个重要的工作，帮助直播运营人员检测工作效果，查漏补缺，为下一次直播做好数据反馈和修改意见。例如，通过上线人数、咨询量、成交量、投诉量，检查相关工作的优缺点。

另外，部门可以将直播间里的精彩内容进行二次剪辑，为二次传播提供内容。

课堂练习

课堂活动

完成本节开始设置的情景任务：分组讨论交流；将答案写在白板上展示；教师点评总结。

项目能力测试题

一、单选题

1. 新媒体是一个（　　）概念。
   A. 绝对　　　　　　B. 相对　　　　　　C. 行业　　　　　　D. 职业
2. 抖音通过（　　）技术，在用户端又给每个人进行着精准的画像推送。
   A. 算法　　　　　　B. 搜索　　　　　　C. 订阅　　　　　　D. 随机
3. 新媒体常用标题创新元素，以下哪一条不是（　　）。
   A. 数字　　　　　　B. 同情　　　　　　C. 奇葩　　　　　　D. 文采
4. 公众号选题的主要思考角度是（　　）。
   A. 容易写　　　　　B. 有利于宣传　　　C. 用户爱看　　　　D. 最大热点
5. 公众号文案中出现"点关注，不迷路"的作用是什么（　　）。
   A. 娱乐氛围　　　　B. 引导关注　　　　C. 系统自带　　　　D. 主播口头禅
6. 新媒体运营的最终目的是什么（　　）。
   A. 增加粉丝　　　　B. 建立社群　　　　C. 宣传引导　　　　D. 营销和品牌
7. 新媒体岗位中（　　）的人通常被称为用户运营人员。
   A. 直接和用户　　　　　　　　　　　　B. 技术服务
   C. 销售人员　　　　　　　　　　　　　D. 财务管理
8. 直播中通过主播开播铺垫一个情景或者故事，以氛围来烘托，打动他人内心的情感，突显出商品的特色，这种操作方法叫（　　）。
   A. 煽情　　　　　　　　　　　　　　　B. 热身
   C. 情景铺垫　　　　　　　　　　　　　D. 吸睛
9. 直播间爆款产品的主要特点是（　　）。
   A. 数量有限　　　　　　　　　　　　　B. 日用品
   C. 人人需要　　　　　　　　　　　　　D. 性价比高
10. （　　）工作是为了帮助直播运营人员检测工作效果，查漏补缺，为下一次直播做好数据反馈和修改意见。
    A. 监督　　　　　　　　　　　　　　　B. 工作报告
    C. 复盘　　　　　　　　　　　　　　　D. 结算

二、多选题

1. 以下媒体可以称作新媒体的是（　　）。
   A. 报纸　　　　　　B. 电视　　　　　　C. 抖音　　　　　　D. 快手
2. 新媒体文案标题创作的原则有（　　）。
   A. 用户法则　　　　　　　　　　　　　B. 新奇法则
   C. 多重组合法则　　　　　　　　　　　D. 模仿法则
3. 新媒体文案内容的常用结构有（　　）。
   A. 开篇简明介绍　　　　　　　　　　　B. 内容场景设计
   C. 信任设计　　　　　　　　　　　　　D. 具体参数说明
4. 以下选题是公众号文案里常青树的是（　　）。
   A. 干货类　　　　　　　　　　　　　　B. 情感共鸣类
   C. 热点类　　　　　　　　　　　　　　D. 个人生活类

项目八　秘书与新媒体

5. 以下内容类型中哪种是易传播的内容？（　　）
   A. 提供谈资的内容　　　　　　　B. 说出用户想说的话的内容
   C. 跟钱有关系的内容　　　　　　D. 帮助用户成为有用的人的内容
6. 新媒体运营的三个主要板块是（　　）。
   A. 内容运营　　　　　　　　　　B. 活动运营
   C. 用户运营　　　　　　　　　　D. 技术服务
7. 新媒体活动运营的法则有（　　）。
   A. 简易性　　　　　　　　　　　B. 透明化
   C. 有趣化　　　　　　　　　　　D. 有效转化
8. 新媒体运营的主要工作内容是（　　）。
   A. 吸引新用户　　　　　　　　　B. 增加用户活跃度
   C. 提高用户转换率　　　　　　　D. 维护好老用户
9. 直播工作中的双人直播有以下哪几种？（　　）
   A. 专家权威解答　　　　　　　　B. 一个主播带一个助理
   C. 明星助阵　　　　　　　　　　D. 两个主播
10. 用户进入直播间常见的原因有（　　）。
    A. 学东西　　　　　　　　　　　B. 占便宜
    C. 社交需求　　　　　　　　　　D. 随机进入
11. 直播间的产品搭配是一个重要的工作，以下哪几方面是主要思考方向？（　　）
    A. 要有吸引力　　　　　　　　　B. 有利润
    C. 有品牌性　　　　　　　　　　D. 数量足

三、综合测试题

1. MCN机构的定义和工作内容有哪些？
2. 母亲节的文案最后一段金句，你会如何完成？
3. 运用写作框架方法，尝试写一篇"找工作如何面试"的内容框架？
4. 写好一篇公众号的结尾，需要哪些方面的内容？
5. 新媒体运营中为什么要熟悉平台？谈一谈你对抖音平台的认识？
6. 做好用户运营的关键点有哪些？
7. 如果为一个非遗手工刺绣技术做直播，你会用哪种直播形式？
8. 在乡村振兴事业发展中，应如何为卖农产品的直播间策划一期直播脚本？